PRINCIPIOS DEL PROCEDIMIENTO ADMINISTRATIVO. ESTUDIO DE DERECHO COMPARADO

Allan R. Brewer-Carías

Profesor de la Universidad Central de Venezuela

Simón Bolívar Professor, University of Cambridge (1985-1986)

Professeur Associé, Université de Paris II (1989-1990)

Adjunct Professor of Law, Columbia Law School,
New York (2006-2008)

PRINCIPIOS DEL PROCEDIMIENTO ADMINISTRATIVO
Estudio de Derecho Comparado

Colección Estudios de Derecho Administrativo,

Volumen 2

Asociación Dominicana de Derecho Administrativo

Editorial Jurídica Venezolana International

Santo Domingo, 2016

ISBN: 978-980-365-340-8
Depósito Legal: lf54020163401342
Editorial Jurídica Venezolana
Avda. Francisco Solano López, Torre Oasis, P.B., Local 4, Sabana Grande,
Apartado 17.598 – Caracas, 1015, Venezuela
Teléfono 762.25.53, 762.38.42. Fax. 763.5239
http://www.editorialjuridicavenezolana.com.ve
Email fejv@cantv.net

Printed by Lightning Source, an Ingram Content Company
Distributed by: Editorial Jurídica Venezolana International Inc.
Panamá, República de Panamá.
Email: editorialjuridicainternational@gmail.com

Diagramación, composición y montaje:
Francis Gil, en Letra Times New Roman 12
Interlineado 13 mancha 11,5 x 18

PRESENTACIÓN A LA EDICIÓN DOMINICANA POR
OLIVO RODRÍGUEZ HUERTAS

I

1. La Asociación Dominicana de Derecho Administrativo Inc tiene la inmensa satisfacción de presentar a toda la comunidad jurídica de nuestro país, la edición dominicana de la obra *Principios del Procedimiento Administrativo* de la autoría del más completo juspublicista de América Latina, el Prof. Venezolano Allan R. Brewer-Carias.

2. El profesor Brewer-Carias es muy conocido de los juspublicistas dominicanos, y sus planteamientos jurídicos han tenido gran acogida en nuestra doctrina, e incluso en la jurisprudencia del Tribunal Constitucional, que en varias sentencias cita directamente algunos de sus trabajos académicos en los que ha tenido la oportunidad de referirse al modelo de nuestra justicia constitucional.

3. Dada la gratitud que sentimos por el Prof. Allan R. Brewer-Carías en la Asociación Dominicana de Derecho Administrativo, de la que es Miembro Honorario, el primer volumen de la "Colección Estudios de Derecho Administrativo", que auspicia esta Asociación, fue una obra escrita por él, en coautoría con el también administrativista venezolano Víctor Hernández Mendible, titulado *Bases Constitucionales del Derecho Administrativo y del Proceso Contencioso Administrativo en República Dominicana,* Colección Estudios de Derecho Administrativo, Volumen I, Asociación Dominicana de Derecho Administrativo, Editorial EJV International, 2014.

4. Recientemente, el Prof. Brewer-Carías posibilitó, a través de la Editorial Jurídica Venezolana Internacional, la publicación de las *Memorias del Congreso Internacional de Derecho Administrativo Dr. Raymundo Amaro Guzmán*, que recoge los trabajos presentados en la República Dominicana por reconocidos administrativistas iberoamericanos en ocasión de la celebración en septiembre del año 2012, de las XI Jornadas Internacionales del Foro Iberoamericano de Derecho Administrativo.

II

5. La obra *Principios del Procedimiento Administrativo*, cuya edición dominicana prologamos, tiene su origen en un curso dictado en francés por el Prof. Allan R. Brewer-Carías en la Universidad de París II, a finales de la década de los 80, del siglo pasado.

6. En el año 1990, la prestigiosa Editorial Civitas de España, con prólogo del más influyente administrativista español en América Latina, Don Eduardo García de Enterría, publicó la primera edición en castellano de esta obra. En 1992, bajo el título "LES PRINCIPES DE LA PROCEDURE ADMINISTRATIVE NON CONTENTIEUSE", la obra fue publicada en Paris, en el idioma francés, en la Collection Science et Droit Administratifs dirigida por Chales Debbasch, y contó con un prólogo del connotado administrativista galo Franck Moderne.

7. En esencia, la obra *Principios del Procedimiento Administrativo*, es un ejemplo de sistematización y precisión respecto de los grandes principios que, de manera común, condicionan el ejercicio de las potestades administrativas en Francia, España y varios países de América Latina, que, inspirados en la Ley española sobre la materia de 1957, fueron pioneros en el dictado de leyes de procedimiento administrativo.

8. La obra se divide en tres partes, que tratan respectivamente sobre la contribución de la codificación del procedimiento administrativo al afianzamiento del principio de legalidad (primera parte), el régimen de los actos administrativos (segunda parte), y los principios del procedimiento administrativo y la garantías de los administrados (tercera parte).

9. En lo que respecta al impacto que sobre el principio de legalidad administrativa ha tenido la sistematización legislativa del procedimiento administrativo, el autor los aborda desde una doble vertiente, toda vez que, el ejercicio de potestades administrativas, para ser conforme al principio de legalidad, no puede estar justificado exclusivamente en la atribución de competencias del órgano administrativo, sino que además, es necesario el respeto de un previo procedimiento administrativo, que garantice el derecho de defensa y participación de los posibles afectados por el ejercicio de la actividad administrativa, así como la búsqueda del acierto en las decisiones administrativas.

10. La segunda parte de la obra, relativo a la positivización del régimen jurídico del acto administrativo, el Profesor Allan R. Brewer-Carias detalla los requisitos de fondo y forma de esta categoría jurídica esencial del Derecho Administrativo, de sus efectos y régimen de nulidad, siendo de particular interés el análisis de la protección de los derechos adquiridos de las personas, derivados de actos administrativos firmes frente al ejercicio de la potestad revocatoria.

11. En lo que se refiere a la tercera parte de la obra relativa a "Los principios del procedimiento administrativo y las garantías de los Administrados", la obra del Prof. Brewer-Carías analiza la dinámica en que se desarrolla el ejercicio de potestades administrativas que desembocan en el dictado de actos administrativos, en sus diferentes vertientes, esto es, si su ejercicio es el producto de una actuación de oficio o a petición de parte, los principios esenciales de la instrucción y decisión del procedimiento administrativo, así como la otra "cara de la moneda", la persona y sus derechos en el curso del mismo, y los recursos en sede administrativa a que tienen derechos frente a las decisiones administrativas que les afecten.

12. La edición dominicana de la obra *Principios del Procedimiento Administrativo* del Profesor Allan R. Brewer-Carias tiene la particularidad de venir acompañada, a título de "introducción general" de dos estudios que el autor ha preparado: uno en el que analiza los "Principios del Procedimiento Administrativo en la Ley 107-13 de 6 de agosto de 2013 de la República Dominicana", que ha sido la última de las leyes de procedimiento administrativo dictadas en América Latina; y el segundo estudio introductorio, titulado "Sobre

la Positivización de los Principios del Procedimiento Administrativo en América Latina", en el que se estudian dichos principios en leyes de países de nuestro continente, que han surgido con posterioridad a la obra originalmente escrita.

III

13. La publicación de *Principios del Procedimiento Administrativo*, resulta muy oportuna en la República Dominicana, ya que a partir de la Carta Fundamental del Estado proclamada el 26 de enero del año 2010, fueron sentadas las bases constitucionales del procedimiento que ha de seguir la Administración Pública en el ejercicio cotidiano de su actividad.

14. La proclamada condición de Estado Social y Democrático de Derecho recogida en el artículo 7 de la Constitución de la Republica, conlleva la presencia de varias disposiciones dentro de su contenido, orientadas a que el ejercicio de la actividad administrativa sea el producto de la objetividad, la eficacia, la coordinación, la publicidad, la transparencia y el debido proceso administrativo, entre otros principios.

15. Por ello, el artículo 138 de la Constitución en sus numerales 1 y 2, disponen respectivamente, que es de la esencia de la Administración Pública que esta sea servida por servidores públicos seleccionados en basé al mérito personal, que sean respetuoso de la contra cara de la objetividad, como lo es la imparcialidad en el ejercicio de las funciones públicas, y por otra parte, manda a que el legislador dicte una ley que regule el procedimiento para el dictado de las resoluciones y actos administrativos.

16. Asimismo, la Carta Fundamental del Estado al consagrar un sistema de garantías de los derechos fundamentales hace especial énfasis en señalar que el debido proceso opera no sólo en sede judicial, sino además en sede administrativa.

IV

17. La Ley de Procedimiento Administrativo de la Republica Dominicana fue denominada por el legislador como la "Ley sobre los Derechos de las Personas en sus relaciones con la Administración y de Procedimiento Administrativo".

18. Dicha normativa fue promulgada por el Poder Ejecutivo en fecha 6 de agosto del año 2013, bajo el número 107-13, y conforme dispuso el legislador en su artículo 61 su entrada en vigencia fue diferida hasta que transcurrieran 18 meses de su promulgación.

19. La Ley 107-13, consta de 62 artículos que están distribuidos en un Título Preliminar y diez Títulos.

20. Como ha acontecido en la totalidad de las leyes sobre la materia que existen en América Latina, aunque se denominen como "leyes de procedimiento administrativo" en realidad el contenido de las mismas desborda la estricta regulación de los procedimientos administrativos típicos, y comprenden además el conjunto de principios comunes de la actividad administrativa, los derechos y deberes de las personas en su relación con la Administración, los deberes de los servidores públicos en esa relación, el régimen de los actos administrativos, incluyendo las reglas sobre invalidez y revocación de los actos, el régimen básico de la potestad sancionadora administrativa, los recursos administrativos y el régimen de la responsabilidad de los entes públicos y sus funcionarios.

21. De la lectura de los considerandos que sirven de soporte a la Ley 107-13, se advierte que la existencia de un procedimiento previo a la actuación administrativa se fundamenta en razones no exclusivamente formales, sino además sustantivas, como lo constituye el acierto de las decisiones que se adopten en procura de la satisfacción del interés general.

22. De ahí el énfasis que la normativa dominicana de procedimiento administrativo pone en el concepto de la "buena administración", de la que deriva el legislador dominicano 31 derechos específicos que tienen las personas en sus relaciones con la Administración Pública.

23. Esta visión del legislador dominicano del concepto de buena administración encuentra concreción en las normas comunes de procedimiento administrativo tanto para el dictado de actos administrativos, como también de reglamentos, planes y programas de alcance general, así como también en otros ámbitos de actuación administrativa sin eficacia externa.

24. A título de ejemplo de lo anteriormente expresado, el párrafo 1° del artículo 15 de la Ley 107-13, señala como finalidad del procedimiento para el dictado de actos administrativos la de "garantizar el acierto de la decisión administrativa, al tiempo que se asegura la protección de los derechos e intereses de las personas"; o a propósito de la instrucción de estos procedimientos administrativos, en el artículo 26 señala que el mismo constituye el instrumento para la obtención y el tratamiento de la información necesaria para adoptar la mejor decisión de que se trate en cada caso"; o que "el órgano que tramite el procedimiento le corresponde apreciar los actos y actuaciones que hayan de practicarse para asegurar una decisión bien informada, sin perjuicio de las que el interesado pueda solicitar o proponer" (párrafo 1 del artículo 27).

25. Lo mismo acontece en lo relativo a las normas comunes de procedimiento administrativo para la elaboración de normas, planes y programas de alcance general, cuando señala que su objeto consiste en "establecer los estándares mínimos y obligatorios de procedimiento administrativo que procuran la adopción de reglamentos, planes y programas, que posean un alcance general" a fin de que "la Administración Pública obtenga la información necesaria para su aprobación, canalizando el diálogo con otros órganos y entes públicos, con los interesados y el público en general, con ponderación de las políticas sectoriales y derechos implicados y promoviendo el derecho fundamental a la participación ciudadana como sustento de la buena gobernanza democrática" (artículo 30).

26. Ese concepto de buena administración esparcido como fundamento de la ley dominicana, encuentra expresión también a propósito del régimen de la responsabilidad extracontractual de los entes públicos y sus servidores, cuando dispone que "el derecho fundamental a la buena administración comprende el derecho de las personas a ser indemnizados de toda lesión que sufran en sus bienes o derechos como consecuencia de la acción u omisión administrativa antijurídica. Corresponde a la Administración la prueba de la corrección de su actuación" (artículo 57).

27. Por otra parte, un tema sobre el que el legislador dominicano ha tomado posición al momento de dictar la Ley 107-13, lo ha sido sobre el concepto de "acto administrativo" que, en nuestro ordena-

miento jurídico, hasta el momento de la entrada en vigencia de esta ley, comprendía, tanto a los actos de concreción o aplicación, como a los de naturaleza reglamentaria.

28. La decisión del legislador dominicano ha sido la de circunscribir el acto administrativo a los de concreción. De ahí que la ley 107-13, como ya se ha señalado, establezca unas reglas comunes de procedimiento administrativo distintas cuando se esté ante una u otra categoría jurídica.

29. Un aspecto de importancia para la protección de las personas en relación a los actos administrativos creadores de derechos, pero dictados en contravención al ordenamiento jurídico dominicano, lo constituye la consagración de un procedimiento administrativo de lesividad, procurando así evitar que la Administración pueda en base a la potestad de revisión declarar directamente la nulidad o revocación de estos actos por razones de ilegalidad, debiendo acudir entonces, en los tiempos previstos legalmente en función de la gravedad de la invalidez incurrida, a la jurisdicción contenciosa administrativa e imponiendo además limites, en los casos en que la activación de este mecanismo contraríe la equidad, la buena fe o la confianza legítima.

30. Muchos son los temas contenidos en esta novedosa ley dominicana de procedimiento administrativo que podemos señalar, como la proscripción del tratamiento del silencio administrativo como forma de finalización del procedimiento administrativo, el carácter potestativo de los recursos administrativos, la positivización de la presunción de validez del acto administrativo, así como de su ejecutividad y ejecutoriedad; la particularidad del régimen general para la adopción de decisiones administrativas para la adopción de decisiones por parte de órganos colegiados, la coexistencia de la responsabilidad subjetiva y objetiva, esta última en situaciones excepcionales, así como la co-responsabilidad de las concesionarios de servicio público y los contratos de obras públicas, excepto si estos se han producido a causa de un defecto del proyecto elaborado por la Administración o de una orden dada por ella en uso de sus potestades contractuales. No obstante, entrar en un análisis de cada uno de esos aspectos, desborda lo propio de una presentación de una obra, la que, por demás, como se señaló anteriormente, incorpo-

ra un estudio sobre los principios de actuación administrativa previsto en el artículo 3 de la Ley 107-13.

V

31. Aunque en la Republica Dominicana hemos tenido escasa tradición de procedimiento administrativo en el quehacer cotidiano de nuestra Administración Pública, algunos aspectos de su contenido han sido objeto de tratamiento jurisprudencial por parte de nuestra Suprema Corte de Justicia, y tras la creación del Tribunal Constitucional por la Constitución de la Republica proclamada el 26 de enero de 2010, este órgano supremo de interpretación constitucional ha ido desarrollando en su jurisprudencia una doctrina sobre temas propio de la materia.

32. La Suprema Corte de Justicia, en su rol de Corte de Casación, ha tenido la oportunidad de referirse a varios aspectos de los que conforman el contenido típico de las leyes de procedimiento administrativo en América Latina:

Principio de Legalidad:

- El principio de legalidad "**es la obligación que se impone a toda persona, institución y órgano de someter su actuación administrativa al mandato legal; y es en este sentido que el principio de legalidad constituye un límite y una condición de las actuaciones de la Administración**" (Sentencia del 19 de noviembre de 2008).

Principio de razonabilidad:

- *"que, si el texto citado parece conferir a la autoridad aduanera un poder sancionador incondicionado, es preciso declarar que, conforme la Constitución de la República en su Reforma de 1966, toda ley debe ser "justa y útil" lo que le confiere a los tribunales la facultad de exigir la razonabilidad en la aplicación de toda ley por los funcionarios públicos, condición que debe alcanzar, sobre todo, a aquellas que impongan cargas y sanciones de toda índole" (Sentencia 15 de junio de 1973).*

Principio de confianza legitima

- *De conformidad con las disposiciones establecidas por la Constitución y con los principios garantizados en ella, dentro de los que se encuentra el de la seguridad jurídica, que **es uno de los elementos fundamentales del principio del Estado de Derecho y que en primer lugar significa para el ciudadano la protección de la confianza legítima**, los poderes públicos están obligados a promover las condiciones para que la libertad y la igualdad del individuo y de los grupos en que se integra, sean reales y efectivas, **lo que obliga a la existencia de un marco jurídico estable que promueva el adecuado desarrollo de los derechos sociales y económicos, y uno de los principios básicos para conseguir estos objetivos es el de la seguridad jurídica (Sentencia 7 de abril de 2010)**.*

Principio debido proceso:

- El ***Estado Constitucional y Democrático de Derecho requiere** "que la Administración actúe en base a un conjunto de principios y reglas que preserven un debido proceso, que respeten y garanticen las libertades y derechos que han sido adquiridos legítimamente por los individuos, los que no pueden ser vulnerados ni desconocidos por un accionar irracional por parte de la administración*, como ocurrió en la especie" **(Sentencia 11 de mayo de 2011)**.

- *"dicho Tribunal procedió a ordenar la revocación de la licencia de casinos expedida por la Secretaría de Estado de Finanzas **al comprobar que la misma había sido otorgada en violación a los procedimientos especiales previstos por la Ley Nº 351 sobre Casinos, la cual en su artículo 1 condiciona la concesión de dicha licencia a que la misma sea otorgada con sujeción a los requisitos consignados en la misma, dentro de los cuales se encuentran las medidas de publicidad a cargo del Ministro de Finanzas con el interés de salvaguardar el derecho de los terceros**, medidas que dicho tribunal pudo establecer que no fueron cumplidas en la especie y así lo expresa en su sentencia (Sentencia del 28 de agosto del 2002);*

Principio de la "*Non Reformatio in Peius*:

- "Considerando, que lo transcrito anteriormente revela que **al decidir en su sentencia que la Resolución dictada por la Superintendencia de Electricidad en respuesta al recurso jerárquico interpuesto por la hoy recurrida resultaba improcedente porque agravaba la situación de ésta en violación al principio de la "Non Reformatio in Peius", dicho tribunal, contrario a lo que alega la recurrente, aplicó correctamente uno de los institutos jurídicos del derecho administrativo como lo es la "Non Reformatio in Peius", que se verifica cuando el interesado, ante la impugnación de un acto administrativo, ve empeorada su condición jurídica como consecuencia de lo decidido por el órgano llamado a resolver un recurso administrativo; lo que está prohibido por este principio, tal como fue establecido por el tribunal a-quo, por contradecir los principios básicos del derecho procesal que ha sido constitucionalizado como una garantía del debido proceso, del derecho de defensa y de la seguridad jurídica y que rige tanto la actuación administrativa como el proceso contencioso, al constituir un principio general del derecho garantizado por el artículo 69, numeral 9 de la Constitución, cuyo numeral 10 además establece que las normas del debido proceso se aplicarán a toda clase de actuaciones judiciales y administrativas; que en la especie, al comprobar que la situación jurídica de la entonces recurrente (Edesur, S. A.) quedó agravada como consecuencia de lo decidido en el recurso jerárquico interpuesto únicamente por ella ante la Superintendencia de Electricidad, en su condición de órgano superior jerárquico de Protecom, que dictó la decisión recurrida**, dicho tribunal interpretó y aplicó correctamente la normativa que sostiene el debido proceso y la seguridad jurídica, de donde se deriva el principio administrativo de la "Non Reformatio in Peius", al considerar que la decisión del órgano superior no era válida, puesto que a través de la misma se pretendía aplicar una compensación económica superior a la que fuera fijada por el órgano administrativo inferior, sin que al hacerlo el Tribunal a-quo haya incurrido en desnaturalización, ya que su sentencia establece motivos suficientes y pertinentes que permiten comprobar que dicho tribunal efectuó una correcta aplicación del derecho a los hechos soberanamente apreciados; por lo que se rechaza el medio que se examina por improcedente y mal fundado" (Sentencia 16 de mayo 2012);

Concepto discrecionalidad administrativa:

- "al revocar, como lo hace en su sentencia la resolución dictada por la Cámara de Cuentas en fecha 11 de mayo de 2011, mediante la cual desvinculó a la hoy recurrida, señora Isabel Martínez y dejar vigente la anterior resolución mediante la cual ésta fue reincorporada a sus funciones al no calificar para los trámites de pensión, sin ponderar que tal como le fue planteado en su escrito de defensa por la institución entonces recurrida, esta decisión de desvinculación fue tomada por dicho organismo administrativo en virtud de la potestad discrecional que le confieren los indicados textos legales, el Tribunal Superior Administrativo al actuar de esta forma, incurrió en una evidente violación de los referidos textos y **con ello desconoció el alcance de la discrecionalidad de la administración, la que surge cuando la propia legislación le otorga a la administración un margen de decisión que no esté determinado por la norma, es decir, que el legislador le deja a la Administración determinar el modo de ejercicio concreto de la potestad discrecional atendiendo a lo que aconseje el interés general**, por lo que al tribunal a-quo no reconocerlo así, procede casar esta decisión" (**Sentencia 12 de febrero 2014**);

Motivación actos discrecionales:

- "que en el caso específico de la Cámara de Cuenta, el indicado artículo 19 de su Ley Orgánica faculta al Pleno de la misma para remover a todo el personal administrativo y técnico de acuerdo a las necesidades del servicio; y por su parte, el señalado artículo 94 de la Ley de Función Pública núm. 41-08 dispone en párrafo I, **que cuando se trate de funcionarios de libre nombramiento y remoción, la destitución interviene a la libre discreción de la autoridad**

competente, para lo cual se exige que su actuación se motive adecuadamente, lo que se cumplió en la especie" (Sentencia 12 de febrero 2014);

Concepto acto administrativo:

- "Considerando, que en cuanto al planteamiento de que la comunicación cuestionada constituye un acto administrativo, **esta Suprema Corte de Justicia considera pertinente establecer que un acto administrativo es la decisión o resolución administrativa, con efectos individuales frente a terceros, dictada por la Administración en el ejercicio de una potestad administrativa distinta a la reglamentaria**; por lo que al tratarse la comunicación objeto de recurso tributario de una decisión emanada de la administración en respuesta al contribuyente sobre su solicitud de reconsideración, es evidente que la misma reviste tal calidad, y por tanto puede ser objeto del recurso contencioso tributario consagrado en el artículo 139 de la norma, por lo que al determinar que el acto cuestionado constituía un acto administrativo, el tribunal no incurrió en violación legal alguna" **(Sentencia 23 de julio de 2014)**

- "Considerando, que el tribunal a-quo yerra al establecer en su decisión que la comunicación expedida por la DGII mediante la cual se le daba respuesta a la solicitud del hoy recurrente tenía solo un carácter informativo y por tanto no constituía un acto administrativo susceptible de ser recurrido, toda vez que, **de los términos de dicha comunicación se desprenden las características de un acto administrativo, puesto que la misma dio respuesta a una solicitud del administrado con un efecto desestimatorio de sus pretensiones al negarle su solicitud, actuación que genera un efecto directo, inmediato, e individualizable entre la administración y el administrado, características que tipifican el acto administrativo** y que por ende le abre al administrado el derecho de reclamar a fin de que los organismos correspondientes puedan controlar la legalidad de la actuación administrativa, **definiéndose en el artículo 8 de la Ley 107-13 que rige la materia el acto administrativo como,**

"toda declaración unilateral de voluntad, juicio o cono-cimiento realizada en ejercicio de una función adminis-trativa por una Administración Pública, o cualquier otro órgano u ente público, que produce efectos jurídicos di-rectos, individuales e inmediatos frente a terceros" (Sen-tencia 28 de octubre de 2015);

Principio de estabilidad del acto administrativo:

- "Considerando, que de lo transcrito precedentemente se des-prende que al establecer en su sentencia que la resolución dictada por el ayuntamiento de Santo Domingo Oeste, que dispuso el cierre de la nave en construcción, propiedad de los recurrentes, que había sido autorizada previamente por acto del mismo ayuntamiento, no vulneraba los derechos adquiri-dos ni afectaba la seguridad jurídica de los recurrentes, **el tribunal a-quo dictó una sentencia errónea y totalmente divorciada de principios fundamentales que constituyen los pilares del derecho administrativo, como lo es el prin-cipio de la estabilidad del acto administrativo, que viene a proteger la seguridad jurídica a favor de los derechos de las personas frente a las actuaciones del poder públi-co, a fin de que los derechos adquiridos bajo el amparo de resoluciones y actos administrativos definitivos que-den inconmovibles**, ya que de otro modo el orden jurídico y el Estado de Derecho no quedarían plenamente garantizados ante las actuaciones arbitrarias, ilegales y caprichosas de los funcionarios administrativos de turno que pretendan socavar los derechos fundamentales de los particulares" **(Sentencia 11 de mayo 2011)**;

- "el primer acto no fue reformado por la Autoridad Municipal por motivos de ilegalidad o de ilegitimidad, sino que **la Au-toridad Administrativa en el ejercicio de su potestad de reformar los actos administrativos, que constituye una excepción al principio de la estabilidad de los actos ad-ministrativos, y que puede ejercerse por razones de con-veniencia, oportunidad o mérito, con el límite de no le-sionar derechos adquiridos, procedió a modificar par-cialmente el primer acto en el que se había otorgado el**

permiso de uso para un espacio determinado, mediante el dictamen de un segundo acto en el que tal espacio fue disminuido por las razones ya expresadas" (Sentencia 24 de julio 2009);

Invalidez acto administrativo:

- "lo que fue desconocido por el juez a-quo al momento de hacer esta errónea afirmación y otorgarle de forma indebida a una factura expedida por el Ayuntamiento de Quisqueya la fuerza de un acto administrativo válidamente emitido para la reclamación de dicho arbitrio, sin observar que **si bien dicha factura generó un efecto directo e inmediato entre la administración y el administrado como lo produce en principio todo acto administrativo, no por ello dicha factura puede ser considerada en el presente caso como un acto administrativo legítimo, ya que la misma fue emitida sin que previamente fuera dictada la ordenanza municipal requerida por la ley de la materia para que pudiera materializarse esta obligación"** (Sentencia 15 de julio de 2015);

Revocación acto administrativo:

- "que **procede la revocación del acto administrativo, por parte de los funcionarios de los cuales emanó, cuando después de emitido la administración comprueba que la emisión del mismo estuvo determinada por el fraude y las maniobras dolosas de la parte que resulto beneficiaria con el acto"** (Sentencia 14 noviembre 2007).

33. Por su parte, el Tribunal Constitucional creado por la Constitución del 26 de enero del año 2010, y cuyo funcionamiento se inició a partir del año 2012, ha dictado numerosas sentencias en materia de procedimiento administrativo, tales como, el principio de legalidad, el derecho fundamental a la buena administración, los principios de eficacia, celeridad, respuesta pronta y oportuna, discrecionalidad administrativa, debido proceso administrativo, actos administrativos, revocación y declaratoria de lesividad de actos administrativos, carácter optativo de recursos administrativos, entre otros:

Principio de legalidad:

- **"el principio de legalidad se configura como un mandato a todos los ciudadanos y a los órganos del Estado que se encuentran bajo su jurisdicción para el cumplimiento de la totalidad de las normas que integran el ordenamiento jurídico dominicano.** De conformidad con este principio, las actuaciones de la Administración y las resoluciones judiciales quedan subordinadas a los mandatos de la ley. Este principio se configura en el artículo 40.15 de la Constitución, en términos de que a nadie se le puede obligar a hacer lo que la ley no manda ni impedírsele lo que la ley no prohíbe. La ley es igual para todos: sólo puede ordenar lo que es justo y útil para la comunidad y no puede prohibir más que lo que le perjudica y, en concreto, para toda la Administración Pública, el artículo 138 de la Constitución prevé que la misma debe actuar con "sometimiento pleno al ordenamiento jurídico del Estado" **(TC 0183/14).**

- **"El mandato del artículo 138 de la Carta Magna, que somete la Administración al derecho**, disponiendo textualmente lo que sigue: "La Administración Pública está sujeta en su actuación a los principios de eficacia, jerarquía, objetividad, igualdad, transparencia, economía, publicidad y coordinación, con sometimiento pleno al ordenamiento jurídico del Estado". Dicho sometimiento es reafirmado por el artículo 139 de la Constitución, al disponer que los tribunales controlen la legalidad de los actos de la Administración, y permitir a la ciudadanía requerir ese control a través de "procedimientos legales", entre los cuales juega papel estelar la opción inicialmente decidida por la empresa afectada, la acción constitucional de amparo" (TC **0322/14).**

Derecho a la buena administración:

- "En virtud del artículo 12, numeral 6), de la citada ley orgánica de la Administración Pública "debe garantizar la efectividad de los servicios públicos y otras actividades de interés general, en especial su cobertura universal, continua y de calidad. Todo procedimiento administrativo debe lograr su finalidad y evitar dilaciones indebidas". **Este mandato nor-**

mativo da existencia actual a lo que se ha configurado como un derecho fundamental nuevo entre nosotros, denominado "derecho al buen gobierno o a la buena administración". Como tal, el reconocimiento normativo del derecho fundamental a la buena administración ha partido de la Recomendación n° R (80) 2, adoptada por el Comité de Ministros del Consejo de Europa el 11 de marzo de 1980 relativa al ejercicio de poderes discrecionales por las autoridades administrativas, así como de la jurisprudencia tanto comunitaria como del Tribunal Europeo de Derechos Humanos. La jurisprudencia en el ámbito europeo ha ido paulatinamente configurando el contenido de este derecho fundamental a la buena administración «atendiendo a interpretaciones más favorables para el ciudadano europeo a partir de la idea de una excelente gestión y administración pública en beneficio del conjunto de la población de la Unión Europea. **Este derecho se encuentra implícitamente en el texto de nuestra Constitución, específicamente en los artículos 138, 139, y 146, los cuales se han concretizado legalmente en la referida ley orgánica, plasmando de forma más concreta en nuestro ordenamiento este principio constitucional.** 11.9. **Los mandatos precedentemente resumidos configuran el denominado "derecho a la buena administración", designación que hace taxativamente la Ley núm. 107-13**, cuya vigencia ha sido postergada hasta el dos mil quince (2015), pero que debe considerarse, en relación con el asunto de que se trata, como un derecho actualmente dimanante de las obligaciones puestas a cargo de la Administración Pública por la Constitución de la República y otras normas" **(TC 0322/14).**

Principio de eficacia administrativa:

- "Así, **la eficacia en la actuación de la administración es uno de los soportes que garantizan la realización de las personas que conforman un Estado y la protección efectiva de sus derechos fundamentales, por lo que es innegable que la tardanza innecesaria e indebida en la atención a las solicitudes de los particulares pueden constituirse en violaciones a derechos fundamentales, máxime cuando éstos derechos se encuentran íntimamente vincu-**

lados con la satisfacción de las necesidades básicas para la subsistencia digna de una persona envejeciente que, sin las atenciones mínimas, se expone a penurias y enfermedades, por lo que su atención debe ser una prioridad para el Estado" (TC/0203/13).

Principios de celeridad y pronta respuesta:

- "la celeridad y razonabilidad en el cumplimiento de los plazos por parte de la administración son esenciales para que se resuelva la solicitud de un particular y éste, a su vez, pueda utilizar los mecanismos puestos a su disposición, dentro del tiempo razonable, a los fines de obtener la respuesta correspondiente" (TC 0203/13).

- "En tal sentido, resulta oportuno señalar, además, que las instituciones públicas están en la obligación de ofrecer una pronta respuesta a los ciudadanos que acuden a solicitar un servicio. Esta respuesta puede ser positiva o negativa, y, en el caso de resultar de esta última naturaleza, debe justificarse o motivarse y, en la eventualidad de no hacerlo, no se estarían observando los principios de transparencia y eficacia consagrados en el referido artículo 138 de la Constitución de la República" (TC 0237/13).

Principio debido proceso:

- "El debido proceso administrativo implica la sumisión de la administración a la Constitución y las leyes, no solo ante la presencia de conflictos que se diriman en sede contenciosa-administrativa, sino que, como bien señala la jurisprudencia constitucional colombiana: Se extiende a todo el ejercicio que debe desarrollar la administración pública en la realización de sus objetivos y fines estatales, lo que implica que cobija todas las manifestaciones en cuanto a la formación y ejecución de los actos, a las peticiones que presenten los particulares, y a los procesos que adelante la administración con el fin de garantizar la defensa de los ciudadanos, (Corte Constitucional de Colombia. Sentencia 500/11 de fecha 29 de junio del año 2011) " **(TC 0234/15).**

- **"este tribunal estima que los alcances del numeral 10 del artículo 69 de la Carta Sustantiva impactan al debido proceso administrativo aunado por la resolución antes señalada**; por tanto, no cabe aquí formular distinción entre éste y el debido proceso penal para aplicar o no el referido texto. **Es preciso resaltar el hecho de que cuando nuestro constituyente decidió incorporar como una garantía al debido proceso en todo ámbito, o sea judicial y administrativo, lo hizo a sabiendas de que dejaba atrás viejas restricciones que excluían las actuaciones que caían bajo la égida de los procesos administrativos"** (TC 0011/14).

- **"nuestra Constitución establece en su artículo 69 las garantías mínimas que deben ser respetadas particularmente para las medidas que tiendan a afectar en alguna medida algún derecho, y de manera específica señala que "[l]as normas del debido proceso se aplicarán a toda clase de actuaciones judiciales y administrativas", con lo cual dicha obligación se extiende al momento de aplicar una sanción administrativa o tomar medidas sancionatorias**, como es el caso en concreto. **Adicionalmente, en su artículo 138.2, nuestra Carta Magna establece que "[e]l procedimiento a través del cual deben producirse las resoluciones y actos administrativos, garantizando la audiencia de las personas interesadas, con las excepciones que establezca la ley"** (TC 226/14).

- "Estas garantías se extienden a todo tipo de procesos, incluyendo los administrativos, conforme lo esboza el numeral 10 del artículo 69, que reza: "Las normas del debido proceso se aplicarán a toda clase de actuaciones judiciales y administrativas". **Este mismo tribunal constitucional ha reconocido dicha realidad cuando afirmó, en su Sentencia TC/0011/14, que: "como se advierte, las garantías de tutela judicial efectiva y del debido proceso, lejos de desaparecer o inutilizarse al tratarse de un proceso administrativo, mantienen pleno vigor y benefician el fortaleci-**

miento de los procesos de la naturaleza del que nos ocupa" (TC/0220/14).

- "Tal y como ha indicado este tribunal, **la importancia de la protección del debido proceso reside en "la posibilidad de que se garantice a la persona poder contestar cada argumento esgrimido en su contra, su derecho a la defensa y el derecho a ser asistida de manera oportuna técnica y jurídicamente"** (Sentencia TC/0011/14), posibilidad que no se garantizó ni se pretendió garantizar en la imposición de las medidas por parte del Concejo de Regidores" (**TC 226/14**).

- "Esta facultad de determinación de la obligación tributaria de oficio fue realizada, en la especie, mediante el mecanismo conocido por la jurisprudencia y la doctrina comparada como determinación sobre base presunta, o estimación indirecta, que se practica cuando la Administración fundamenta la referida determinación en base a indicios que revelen la inconsistencia entre lo percibido y lo declarado. 10.1.18 Se trata, así, de un mecanismo que debe ser utilizado de manera excepcional, cuando no le sea posible a la Administración determinar la obligación sobre base cierta. 10.1.19 **La apreciación de los indicios, en virtud de los cuales se hace la estimación del tributo a pagar, no debe ser realizada por la Administración Tributaria de manera discrecional, sino que debe apoyarse en principios tales como: debido proceso, jerarquía de fuentes, razonabilidad entre el hecho y la presunción, la existencia de una causa legítima para su utilización"** (TC 0493/15).

- "**en la especie ha debido desarrollarse un proceso disciplinario orientado a evaluar con objetividad las supuestas faltas cometidas y a determinar las sanciones que correspondieran.** Sin embargo, **no se ha presentado prueba alguna de que los órganos encargados hayan realizado una investigación de los hechos por los que el recurrente ha sido sancionado con su cancelación, y más aún, tampoco se celebró un proceso disciplinario sometido a las reglas del debido proceso. De modo que la ausencia de un** procedimiento disciplinario sancionador que concluya con la imposición de una sanción contra el señor Poche Valdez constituye una actuación arbitraria de la Policía Nacional, la cual lesiona su derecho de defensa y del debido proceso" (TC 0168/14).

- "el respeto al debido proceso y, consecuentemente, al derecho de defensa, se realiza en el cumplimiento de supuestos tales como la recomendación previa a la adopción de la decisión sancionatoria; que dicha recomendación haya sido precedida de una investigación; que dicha investigación haya sido puesta en conocimiento del afectado; y que éste haya podido defenderse" (TC 0048/12).

- "Por otro lado, y aún más grave en este caso, el hecho de que las medidas sancionatorias impuestas se hacen extensivas a personas que no formaban parte del proceso, al indicar de forma expresa el acto impugnado que serán aplicables "a todos los que tengan construcciones en ese lugar y que se encuentren en igual condición las medidas tomadas en la presente comunicación". Esta medida hace extensiva la violación al derecho de propiedad a personas ajenas al proceso, así como viola el derecho a un debido proceso y el derecho de defensa de estos terceros no partes del proceso y el principio de la personalidad de la pena, en este caso, de la sanción" (TC 226/14).

- "lo que evidencian los supraindicados hechos es que ni siquiera se le respetó la presunción de inocencia que debe poder gozar cada persona, ya que, sin juicio, proceso disciplinario, arbitraje u otro tipo de proceso, se le arrebató su derecho de posesión (de manera indefinida, pendiente de venta en pública subasta) -con la incautación- y su derecho de propiedad – con la cancelación de la matrícula -, sin otorgarle la oportunidad de defenderse de los hechos que se le imputaban. En vista de estos hechos, está claro que la Dirección General de Aduanas y la Dirección General de Impuestos Internos violentaron el derecho al debido proceso y a la tutela judicial efectiva en perjuicio de Ramona Burgos Polanco, al concluir, de manera ex-

pedita y sin respeto al debido proceso, un proceso sancionador en contra de dicha señora" (TC 0220/14).

- "De lo precedentemente expuesto resulta que en el presente caso el Ministerio de Interior y Policía incurrió en una actuación arbitraria al retener el arma de fuego autorizada al recurrente y no renovarle las licencias de porte y tenencia otorgadas a su favor, cuestión que se ha hecho sin observar las normas del debido proceso, las cuales, conforme al numeral 10 del artículo 69 del Texto Sustantivo, se aplicarán a toda clase de actuaciones judiciales o administrativas" **(TC 0186/13).**

Discrecionalidad administrativa:

- **"conviene recordar que la discrecionalidad que la Constitución reconoce al Presidente de la República no es absoluta y, por el contrario, encuentra límites en la naturaleza del Estado Social y Democrático de Derecho** vigente entre nosotros desde la entrada en vigencia de la actual Constitución del veintiséis (26) de enero de dos mil diez (2010)". "El fundamento de la vigencia real y concreta del Estado Social y Democrático de Derecho reside en la efectividad y prevalencia de los derechos fundamentales, y sus garantías, consagrados en la misma Constitución y las leyes, especialmente, para el caso concreto, aquellas que regulan el funcionamiento de la Policía Nacional, **de forma que la referida discrecionalidad no sea confundida con la arbitrariedad"** (TC 0048/12).

Concepto acto administrativo:

- "10.3. La doctrina define **los actos administrativos como el instrumento que le permite a la administración pública, en el ejercicio de su potestad administrativa, el manejo de los intereses públicos, manifestar su voluntad, deseo, conocimiento o enjuiciamiento que incide sobre situaciones subjetivas.** 10.4. En el ámbito administrativo dominicano, **se considera como acto administrativo la manifestación de la voluntad unilateral de la administración, que** tiene efectos particulares o generales capaces de producir consecuencias o modificaciones jurídicas" (TC 0909/15).

Tipos de actos administrativos:

- "cabe distinguir **los actos administrativos de efectos generales de los actos administrativos de efectos particulares. Los primeros son aquellos de contenido normativo; es decir, que crean normas que integran el ordenamiento jurídico; en cambio, los actos administrativos de efectos particulares son aquellos que contienen una decisión no normativa, sea que se aplique a un sujeto o a muchos sujetos de derecho"** (TC 0117/13).

- "Es bien sabido que **un decreto es un acto administrativo que emana directamente de la máxima representación del Poder Ejecutivo –el Presidente o la Presidenta de la República– y que, dependiendo del alcance de sus efectos, se clasificarán en: 1) actos administrativos normativos, de efectos generales, si bien conviene precisar que no todo acto administrativo de efectos generales es un acto normativo; y 2) actos administrativos no normativos, de efectos particulares.** El decreto que declara de utilidad pública un bien inmueble, y ordena la toma de posesión inmediata del mismo, es, sin duda, un acto administrativo no normativo de efectos particulares, frente al cual era posible intentar una acción de amparo a la luz de la Ley núm. 437-06" **(TC 0205/13).**

Presunción de validez actos administrativos:

- "Así pues, hasta tanto el acto en cuestión no haya sido expulsado del ordenamiento jurídico, por ejemplo, siendo revocado por la administración en cuestión o declarado nulo por la jurisdicción contenciosa-administrativa, **debe presumirse su validez.** Por tanto, **la Administración está atada por el contenido de los actos que ella misma emite mientras estén vigentes, sin poder alegar que los efectos que de estos se desprenden no son consecuencia de su accionar"** (TC 0094/14).

- **"los actos dictados por la Administración Pública son válidos y componen una presunción de legalidad que es lo que permite a los administrados realizar actuaciones e inversiones en base a los derechos reconocidos, otorgados y protegidos por dichos actos.** Tal permanencia es lo que, en definitiva, provee de confianza y seguridad jurídica a los administrados sobre un acto que es ejecutivo, tiene eficacia jurídica, fuerza obligatoria y que, finalmente, debe cumplirse en la forma en que fue dictado" **(TC 226/14).**

- **"Las alcaldías o ayuntamientos son organismos integrantes de la Administración Pública,** por tanto, forman parte del Estado y, como tales, tienen entre sus más altos fines y propósitos garantizar la seguridad jurídica y la más amplia participación democrática de los ciudadanos que residen en el ámbito de sus demarcaciones territoriales, con apego a los postulados de la Constitución de la República y las leyes. En ese mismo orden, **procede aseverar que las resoluciones emitidas por tales organismos poseen una singular fuerza jurídica y, por tanto, siempre han de estar investidas de la legitimidad que se les reconoce a los actos emanados de toda autoridad pública, en razón de que se da por sentado que ésta, por lo general, actúa en el marco de las potestades que la ley le atribuye,** cuidando no incursionar en áreas que escapen a su órbita competencial" **(TC 242/13).**

Motivación actos administrativos:

- "c) Dado el riesgo que supone para la sociedad la tenencia y porte de armas por particulares, el Estado, a través del Ministerio de Interior y Policía se ha reservado el derecho de otorgar y revocar las referidas licencias. Dicha facultad la ejerce el indicado ministerio en virtud de lo que establece el artículo 27 de la citada ley que prescribe lo siguiente: *"Las licencias que hayan sido expedidas a particulares para el porte o tenencia de armas, podrán ser revocadas en cualquier tiempo por el Ministro de lo Interior y Policía...".* d) **Como se advierte, el legislador no establece requisitos para que el Ministerio de Interior y Policía revoque las referidas licencias, lo cual deja abierta la posibilidad de** que dicha facultad sea ejercida de manera arbitraria. En este orden, el Tribunal considera que para que el mencionado texto legal sea conforme a la Constitución, el mismo debe interpretarse en el sentido de que el Ministerio de Interior y Policía, *debe dar motivos razonables y por escrito cuando revoca* una licencia de porte y tenencia de arma de fuego" (TC 0010/12).

- "Sobre el particular, este tribunal ha señalado que **es necesario que se provean motivos razonables y por escrito cuando se trata de actos administrativos que tengan como fin variar la situación jurídica del administrado (Sentencia TC/0010/12). Por lo cual, un acto que pretenda imponer una serie de medidas dirigidas a la afectación del derecho de propiedad debe ser realizado, como mínimo, respetando la garantía del debido proceso donde los hechos imputados puedan ser controvertidos entre la administración que evalúa la situación y el administrado que está siendo evaluado" (TC 226/14).**

Revocación actos administrativos:

- "para que un acto administrativo pueda dejar de tener los efectos que por su naturaleza le acompañan, debe ser expulsado del ordenamiento jurídico en las formas y por las razones constitucionales y legales permitidas, como ha dicho previamente este tribunal, por ejemplo, siendo "revocado por la administración en cuestión o declarado nulo por la jurisdicción contenciosa-administrativa" (Sentencia TC/0094/14). Se entiende por revocación el retiro del ordenamiento jurídico de un acto administrativo por la propia administración que lo dictó mediante un acto con efecto contrario al retirado" (TC 226/14).

- "Cuando se trata de actos administrativos que afectan derechos o son de gravamen para el administrado, los mismos pueden, en principio, ser revocados directamente por la Administración Pública que los dicto, con la emisión de un nuevo acto de revocación, siempre que dicha revocación no vaya en detrimento del interés público o contraríe el ordenamiento jurídico. Sin embargo, cuando

se trata de actos administrativos que son favorables al administrado, actos declarativos o actos que reconocen u otorgan derechos, el principio es la irrevocabilidad de los mismos. Esto en razón de que, como hemos señalado, los actos que crean derechos colocan al administrado en una situación de seguridad jurídica que le permite realizar actos en base al acto otorgado por la administración. Por tanto, para poder revocar un acto que reconoce u otorga derechos, la Administración no puede perjudicar al administrado a favor de quien se emitió el acto, ni a terceros que pudieran resultar afectados **(TC 226/14).**

- **"cuando el derecho "conferido al administrado es revocado, sin que la administración obtenga el consentimiento expreso y escrito del afectado, se trata de una potestad expropiatoria, por cuanto el administrado tenía el derecho con justo título, pues era un derecho adquirido".** En el caso particular de la aprobación de los planos para realizar una construcción "constituye el acto administrativo creador de una situación jurídica particular y de un derecho subjetivo" y su revocación, en consecuencia, resulta en una afectación del derecho reconocido, que en este caso es el derecho de propiedad" **(TC 226/14).**

Declaración de lesividad actos administrativos:

- **"la jurisprudencia ha sido enfática en poner de presente la vulneración del debido proceso y el derecho de defensa del administrado, implícita en la revocación de un acto de carácter particular y concreto, generador de derechos, sin agotar los requisitos legales señalados para ese propósito. Así pues, no es posible para la Administración Pública revocar por sí misma un acto administrativo cuando se trata de un acto favorable para el administrado, sin seguir los procedimientos constitucionales y legales propios. En nuestro ordenamiento jurídico, aun cuando actualmente no está vigente la normativa que contiene el proceso de declaración de lesividad de actos favorables – contenido en el artículo 45 de la Ley núm. 107-13 sobre los derechos de las personas en sus relaciones con la ad-**

ministración pública y de procedimiento administrativo–, el cual permite la impugnación por parte de la administración por ante la jurisdicción contencioso administrativa de aquellos actos favorables que resulten lesivos para el interés general, sí existen procedimientos legales que pudieron y debieron ser agotados por la administración pública en este caso en concreto" (TC 226/14).

• "Como ha señalado la doctrina, **tratándose por lo tanto del ejercicio oficioso de la revocatoria esto es, de la revocatoria como instrumento de la administración, se tiene por principio una enorme limitante que evita que la administración pueda sustituir irregularmente a la jurisdicción contenciosa administrativa en el juzgamiento o control a la legalidad de las decisiones administrativas. Así pues, la Administración debe presentarse "ante la jurisdicción de lo contencioso administrativo en busca de la anulación de sus propios actos que, aunque violatorios al orden legal, hayan reconocidos derechos subjetivos o creado situaciones jurídicas del mismo carácter"** (TC 226/14).

Carácter optativo recursos administrativos:

• "Al tener su origen en un acto administrativo emitido por el Ministerio de Educación de la República Dominicana, el examen y solución de la presente litis requieren una evaluación pormenorizada del asunto para determinar la legalidad o ilegalidad de la actuación del Ministerio de Educación de la República Dominicana. Este análisis nos llevará a determinar si dicha actuación ha conculcado los derechos fundamentales que alega el recurrente. Por estos motivos, en el presente caso la jurisdicción contenciosa administrativa, en atribuciones ordinarias, es la vía eficaz que satisface el requerimiento del artículo 70.1 de la Ley núm. 137-11. Si bien es cierto que la Ley núm. 66-97, General de Educación, en su artículo 153 y siguientes, crea el Tribunal de Carrera Docente, como órgano administrativo "encargado de dirimir los conflictos y apelaciones que tengan que ver con los deberes y derechos del personal docente", y que en virtud del artículo 54, literal c), este tribunal de carrera docente tiene competencia para "conocer lo resuelto por la instancia correspondiente de recursos humanos en relación con las peticiones de los docentes sobre derechos inherentes a sus puestos de acuerdo a lo establecido en el reglamento de funcionamiento de estos órganos", desprendiéndose que este tribunal sería el competente para conocer de las decisiones adoptadas por la Dirección de Recursos Humanos del Ministerio de Educación de la República Dominicana (MINERD), o en su defecto, la falta de decisión, como sucede en el presente supuesto, ya que dicha dirección no ha respondido a los requerimientos formulados por el señor Wilfrido Cirito Carmela, **no es menos cierto que, de conformidad con el artículo 4 de la Ley núm. 13-07, el agotamiento de la vía administrativa es facultativo, con lo cual el interesado puede recurrir a la vía contenciosa, sin haberse agotado la fase administrativa (TC 0132/14).**

VI

34. La edición del libro *Principios del Procedimiento Administrativo*, llega pues a la Republica Dominicana en un momento muy oportuno, y de seguro que será de gran utilidad para los profesionales del Derecho, profesores universitarios, estudiantes de grado y post grado en Derecho, magistrados de los distintos órganos jurisdiccionales previstos en la Carta Fundamental del Estado, que encontraran en esta obra del Profesor Allan R. Brewer-Carias el más completo estudio que sobre la materia se ha escrito en nuestra América Hispana.

Santo Domingo, marzo 2016

NOTA DEL AUTOR A LA EDICIÓN EN
LA REPÚBLICA DOMINICANA
SANTO DOMINGO, 2016

Este libro, que ahora se reedita en Santo Domingo con los auspicios de la Asociación Dominicana de Derecho Administrativo, gracias a la iniciativa de mi querido amigo Olivo Rodríguez Huertas, fue publicado por primera vez en Madrid, en 1990, por la Editorial Civitas de Madrid, con el título *Principios del Procedimiento Administrativo*, con prólogo del profesor Eduardo García de Enterría; posteriormente, en 1992, en Paris, por la Editorial Económica con el título *Les Principes de la Procédure Administrative Non Contentieuse (Etude de droit comparé: France, Espagne, Amérique Latine)*, con prefacio del profesor Franck Moderne. Una versión inicial del texto se publicó, además, con el título "Principios del Procedimiento Administrativo en España y América Latina," en el libro *200 Años del Colegio de Abogados, Libro Homenaje*, Colegio de Abogados del Distrito Federal, Avila Arte/Impresores, Tomo I, Caracas 1990, pp. 255-435; y el texto íntegro se agregó, como un "Segundo libro" desde 2002, a la edición de mi libro *El derecho administrativo y la Ley Orgánica de Procedimientos Administrativos*, editado por la Editorial Jurídica Venezolana, Caracas desde 1982. Más recientemente, además, en 2012, se publicó en San José, Costa Rica, en edición de la Editorial Investigaciones Jurídicas S.A., texto que se reproduce en esta edición.

Como lo expliqué en el prefacio de la edición madrileña de 1990, el libro recoge, en esencia, la versión en castellano del curso que dicté en el Tercer Ciclo de la *Université de Droit, d'Économie et de Science Sociales* de París (París 2), en el marco del curso sobre *De-*

recho Administrativo Comparado, a cargo del profesor Jean Michel Lemoine des Forges, durante el año académico 1989-1990. Ese año el curso fue destinado al estudio del Procedimiento Administrativo en el Derecho Comparado, habiéndome correspondido a mí analizar comparativamente, con el derecho francés, los principios del procedimiento administrativo en España y en los países de América Latina, particularmente los que en ese momento (1990) tenían leyes reguladoras del mismo (Argentina, Colombia, Costa Rica, Uruguay y Venezuela). Posteriormente otros países han aprobado tales leyes (Brasil, Panamá, Bolivia, Chile, Honduras, México, Perú), razón por la cual no hay referencias a dichas leyes, por lo demás de gran importancia, pues en el proceso de codificación del derecho administrativo en nuestros países han enriquecido mucho nuestra disciplina.

La reciente sanción, en agosto de 2013, de la Ley 107-13 sobre el Procedimiento Administrativo de la República Dominicana, ha sido el detonante para republicar esta obra en Santo Domingo, particularmente tomando en cuenta que la misma viene a ser como la culminación del proceso garantista del procedimiento administrativo en el Continente. Por ello, a pesar de que se conserva el texto de la edición de 1992, tanto a la Ley de la República Dominicana como a las otras leyes de América Latina sancionadas con posterioridad a la primera edición del libro, he hecho mención en los dos trabajo que "A manera de Introducción General" se han agregado para esta edición, así como en el Capítulo II de la Primera Parte que también he agregado al texto original, precisamente para dar cuenta del panorama general que deriva de todas las leyes latinoamericanas incluyendo las dictadas desde 1992 hasta ahora (2013).

Debe tenerse en cuenta que todas las leyes latinoamericanas en materia de procedimientos administrativos fueron dictadas a partir de los años setenta, por lo que, sin duda, además de haber recogido los aportes de la jurisprudencia y doctrina de cada país y la influencia de la doctrina francesa, hasta 1992 recibieron la directa influencia de las viejas Ley de Régimen Jurídico de la Administración del Estado de 1957 como de la Ley de Procedimiento Administrativo de 1958 de España. Las mencionadas leyes posteriores a 1992, en cambio, recibieron la influencia de la nueva Ley española No. 30/1992 sobre Régimen Jurídico de las Administraciones Públicas y del Procedimiento Administrativo Común de 1992, así como de las propias leyes latinoamericanas que las precedieron. Y no podía ni debía ser de otro modo, siendo el resultado un conjunto de regulaciones que, sin duda, han significado el enriquecimiento de instituciones, que bien podría servir para la retroalimentación del sistema jurídico administrativo iberoamericano.

Por ello, la elaboración de las conferencias que conformaron el curso que dicté en París en 1989-1990, y que originaron este libro, me permitió constatar que en materia de principios de derecho administrativo, todo nos une con los principios de la legislación y doctrina españolas, las cuales, por lo demás, son permanentemente manejadas en nuestros países. Pero el haber dictado este curso en la Universidad de París me permitió hacer otra constatación y es que la legislación y la doctrina españolas son tan ignoradas en Francia -salvo en contados círculos académicos- como lo es la de nuestros países latinoamericanos. No hay que olvidar que conforme a un proceso típicamente continental europeo, aún no revertido, desde el punto de vista jurídico e institucional los países tienden a mirar al norte, considerando lo que está al sur como menos desarrollado y, por tanto, sin interés, salvo el de la curiosidad. Ello hasta sucede, incluso, en el interior de los propios países. En el caso de Francia, sin embargo, la situación a veces es extrema, pues desde el ángulo jurídico en muchas ocasiones ni siquiera se mira hacia afuera de las fronteras, viviéndose, en general, en un singular aislamiento. Se exceptúan, por supuestos, los efectos en cuanto al derecho comunitario derivado del desarrollo de la Unión Europea.

Precisamente por ello hay que saludar los esfuerzos que algunos sectores académicos franceses desarrollaron en aquellos años en pro de los estudios de derecho comparado, y entre ellos, en París, en materia de derecho administrativo con el profesor Roland Drago a la cabeza, tanto desde la *Société de Législation Comparé* como de la Academia Internacional de Derecho Comparado, que dirigió con todo acierto hasta su fallecimiento. Al profesor Drago, a quien me unían lazos académicos y de amistad desde hacía muchos años, sin duda se debió la iniciativa para mi nombramiento como profesor asociado de la Universidad de París 2.

Por ello, la publicación de este libro fue una ocasión propicia para agradecerle una vez más la confianza académica que depositó en mí. Realmente me fue muy grato y estimulante el haber dictado este curso de post-grado en las mismas viejas aulas de la *Place du Panthéon,* donde a comienzos de los sesenta tuve el privilegio de seguir los cursos de M. Waline, R. Charlier y Ch. Eisenmann.

Como dije, el profesor Eduardo García de Enterría, mi amigo de tantos años, recientemente fallecido, aceptó mi requerimiento de redactar el Prólogo a la edición en español de Madrid, que aquí se reproduce. Honor que me hizo, y que en su momento agradecí, pues bien sabía él que para los latinoamericanos, su obra y la de los académicos de su Escuela, está entre las más apreciadas y respetadas. De ella y de su bonhomía mucho aprendimos.

La edición de texto original del curso salió publicada en Paris con el prefacio de mi también amigo de tantos años Frank Moderne, en ese momento director de la *Revista francesa de derecho administrativo* y profesor de la Universidad de Paris I. Entre los profesores franceses, Frank Moderne, sin duda, fue el académico con más relaciones en el mundo académico español y latinoamericano, que conocía bien. También en su momento le agradecí su prefacio y su amistad.

A pesar de que como hemos dicho, esta edición es básicamente la reedición del libro editado en Madrid en 1990, a los efectos de esta edición sólo hemos hecho algunas actualizaciones mínimas en el texto, específicamente para citar, en lugar de las leyes españolas de Régimen Jurídico de la Administración del Estado de 1957 y la de Procedimientos Administrativos de 1958, que fueron las que utilicé para el curso en 1990, la Ley 30/1992 sobre Régimen Jurídico de la Administración y del Procedimiento Administrativo Común, que es la que ahora regula el procedimiento administrativo. Al texto original, sin embargo, como he dicho, hemos agregado un solo capítulo nuevo (Cap. II, Primera Parte), precisamente para dar cuenta del panorama general que deriva de todas las leyes latinoamericanas incluyendo las dictadas desde 1992 hasta ahora.

Por supuesto, las referencias bibliográficas que se hacen en el curso del texto, son las mismas que utilicé en 1990. Actualizarlas, hubiera significado materialmente hacer otro libro. En todo caso, para los interesados en la bibliografía en la materia posterior a 1990, sólo por lo que se refiere a los trabajos de mi autoría, pueden consultarse, en cuanto a libros, *Principios del procedimiento administrativo en América Latina*, Universidad del Rosario, Colegio Mayor de Nuestra Señora del Rosario, Editorial Legis, Bogotá 2003; y *El derecho administrativo y la ley orgánica de procedimientos administrativos. Principios del procedimiento administrativo*, Editorial Jurídica Venezolana, 6ª edición ampliada, Caracas 2002; y en cuanto a artículos, los siguientes: "Los principios del procedimiento administrativo en el Código de Procedimiento Administrativo y de lo Contencioso Administrativo de Colombia (Ley 1437 de 2011)," en *Congreso Internacional de Derecho Administrativo, X Foro Iberoamericano de Derecho Administrativo*. El Salvador, 2011, pp. 879-918; "Los principios generales del procedimiento administrativo en la Ley 1437 de 2011 contentiva del Código de Procedimiento Administrativo y de lo Contencioso Administrativo de Colombia" en *Visión actual de los Procedimientos Administrativos, III Congreso de Derecho Administrativo Margarita 2011*, Centro de Adiestramiento Jurídico "CAJO" y Editorial Jurídica Venezolana, Caracas 2011, pp. 13-48; "Sobre los principios del procedimiento administrativo" (A título de "Presentación"), en Orlando Vignolo Cuevas y Roberto Jiménez (Coord.), *Homenaje a Allan Brewer-Carías. Comentarios a la Jurisprudencia de derecho administrativo del Tribunal Constitucional peruano (2000-2010)*, Lima 2011; "El tratamiento del principio de legalidad en las leyes de procedimiento administrativo de América Latina," en Domingo García Belaúnde *et al.*, *Homenaje a Valentín Paniagua*, Fondo Editorial de la Pontificia Universidad Católica del Perú, Lima, 2010; "Principios del Procedimiento Administrativo. Hacia un estándar continental," en Christian Steiner (Ed), *Procedimiento y Justicia Administrativa en América Latina*, Konrad Adenauer Stiftung, n F. Konrad Adenauer, México 2009, pp. 163-199; "Los principios de legalidad y eficacia en las leyes de Procedimientos Administrativos en América Latina", en *5IV Jornadas Internacionales de Derecho Administrativo Allan Randolph Brewer Carías*, Caracas 9-12 noviembre de 1998, FUNEDA, Caracas 1998, pp. 21-90; "La Ley de Procedimientos Administrativos de Argentina de 1972 en el inicio del proceso de positivización de los principios del procedimiento administrativo en América Latina," en Héctor M. Pozo Gowland, David A. Halperin, Oscar Aguilar Valdez, Fernando Juan Lima, Armando Canosa (Coord.), *Procedimiento Administrativo. Tomo II.*

Aspectos generales del procedimiento administrativo. El procedimiento Administrativo en el derecho Comparado, Buenos Aires 2012, pp. 959-993. Todos ellos, ahora recogidos en el Tomo IV de mi *Tratado de Derecho Administrativo. Derecho Público en Iberoamérica, Vol. IV. El Procedimiento Administrativo,* Thomson Reuters-Civitas, Madrid 2013, 972 pp.

Esta edición del libro en Santo Domingo, como dije al inicio, se publica debido a la propuesta inicial del profesor Olivo Rodríguez, destacado profesor de derecho administrativo de las nuevas generaciones a quien quiero especialmente agradecer su amistad, y además, agradecerle el esfuerzo que ha venido realizando junto con un destacado grupo de profesores y profesionales, como a Eduardo Jorge Prats, Rosina De La Cruz de Alvarado y Servio Tulio Castaños, por incorporar a la República Dominicana a las corrientes del derecho público contemporáneas, como resulta precisamente de la sanción de la Ley N° 107-13, de las cuales se había lamentablemente aislado por varias décadas.

El autor, New York, marzo de 2016.

PRÓLOGO DE
EDUARDO GARCÍA DE ENTERRÍA
A LA EDICIÓN DE EDITORIAL CIVITAS,
MADRID 1990

Me honro en prologar este excelente libro del Profesor Brewer-Carías, bien conocido y estimado de los universitarios españoles.

Entre los iuspublicistas hispano-americanos, el Prof. Brewer-Carías ocupa un lugar de primer orden. Es el más brillante de los iuspublicistas formados en la Universidad Nacional de Caracas por el profesor español exiliado Antonio Moles, que acaba de fallecer, tras una larga y fecunda carrera. Brewer accede por ello muy joven al profesorado y emprende una obra sistemática de reordenación de todo el Derecho Público venezolano que asombra por su regularidad, por su ambición y por la seguridad de su criterio técnico servido por una ágil mente jurídica y por una formación de una amplitud excepcional. Hoy el Derecho Público venezolano, Administrativo y Constitucional, ha quedado conformado en su conjunto sistemático y en partes sustanciales del mismo por las construcciones de Brewer-Carías.

Pero su actuación de jurista no ha quedado limitada al ámbito de su patria. Brewer-Carías ha sido promotor de una toma de conciencia común sobre el Derecho Público en todo el continente y ha animado infatigablemente congresos, seminarios, publicaciones comunes a todos los países del área. Ha visitado a la par todos los países occidentales, acopiando nuevos datos, nuevas publicaciones, nuevas relaciones personales. Finalmente, y coronando su nombradía en todos los ámbitos universitarios, prestigiosas Universidades europeas le han llamado a su seno para explicar cursos de

Derecho Comparado, en el que ha pasado a ser uno de los valores universales reconocidos. Así en la Universidad de Cambridge explicó hace dos años un curso sobre justicia constitucional, del que ha resultado un importante volumen, Judicial Review in Comparative Law, *publicado en los prestigiosos "Cambridge Studies in International and Comparative Law", Cambridge University Press, 1989.*

Así también el presente libro, fruto de un curso profesado en la Universidad de París 2, en el cuadro de una enseñanza de tercer ciclo dedicada al Derecho Administrativo Comparado.

La doctrina del procedimiento administrativo está ganando nuevas batallas, desde la segunda mitad de este siglo. Baste recordar que en 1946 los norteamericanos dictan su Ley federal sobre la materia, los españoles su nueva Ley de 1958 (la vieja Ley Azcárate de 1889 puede blasonar de preceder a todas), los alemanes la suya en 1976, en fin, aunque no de forma completa y sistemática los italianos y los franceses más recientemente.

Este libro nos ilustra sobre cómo el mismo impulso está teniendo lugar de una manera resuelta en América Latina y de que sus soluciones aportan perspectivas y criterios de primera significación

La importancia de esta obra es poner de manifiesto cómo los mismos problemas aparecen en todos los países y son abordados y resueltos con soluciones paralelas. El Derecho Comparado, cuando se maneja con el magisterio bien adquirido y ejercitado por Brewer, hace aparecer un misterioso ius commune *que no viene tanto de influencias recíprocas que, naturalmente, también existen (por ejemplo: puede señalarse una corriente clara de influencia de la Ley española de 1958 sobre algunos países hispanoamericanos), como, sobre todo, de que, al fin, las soluciones de los problemas jurídicos se ordenan alrededor de unos cuantos principios comunes capaces de alumbrar un repertorio no demasiado extenso de soluciones "tópicas", en el sentido de Theodor Viehweg.*

Brewer ahonda así, con su visión panorámica y omnicomprensiva, los principios generales del procedimiento administrativo y ofrece multitud de sugerencias provechosas para el perfeccionamiento de cada uno de los sistemas nacionales que estudia, entre ellos, por supuesto, el nuestro. Los redactores de un texto revisado de nuestra Ley de 1958, que no acaba de ser puesto a punto, desde hace por lo menos diez años, encontrarán por ello en este libro muchas sugerencias inmediatamente útiles

Pero también el aplicador del Derecho podrá localizar en este ambicioso estudio muchas pistas para abordar y solucionar problemas específicos. Los buenos libros de Derecho, como es el presente, son siempre fecundos no solo en el plano de los grandes principios, sino también en el de las aplicaciones prácticas, pues toda teoría en Derecho se acredita justamente en sus consecuencias regulativas finales, que es el propio de toda técnica jurídica.

Agradecemos al Prof. Brewer-Carías su excelente trabajo, que pone al día un capítulo esencial del Derecho Público contemporáneo, con una amplitud de conocimientos que sorprende y un criterio seguro y riguroso, de forma que aprovechará con seguridad a los juristas de muchos países.

Eduardo García de Enterría

Universidad Complutense de Madrid

PREFACIO DE
FRANK MODERNE
A LA EDICIÓN DE EDITORIAL ECONÓMICA,
PARIS 1992

*Voilà un véritable ouvrage de droit public comparé. Et son au-
teur, A.R. Brewer-Carias, avait tous les titres requis pour le faire.
Outre sa parfaite maîtrise du droit du continent sud-américain[*], il a
des droits européens (et notamment du droit français et espagnol)
une connaissance que pourraient lui envier nombre de juristes con-
tinentaux. Qui, plus que lui, était autorisé à entreprendre une
démarche qui n'avait jamais été tentée : établir les principes com-
parés de la "procédure administrative non contentieuse" dans les
droits de pays latino-américains judicieusement choisis (l'Argenti-
ne, la Colombie, le Costa-Rica, le Pérou, le Vénézuéla et l'Uruguay), de l'Espagne et de la France?*

*Le résultat est probant. Les principes généraux qui soutiennent
et encadrent l'action administrative - et notamment l'action unilaté-
rale, la plus redoutable pour les administrés - se révèlent plus proches qu'on eût pu l'imaginer. Mais certaines différences subsistent
et elles ne sont pas négligeables. Ajoutons immédiatement qu'elles*

---

[*] A. R. Brewer-Carías est l'auteur de traités, ouvrages et études dont la
liste est impressionnante et qui le situent au tout premier plan de la
doctrine publiciste sud- américaine. Il est par ailleurs directeur, de-
puis sa création, de la *Revista de derecho público* (Caracas) qui cons-
titue une des sources d'information et de réflexion les plus précieuses
sur le droit public du Vénézuéla et, de manière plus générale, sur le
droit public hispano-américain

ne traduisent pas nécessairement la supériorité du système juris-prudentiel qui a, chez nous, des letters de créance fort anciennes.

Le titre même de l'ouvrage doit être considéré plutôt comme une marque de courtoisie de l'auteur envers le droit français que comme le signe d'une adhésion intellectuelle à une expression qu'il tient pour ambiguë et inadaptée. La tradition des pays de langue hispanique (elle rejoint sur certains points la tradition anglo-saxonne) n'est pas de séparer de manière abrupte le processus con-tentieux et le processus non contentieux. La procédure "administra-tive" n'y est pas nécessairement qualifiée de procédure "non con-tentieuse", sans doute parce que le contentieux administratif ne s'y présente pas comme une référence obligée en fonction de laquelle devraient s'ordonner les notions et les concepts applicables à l'ad-ministration, peut-être aussi parce que la fragilité des système démocratiques ne permet guère d'attendre la lente maturation des solutions jurisprudentielles élaborées par une justice stable et indé-pendante du pouvoir en place (la stabilité de notre Conseil d'Etat, tous régimes confondus, n'a-t-elle pas été le facteur primordial de la patiente élaboration de sa jurisprudence ?). Or, dans les rap-ports entre l'administration et les administrés, c'est la puissance publique qui se profile et les enjeux ne sont autres que les droits et libertés des citoyens.

La lecture de l'ouvrage permet d'en tirer des enseignements qu-'il y aurait lieu de méditer.

D'abord, l'analyse à laquelle procède A.R. Brewer-Carias mon-tre de manière saisissante que la codification de la procédure ad-ministrative non contentieuse est à même de maîtriser les règles les plus sophistiquées et plus "progressistes", allant même au-delà même de ce que notre contentieux administratif (mais est-il des plus avancés si on le confronte avec certains systèmes anglo-saxons?)* peut nous offrir pour réduire l'arbitraire administratif En dehors de la France, qui s'en tient toujours sur ce point à une prudente réser-ve, les sept pays qui font l'objet de cette étude comparative ont

---

* On ne peut que recommander la lecture de l'ouvrage de B. Schwartz, dans sa dernière édition (*Administrative Law*, Little, Brown and C°, 1991)

adopté des lois de codification qui ont réussi à capter (et souvent dans ses moindres détails) des apports qui chez nous résultent d'une jurisprudence progressive et trop souvent précautionneuse.

Ensuite, les textes codifiés se sont tous référés à l'Etat de droit et se sont tous attachés à consolider le principe de légalité de l'action administrative. Ils entendent marquer d'entrée de jeu les bornes que l'administration, soupçonnée d'autoritarisme viscéral, n'est pas autorisée à franchir. Le contrôle contentieux ne pouvant être que tardif, partiel ou aléatoire sur le long terme, il appartenait au législateur, lorsque les circonstances lui en laissaient l'occasion, de tenter d'imposer les règles du droit écrit à des autorités administratives trop proches du pouvoir politique et dont la tradition de "service" n'était pas des mieux ancrées.

Sans doute, pourrait-on objecter, la pratique administrative ne paraît pas mieux tenue en laisse par une réglementation minutieuse, voire exagérément raffinée, que par la jurisprudence, notamment lorsque cette dernière, à l'instar de celle du Conseil d'Etat français, sait prendre la mesure des choses et n'ordonner à l'administration que ce qu'elle est raisonnablement capable de supporter sans se rebiffer. Mais ce serait oublier les failles de notre système contentieux et les défaillances (résiduelles mais réelles) de notre juge administratif.

On trouvera dans l'ouvrage d'A.R. Brewer-Carias de pertinentes observations sur la hiérarchie des normes et sur le contrôle du pouvoir discrétionnaire par le jeu combiné des concepts indéterminés, dont l'auteur s'attache à montrer la spécificité, et des principes généraux du droit (notamment le principe de proportionnalité), ces différentes techniques attestant que la procédure administrative non contentieuse, codifiée ou non codifiée, a d'abord pour fonction de surveiller l'activité administrative plus qu'elle ne la guide ou ne la rationalise.

Enfin un système codifié est par là même plus cohérent et plus accessible. Ce n'est pas chose négligeable si l'on veut bien convenir que l'un des obstacles les plus pernicieux à l'effectivité d'un système jurisprudentiel est précisément la connaissance de ce système par ceux qu'il entend protéger contre l'arbitraire administratif. Peut-on vraiment demander au citoyen, aux prises avec son administration, d'aller patiemment chercher dans les volumes du Recueil Lebon ou les ouvrages généraux du droit administratif français contemporain (quels que soient leurs mérites et leurs qualités) la solution qui répondra exactement à ses préoccupations du moment ?

Ne nous étonnons pas, en conséquence, si derrière les lois ou les codes de "procédure administrative" d'Espagne ou d'Amérique latine, c'est en quelque sorte la trame d'un traité des actes administratifs que nous propose l'auteur, dans leurs éléments de fond comme dans leurs éléments de forme, restituant ainsi à la théorie des actes ce qu'a accaparé dans notre vision contentieuse du droit administratif la théorie des moyens du recours pour excès de pouvoir.

Que les administrés puissent trouver leur compte dans une codification de la procédure administrative non contentieuse ne saurait davantage surprendre. Nous ne sommes pas loin du due process of law *qui a permis les avancées remarquables sur ce terrain des droits anglo-saxons (et notamment du droit administratif américain). Et l'on peut supposer que l'exemple du grand voisin d'Amérique du Nord a exercé une influence récurrente sur les jeunes Républiques latino-américaines, sans doute plus marquées à l'origine par "l'esprit de système" qui caractérise nombre de droits européens.*

En définitive, les grandes règles qui gouvernent la procédure administrative non contentieuse dans le monde de langue hispanique ne font pas figure de parent pauvre par rapport à celles que notre Haute juridiction administrative a mises au point avec sa patiente ténacité. Elles pourraient même les surclasser à certains égards, ne serait-ce qu'en évitant les approximations qui tiennent à la solution des cas d'espèce et celles qui sont plutôt imputables à la prudence du Conseil d'Etat lorsqu'il affronte son redoutable justiciable.

Alors faut-il ou non codifier la procédure administrative non contentieuse en France ? Les termes du débat sont connus [*] *mais l'issue en reste incertaine.*

---

[*]   V. notamment C. Wiener, *Vers une codification de la procédure administrative ?*, Paris 1975; Y. Gaudemet, "La codification de la

Les difficultés, en effet, ne sont pas minces en la matière.

Il y a d'abord la crainte de figer malencontreusement l'évolution d'un droit jurisprudentiel vivant, souple et dont la vertu première est de s'adapter aux circonstances. Il faudrait aussi délimiter précisément le champ d'application de la codification éventuelle, tâche singulièrement ardue lorsque l'administration a tendance à se déguiser en adoptant les règles, sinon les formes mêmes, du droit privé et à déléguer quelques-unes de ses prérogatives - et non des moindres (que l'on songe aux attributions confiées aux ordres professionnels ou aux organismes privés gestionnaires d'un service public administratif) - à des entités qu'elle suscite ou qu'elle contrôle. Le codificateur serait contraint de quitter le terrain sûr de l'administration organique pour débusquer, partout où elle se trouve, la décision administrative que l'on qualifie parfois, sans goût excessif pour la litote, de décision "exécutoire". Ne négligeons pas non plus le risque de remettre sans cesse les textes sur le chantier. L'exemple des avatars du décret du 28 novembre 1983, pétri de bonnes intentions (et qui n'est d'ailleurs que le succédané d'un projet plus ambitieux), atteste que le développement de la procédure administrative non contentieuse suscite encore chez nous des réticences et des méfiances qui seront longues à vaincre ou à dissiper[*].

Mais il serait vain, et probablement faux, de vouloir dresser l'une contre l'autre la méthode jurisprudence lie et la méthode codificatrice législative. L'ouvrage d'A. R. Brewer-Carias, fin connaisseur des droits du continent européen et du continent latino-américain, vient à point nommé pour nous en convaincre. Toute codification présente les avantages et les inconvénients inverses de ceux qui accompagnent la détermination jurisprudentielle du cadre de l'action administrative. Si la rigidité d'un texte peut gêner ou tarir le pouvoir inventif du juge, la souplesse des solutions trop exclusivement jurisprudentielles risque de l'inciter à multiplier les

---

procédure administrative non contentieuse", *D.* 1986, chron., p. 107 et s.

[*] Observons au passage que la codification de la procédure administrative non contentieuse ne figure pas dans le programme de travail de la Commission supérieure de codification, même pas au titre des "réflexions à venir"... *(R.F.D.A.* 1990, p. 312).

distinctions subtiles et sophistiquées, hors de portée du justiciable moyen. En toute hypothèse, le juge n'a-t-il pas besoin de textes qui marqueront une étape du droit positif et seront seuls à même d'organiser, voire de compléter, une oeuvre jurisprudentielle toujours inachevée et dont l'harmonie d'ensemble ne peut être que le fruit du temps *? Et Je texte codifié n'a-t-il pas besoin d'un juge qui l'interprète* en tant *que de besoin et en gomme les inévitables aspérités pour l'adapter aux mouvantes réalités du moment?.*

L'étude comparative à laquelle s'est livré A.R. Brewer-Carias avec le talent qu'on lui connaît nous invite à réfléchir sur le nécessaire encadrement processuel de l'activité juridique de l'administration. Elle ne nous intime pas de prendre position en faveur d'une formule, au détriment de l'autre, tant l'auteur est conscient que les hybridations ne sont toutes stériles et que les confrontations peuvent conduire à des enrichissements réciproques.

Franck Moderne

Professeur à l'Université de Paris I (Panthéon-Sorbonne)

A MANERA DE INTRODUCCIÓN GENERAL
A LA EDICIÓN DOMINICANA: DOS ESTUDIOS

PRIMER ESTUDIO:
PRINCIPIOS DEL PROCEDIMIENTO ADMINISTRATIVO EN LA LEY Nº 107-13 DE 6 DE AGOSTO DE 2013 DE LA REPÚBLICA DOMINICANA

Este estudio lo redactamos especialmente para abrir esta Introducción General a esta edición del libro en la República Dominicana, en 2013, a petición del profesor Olivo Rodríguez Huerta, y salió publicado como "Principios del procedimiento administrativo en la Ley N° 107-13 de la República Dominicana sobre procedimientos administrativos de 6 de agosto de 2013," en *Revista de Derecho Público*, N° 135 (julio-septiembre 2013), Editorial Jurídica Venezolana, Caracas 2013, pp. 59-72.

I. LA LEY DOMINICANA DE PROCEDIMIENTO ADMINISTRATIVO EN LA LÍNEA GARANTISTA DE LAS LEYES DE PROCEDIMIENTO ADMINISTRATIVO DE AMÉRICA LATINA

La Ley N° 107-17 de 6 de agosto de 2013 de la República Dominicana sobre el Procedimiento Administrativo, es la última de las leyes reguladoras del procedimiento administrativo que se han sancionado en América Latina. [1] Por ello, se trata de un cuerpo norma-

---

1   En general, sobre las leyes de procedimiento administrativo en América Latina, véase Allan R. Brewer-Carías, *Principios del Procedimiento Administrativo en América Latina*, Universidad del Rosario,

tivo que en cierta forma se ha podido nutrir de la vasta experiencia en la materia desarrollada en nuestros países durante los últimos cuarenta años, desde que se dictó, en 1972, en la Argentina, la Ley 19.549 de Procedimientos Administrativos, que fue posteriormente reformada por la Ley 21.682.[2]

En efecto, luego de esa ley pionera, se dictó en Uruguay, en 1973, el Decreto Ley 640, sobre Procedimientos Administrativos, que luego fue sustituido por el Decreto 500 de 1991 sobre Normas Generales de Actuación Administrativa y Regulación del Procedimiento en la Administración Central. Un lustro más tarde, en 1978, se sancionó en Costa Rica la Ley General de la Administración Pública, en la cual, además del procedimiento administrativo, se regularon materialmente todos los aspectos esenciales del régimen del derecho administrativo[3]. Posteriormente, en 1981, se dictó la

---

Colegio Mayor de Nuestra Señora del Rosario, Editorial Legis, Bogotá 2003; y nuestro trabajo: "Principios del Procedimiento Administrativo. Hacia un estándar continental," en Christian Steiner (Ed), *Procedimiento y Justicia Administrativa en América Latina,* Konrad Adenauer Stiftung, n F. Konrad Adenauer, México 2009, pp. 163-199.

2   Sobre la Ley argentina nuestros comentarios en Allan R. Brewer-Carías, "La Ley de Procedimientos Administrativos de Argentina de 1972 en el inicio del proceso de positivización de los principios del procedimiento administrativo en América Latina," en Héctor M. Pozo Gowland, David A. Halperin, Oscar Aguilar Valdez, Fernando Juan Lima, Armando Canosa (Coord.), *Procedimiento Administrativo. Tomo II. Aspectos generales del procedimiento administrativo. El procedimiento Administrativo en el derecho Comparado,* Buenos Aires 2012, pp. 959-993.

3   Sobre la Ley costarricense véase nuestros comentarios en Allan R. Brewer-Carías, "Comentarios sobre los principios generales de la Ley General de la Administración Pública de Costa Rica" en *Revista del Seminario Internacional de Derecho Administrativo*, Colegio de Abogados de Costa Rica, San José 1981, pp. 31-57; y en "Comentarios sobre los principios generales de la Ley General de la Administración Pública de Costa Rica" en *Revista Internacional de Ciencias Administrativas*, Vol. XLVIII, Institut International des Sciences Administratives, Bruselas 1982, N° 1, pp. 47-58.

Ley Orgánica de Procedimientos Administrativos de Venezuela;[4] y unos años más tarde, en 1984, se reformó el Código Contencioso Administrativo de Colombia, agregándosele precisamente el Libro I sobre Procedimientos Administrativos; Código que ha sido reformado recientemente mediante Ley 1437 de enero de 2011, en la cual quedó con la denominación nueva de "Código de Procedimiento Administrativo y de lo Contencioso Administrativo." Posteriormente, en 1987, se dictó en Honduras la Ley de Procedimiento Administrativo; y luego de un período de casi diez años, en 1994, en México se dictó la Ley Federal de Procedimiento Administrativo. En ese mismo año, se dictó en Ecuador, el Estatuto del Régimen Jurídico Administrativo de la Función Ejecutiva (Decreto Ejecutivo 1634 de 1994), que reguló aspectos del procedimiento administrativo; y años después, en 1999, se sancionó en el Brasil la Ley 9.784 que regula el proceso administrativo en el ámbito de la Administración Pública Federal. Posteriormente, en 2000, se dictó en Panamá, la Ley N° 38 contentiva del Estatuto Orgánico de la Procuraduría de la Administración, que regula el Procedimiento Administrativo General; y al año siguiente, en 2001, se sancionó en el Perú, la muy importante Ley 27.444 del Procedimiento Administrativo General,[5]

---

4   Sobre la ley venezolana véase nuestros comentarios en Allan R. Brewer-Carías, "Comentarios a la Ley Orgánica de Procedimientos Administrativos," en *Revista de Derecho Público*, N° 7, Editorial Jurídica Venezolana, Caracas, julio-septiembre 1981, pp. 115-117; "Comentarios sobre el alcance y ámbito de la Ley Orgánica de Procedimientos Administrativos en Venezuela," en *Revista Internacional de Ciencias Administrativas*, Vol. XLIX, N° 3, Institut International des Sciences Administratives, Bruselas 1983, pp. 247-258; "Introducción al régimen de la Ley Orgánica de Procedimientos Administrativos", en Allan R. Brewer-Carías et al., *Ley Orgánica de Procedimientos Administrativos*, Colección Textos Legislativos, N° 1, Editorial Jurídica Venezolana, Caracas 1981, pp. 7-51; y *El derecho administrativo y la Ley Orgánica de Procedimientos Administrativos. Principios del procedimiento administrativo*, Editorial Jurídica Venezolana, 6ª edición ampliada, Caracas 2002.

5   Sobre la Ley peruana véase nuestros comentarios en Allan R. Brewer-Carías, "La regulación del procedimiento administrativo en América Latina (con ocasión de la primera década de la Ley N° 27.444 del Procedimiento Administrativo General del Perú 2001-2011)," en *Derecho PUCP, Revista de la Facultad de Derecho*, No

la cual tuvo su antecedente remoto en el Decreto Supremo 006-67-56 de 1967 el cual, aún cuando de rango parlamentario, puede considerarse como el primer cuerpo normativo en la materia en América latina. Finalmente, antes de la Ley de la República Dominicana, se dictaron, en 2002, la Ley 2341 de Procedimiento Administrativo de Bolivia, y en 2003, la Ley N° 19.880 de Procedimientos Administrativos de Chile.

Todas esas leyes, sin duda, tuvieron en una forma u otra alguna influencia de la legislación española, a través de las ya derogadas Ley de Régimen Jurídico de la Administración del Estado de 1957 y Ley de Procedimientos Administrativos de 1958, las cuales fueron sustituidas por la Ley 30/1992 de Régimen Jurídico de las Administraciones Públicas y del Procedimiento Administrativo Común (modificada por Ley 4/1999 de 13 de enero de 1999), la cual, por su parte, también puede decirse que influyó en la redacción de la Ley de la República Dominicana.

El signo característico de todas esas leyes ha sido, en los respectivos países, el cambio del balance entre los poderes y prerrogativas de la Administración y los derechos y garantías de los administrados, lo que ahora recoge expresamente la Ley Dominicana en su artículo 1, al definir que su objeto es: "regular los derechos y deberes de las personas en sus relaciones con la Administración Pública, los principios que sirven de sustento a esas relaciones y las normas de procedimiento administrativo que rigen a la actividad administrativa," y por tanto, no sólo regular poderes y prerrogativas de la Administración. Como se expresó con claridad en el "Considerando Décimo Primero" de la Ley:

> "Que conforme ha tenido ocasión de apuntar reputada doctrina administrativa de América Latina, hasta la aparición de las leyes de procedimiento administrativo "casi todos los poderes, potestades y derechos habían estado en manos de la Administración, con muy pocos deberes y obligaciones frente al particular; y el administrado, lo que había encontrado normalmente ante la Administración, eran solo situaciones de deber, de sujeción, de subordinación, sin tener real-

---

67, *El procedimiento administrativo a los 10 años de entrada en vigencia de la LPAG*, Fondo Editorial, Pontificia Universidad Católica del Perú, Lima 2011, pp. 47-77.

mente derechos, ni tener mecanismos para exigir la garantía de su derecho".[6]

En todo caso, fue a partir de esas leyes que el acento se puso progresivamente de parte de los derechos y garantías de los administrados frente a la Administración, pudiendo considerarse la Ley N° 107-17 de la República Dominicana, como la culminación de un proceso de avance, habiendo quedado signada con un muy acentuado acento garantista de los derechos de los administrados, basado en la consideración de que "el modelo del Estado Social y Democrático de Derecho transformó la naturaleza de la **relación** entre la Administración Pública y las personas" ("Considerando Segundo"). Es con base en ello, además, que en el "Considerando Cuarto" de la Ley, se afirma que:

"en un Estado Social y Democrático de Derecho los ciudadanos no son súbditos, ni ciudadanos mudos, sino personas dotadas de dignidad humana, siendo en consecuencia los legítimos dueños y señores del interés general, por lo que dejan de ser sujetos inertes, meros destinatarios de actos y disposiciones administrativas, así como de bienes y servicios públicos, para adquirir una posición central en el análisis y evaluación de las políticas públicas y de las decisiones administrativas."

El acento garantista de la posición de los administrados frente a la Administración, por supuesto, no sólo origina la consagración en la Ley de los derechos y garantías de los administrados que aquella está obligada a respetar, sino la transformación de la propia Administración, la cual se somete a estar al servicio del ciudadano. Es

---

6   La cita proviene de nuestros trabajos: Allan R. Brewer-Carías, "Introducción al régimen de la Ley Orgánica de Procedimientos Administrativos", en el libro Allan R. Brewer-Carías *et al.*, *Ley Orgánica de Procedimientos Administrativos*, Colección Textos Legislativos, N° 1, Editorial Jurídica Venezolana, Caracas 1981; y "Régimen general del procedimiento administrativo en la Ley Orgánica de Procedimientos Administrativos de Venezuela de 1981," en el libro en Héctor M. Pozo Gowland, David A. Halperin, Oscar Aguilar Valdez, Fernando Juan Lima, Armando Canosa (Coord.), *Procedimiento Administrativo*. Tomo II. *Aspectos Generales del Procedimiento Administrativo. El Procedimiento Administrativo en el Derecho Comparado,* Buenos Aires 2012, pp. 959-993.

decir, como se afirma en el "Considerando Décimo Segundo" de la Ley:

"Que la redimensión de los derechos fundamentales de las personas conlleva la inclusión dentro de los mismos de un derecho fundamental a una buena administración, que no se manifiesta exclusivamente para las garantías jurídicas de las personas, sino que se orienta fundamentalmente en el aumento de la calidad de los servicios y actividades que realiza la Administración Pública, así como en el derecho de las personas de ser indemnizados a consecuencias de las lesiones a sus bienes o derechos ocasionadas por una actuación antijurídica de la Administración o en los casos de actuación regular cuando se ocasione un sacrificio particular."

La Ley, en este marco, regula los elementos básicos del procedimiento administrativo, que en definitiva son los relativos al debido proceso en sede administrativa, estableciendo como principio (de debido proceso) que "Las actuaciones administrativas se realizarán de acuerdo con las normas de procedimiento y competencia establecidas en la Constitución y las leyes, con plena garantía de los derechos de representación, defensa y contradicción," con la obligación expresa de la Administración de "Garantizar el debido proceso del procedimiento o la actuación administrativa de que se trate" (art. 6.4). Ese debido proceso se establece, por supuesto, como garantía del "derecho a la tutela administrativa efectiva" que proclama el artículo 3.22 de la ley, y que se complementa con el deber de la Administración de "Fomentar la tutela administrativa efectiva"(art. 6.1).

En ese contexto de derechos de los administrados y deberes de la Administración, se regula entonces el procedimiento administrativo en la Ley con el objeto de "establecer aquellas normas comunes a los procedimientos administrativos que procuran el dictado de resoluciones unilaterales o actos administrativos que afectan a los derechos e intereses de las personas, ya impliquen, entre otros, permisos, licencias, autorizaciones, prohibiciones, concesiones, o resolución de recursos administrativos o la imposición de sanciones administrativas y en general, cualquier decisión que pueda dictar la Administración para llevar a cabo su actividad de prestación o limitación" (art. 15).

Para garantizar la tutela judicial efectiva y el debido proceso, la Ley, ante todo, reafirma la necesidad del sometimiento de la Administración al ordenamiento jurídico, habiendo quedado expresado en el "Considerando Tercero" de la Ley, el principio de que "la Administración Pública debe actuar al servicio objetivo del interés general," o como lo indica el artículo 3, "la Administración Pública sirve y garantiza con objetividad el interés general", "especialmente en sus relaciones con las personas," siempre mediante "**su** sometimiento pleno al ordenamiento jurídico del Estado." Ello implica, por tanto, que la actuación de la Administración siempre tiene que desarrollarse "en el marco del respeto al ordenamiento jurídico en su conjunto," (art. 3),que se resume en la ley como "Principio de juridicidad", "en cuya virtud toda la actuación administrativa se somete plenamente al ordenamiento jurídico del Estado."(art. 3.1).

Para asegurar ese sometimiento, esta ante todo el principio de la competencia, que en el artículo 3.10 de la Ley se denomina como "Principio de ejercicio normativo del poder," conforme al cual, la "Administración Pública ejercerá sus competencias y potestades dentro del marco de lo que la ley les haya atribuido, y de acuerdo con la finalidad para la que se otorga esa competencia o potestad, sin incurrir en abuso o desviación de poder, con respeto y observancia objetiva de los intereses generales." Se fijan así los parámetros del ejercicio de la competencia, conforme a la finalidad perseguida por la norma atributiva de la misma, consagrándose expresamente el vicio de "desviación de poder" que afecta los actos administrativos cuando la competencia del funcionario para dictarlos se usa para el logro de otros fines distintos.

La consecuencia del principio de la competencia es que sólo pueden ser válidos, los actos administrativos "dictados por órgano competente, siguiendo el procedimiento establecido y respetando los fines previstos por el ordenamiento jurídico para su dictado" (art. 9). Al contrario, los actos administrativos se consideran inválidos, con vicios de dos tipos:

Primero, los vicios que acarrean la nulidad "de pleno derecho" que son los que derivan de actos que "subviertan el orden constitucional" o "vulneren cualquiera de los derechos fundamentales reconocidos en la Constitución" (art 14). Además, también son nulos de pleno derecho, los actos administrativos "dictados por órgano manifiestamente incompetente o prescindiendo completamente del procedimiento establecido para ello; los carentes de motivación, cuando sea el resultado del ejercicio de potestades discrecionales; los de contenido imposible; los constitutivos de infracción penal y los que incurran en infracciones sancionadas expresamente con nulidad por las leyes" (art. 14).

Igualmente en el artículo 30.I de la Ley, se considera, "nulas de pleno derecho las normas administrativas, los planes o programas aprobados por la Administración que vulneren la Constitución, las leyes u otras disposiciones administrativas de rango superior, las que regulen materias reservadas a la ley, y las que establezcan la retroactividad de disposiciones sancionadoras no favorables o restrictivas de derechos individuales. En razón del procedimiento, incurrirán en nulidad de pleno Derecho la infracción o desconocimiento de los principios o reglas aplicables a la elaboración de reglamentos, planes o programas de alcance general, que se regulan en el Artículo 31 de la Ley. Conforme a ello, por tanto, sería nula de pleno derecho el ejercicio de la potestad sancionatoria que se ejerza sin habilitación legal expresa, es decir, vulnerando la reserva legal que existe en la materia (art. 35)

Segundo, lo vicios que acarrean la anulabilidad de los actos administrativos que se producen cuando "incurran en cualquier infracción del ordenamiento jurídico; los que vulneren las normas de procedimiento; los que carezcan de motivación suficiente en el ejercicio de potestades administrativas regladas; y los que se dicten en desviación de poder por cuanto aun respetando las formas externas de su producción se aparten del fin para el que se otorgó la potestad" (art. 30.II).

II. EL RÉGIMEN GARANTISTA DEL DERECHO DE PETICIÓN ADMINISTRATIVA

Conforme al artículo 22 de la Ley, el procedimiento administrativo se puede iniciar de oficio o a instancia de parte interesada, siendo este último caso, la manifestación más concreta del derecho constitucional de petición que todas las personas tienen en relación con la Administración. Ello, por lo demás, se declara en la Ley expresamente, como derecho de los administrados, al preverse el "derecho a presentar por escrito peticiones" (art. 4.5); y como deber de la Administración, el de "facilitar la presentación de las peticiones a las personas"(art. 6.6).

A tal efecto de ejercer el derecho de petición, el artículo 17 la Ley identifica como interesados en el procedimiento administrativo a "quienes lo promuevan como titulares de derechos o intereses legítimos individuales o colectivos." A los efectos de la actuación en el procedimiento administrativo de las asociaciones y organizaciones representativas de intereses económicos y sociales, en la ley se las considera como "titulares de intereses legítimos colectivos."

En todo caso, durante el curso del procedimiento, a los efectos de la actuación de las partes, en mismo, artículo 17 identifica también como interesados en el procedimiento administrativo a quienes "sin haber iniciado el procedimiento, tengan derechos o intereses que puedan resultar afectados por las decisiones que se adopten en el mismo; aquellos cuyos intereses legítimos, individuales o colectivos, puedan resultar afectados por la resolución e intervengan en el procedimiento en tanto no se haya dictado resolución definitiva."

El derecho de petición por los interesados, y toda actuación de estos en el procedimiento puede ejercerse "a través de representante", lo que la Ley declara como derecho de los administrados (art. 4.29); estableciendo el deber correlativo de la Administración de "facilitar la actuación de las personas que lo deseen a través de representante en los procedimientos administrativos" (art. 6.26). El tema de la representación se desarrolla, además, en el artículo 18 de la Ley, al reiterar que los interesados pueden "actuar por medio de representante con capacidad de obrar, dejando constancia formal de tal representación mediante comparecencia o cualquier otro medio válido en derecho." En todo caso, la falta de acreditación de la representación es "subsanable en el plazo de diez días, permitiéndose provisionalmente la intervención del representante bajo la condición de subsanación del defecto."

Junto con la petición, los interesados deberán presentar toda la documentación necesaria para soportarla, teniendo e derecho, sin embargo, a "no presentar documentos que ya obren en poder de la Administración Pública o que versen sobre hechos no controvertidos o no relevantes" (art. 4.7). Ello se corrobora en la norma relativa a los deberes de la Administración al prescribir que la misma debe "resolver sin necesidad de solicitar documentos a las personas que obren en poder de la Administración Pública" (art. 6.8).

En la ley también se consagra como derecho de los administrados en de obtener "copia sellada de los documentos que presenten a la Administración Pública" (art. 4.22), estando la Administración obligada en la propia ley a "entregar copia sellada de los escritos presentados por los ciudadanos" (art. 6.20).

El ejercicio del derecho de petición por parte de los administrados, por otra parte, origina otros deberes a cargo del personal al servicio de la Administración, como el de "asesorar a las personas sobre la forma de presentación de las solicitudes y su tramitación" (Principio de asesoramiento) (3.16.). Ello implica que en el caso de que la solicitud formulada con la petición no contenga los requisitos exigidos en la ley para las mismas, el órgano competente está obligado a poner ello en conocimiento del interesado para que en un plazo de diez días pueda subsanar las carencias (art. 23.IV). Por lo demás, de acuerdo con el artículo 23.V de la ley, los funcionarios no pueden "negarse a recibir una petición," aún cuando deban advertir al interesado de cualquier omisión que hubiese constatado."

III. EL RÉGIMEN GARANTISTA DEL DERECHO AL DEBIDO TRÁMITE EN EL PROCEDIMIENTO ADMINISTRATIVO

De acuerdo con el artículo 7.5 de la Ley, entre los deberes que tiene el personal al servicio de la Administración Pública en relación con las personas que ante ella acudan en el marco de cualquier procedimiento o actuación administrativa, está el de "tramitar las peticiones que lleguen por cualquier medio razonable."

Hay por tanto, un derecho administrativo de los interesados al debido trámite del procedimiento administrativo, que debe desarrollarse, ante todo, en un marco de buena fe, "en cuya virtud, las autoridades y los particulares presumirán el comportamiento legal de unos y otros en el ejercicio de sus competencias, derechos y deberes. (art. 3.14). El principio de la buena fe no sólo obliga, por tanto, a la Administración sino también a los administrados en sus relaciones con la Administración Pública, de manera que conforme se prevé expresamente en el artículo 5.2 de la Ley, los mismos están obligados a "actuar de acuerdo con el principio de buena fe, absteniéndose de emplear maniobras dilatorias en los procedimientos, y de efectuar o aportar, a sabiendas, declaraciones o documentos falsos o hacer afirmaciones temerarias, entre otras conductas." Además, conforme al "principio de ética" tanto el personal al servicio de la Administración Pública, como las personas en general, deben "actuar con rectitud, lealtad y honestidad" (art. 3.21).

En este marco general es que debe desarrollarse el trámite en el procedimiento administrativo, que debe regirse por el "principio de facilitación", el cual, conforme al artículo 3.18 de la Ley, implica que las personas deben encontrar "siempre en la Administración las mayores facilidades para la tramitación de los asuntos que les afecten, especialmente en lo referente a identificar al funcionario responsable; a obtener copia sellada de las solicitudes; a conocer el estado de tramitación; a enviar, si fuera el caso, el procedimiento al órgano competente; a ser oído y a formular alegaciones o a la referencia a los recursos susceptibles de interposición."

Por su parte, en cuanto a la Administración la misma está obligada a "adoptar decisiones bien informadas" por lo que el procedimiento administrativo "constituye el instrumento para la obtención y el tratamiento de la información necesaria para adoptar la mejor decisión de que se trate en cada caso."Por ello, el artículo 26 de la ley autoriza a la Administración a recabar de oficio "todas las pruebas necesarias para adoptar la mejor decisión, en resguardo del derecho de los interesados" (art. 26).

Otro de los principios generales regulados en la Ley que deben guiar el trámite debido del procedimiento administrativo, es el que deriva del derecho a la igualdad y a la imparcialidad.

Conforme al "principio de igualdad de trato" "las personas que se encuentren en la misma situación deben ser tratadas de manera igual, "garantizándose, con expresa motivación en los casos concretos, las razones que puedan aconsejar la diferencia de trato" (art. 3.5).

Conforme al principio de imparcialidad, la Administración está obligada a prestar un "servicio objetivo a las personas" en el sentido de que en todas las actuaciones administrativas, que debe concretarse en el respeto a los derechos fundamentales de las personas, se proscriben las actuaciones administrativas "que dependan de parcialidades de cualquier tipo" (art. 3.2). En particular sobre esto, se define en la Ley como principio rector del procedimiento, el "principio de imparcialidad e independencia" que impone al personal al servicio de la Administración Pública el deber de:

> "abstenerse de toda actuación arbitraria o que ocasione trato preferente por cualquier motivo y de actuar en función del servicio objetivo al interés general, prohibiéndose la participación de dicho personal en cualquier asunto en el que él mismo, o personas o familiares próximos, tengan cualquier tipo de intereses o pueda existir conflicto de intereses" (art. 3.11).

El principio se concreta además en el artículo 19 de la Ley al regularse lo que se denomina la "objetividad de los órganos," prohibiéndose a las autoridades y funcionarios el poder "participar en el dictado de un acto administrativo cuyo contenido afecte a sus intereses personales o los de las personas con las que mantienen una relación de consanguinidad, parentesco, amistad, enemistad o servicios profesionales."

En esos casos de causas de abstención, la ley impone al funcionario la obligación de inhibirse (art. 19.)); pero la Ley establece, además, los necesarios mecanismos para que los interesados puedan recusar a los funcionarios que puedan estar incursos en dichos motivo de abstención (art. 19.II); y además, puedan "solicitar a los tribunales la paralización de aquellos procedimientos en los que el incumplimiento del deber de objetividad contamine de forma más evidente los posibles resultados" (art. 19.IV).

En todo caso, la participación en un procedimiento de funcionario o autoridad incurso en potencial conflicto de intereses, conforme se establece en el artículo 19.III de la Ley, da lugar a la nulidad del acto si no se motivan adecuadamente las razones que justifican su no abstención o el rechazo de la recusación (art. 19.III).

Otro aspecto que regula la Ley para la garantía de trámite debido del procedimiento administrativo, es el relativo al manejo del "expediente administrativo" en torno al cual gira precisamente todo el trámite administrativo. Dicho expediente administrativo se define como el "conjunto de documentos en cualquier tipo de soporte, incluyendo los electrónicos, indiciados y ordenados cronológicamente por la Administración sobre un asunto determinado" (art. 21); estando la Administración obligada a "habilitar espacios idóneos para la consulta de expedientes y documentos, así como para la atención ordenada y cómoda de las personas" (art. 7.8). La Administración está además, obligada, en general, a "disponer de archivos, registros y base de datos administrativos físicos o digitales, debidamente ordenados y actualizados que permita el acceso sencillo para las personas" (art. 6.19, con la consagración del correlativo derecho de los interesados "a una ordenación racional y eficaz de los archivos, registros y bases de datos administrativos físicos o digitales" (art. 4.20).

Los interesados, por supuesto, respecto del expediente administrativo, tienen ante todo el derecho de acceso al mismo para la defensa de sus derechos, aún cuando "en el marco del respeto al derecho a la intimidad" de las personas, y a "las declaraciones motivadas de reserva" que puede adoptar la Administración respecto de documentos que en todo caso deben "concretar el interés general al caso concreto" (art. 4.19). En cuanto a lo primero, el artículo 3.20 de la Ley establece como principio del procedimiento administrativo, el "principio de protección de la intimidad," imponiéndole al personal al servicio de la Administración Pública que maneje datos personales, la obligación de respetar "la vida privada y la integridad de las personas, prohibiéndose el tratamiento de los datos personales con fines no justificados y su transmisión a personas no autorizadas." Y en cuanto a lo segundo, el artículo 3.7 de la Ley autoriza a la Administración a decidir el establecimiento las "reservas que por razones acreditadas de confidencialidad o interés general sea pertinente en cada caso."

En el trámite del procedimiento administrativo, también se consagra en la Ley el derecho de los interesados de "conocer el estado de los procedimientos administrativos que les afecten" (art. 4.26), que impone a la Administración la obligación correlativa de "informar periódicamente del estado de la tramitación de los procedimientos" (art. 4.23). Para asegurar el ejercicio de este derecho, la

Ley consagra además, el derecho de los interesados "a conocer el responsable de la tramitación del procedimiento administrativo" (art. 4.25), con la correlativa obligación de la Administración de "identificar al responsable de la resolución del procedimiento administrativo de que se trate" (art. 6.22).

Por último debe mencionarse en el debido trámite del procedimiento administrativo, la consagración específica del derecho de los administrados a participar en el procedimiento de elaboración de reglamentos administrativos, planes y programas de alcance general, al consagrarse, no sólo la posibilidad de iniciativa privada para "presentar el correspondiente anteproyecto de reglamento, de plan o programa," siempre que "la legislación sectorial" así lo haya establecido (art. 31.1); sino el derecho de los ciudadanos de presentar alegaciones que siempre deben ser "tenidas en cuenta para hallar la mejor solución posible en el reglamento, plan o programa" (art. 31.3). La Ley consagra además, específicamente, el derecho de los ciudadanos "directamente afectados en sus derechos e intereses" por el acto normativo, de participar directamente o a través de las asociaciones que los representen, en la "audiencia" que la Administración está obligada a convocar, y que debe realizarse "en todo caso antes de la aprobación definitiva del texto reglamentario, plan o programa cuando puedan verse afectados en sus derechos e intereses legítimos. (art. 31.4). Ello, sin perjuicio de la obligación que tiene la Administración de garantizar el derecho del público en general de participar en la elaboración del texto normativo, "con independencia de que se vea o no afectado directamente por el proyecto de texto reglamentario, plan o programa," antes de la aprobación definitiva salvo texto legal (art. 31.5).

En estos casos, exige el artículo 31.6 de la Ley, que tanto la audiencia de los interesados, como la participación del público en general que se produzcan en el seno del procedimiento de elaboración de los reglamentos administrativos, planes y programas de alcance general, pueden extenderse también a los momentos iniciales o de elaboración de las prioridades y esquemas del borrador, así como a la fase de seguimiento y supervisión, una vez aprobado el texto reglamentario, plan o programa.

IV. EL RÉGIMEN GARANTISTA DEL DERECHO A LA DEFENSA: EL DERECHO A SER OÍDO Y EL DERECHO A FORMULAR ALEGACIONES Y RECURSOS

La esencia de la regulación del procedimiento administrativo, desde el punto de vista de la garantía de los derechos de los administrados, está en garantizar el derecho a la defensa que es el nódulo de la garantía del debido proceso, y que implica el derecho a ser oído y a formular alegaciones y pruebas. Por ello, entre los primeros derechos de los administrados que se declaran expresamente en la Ley, están los siguientes:

Primero, el derecho a ser "notificado por escrito o a través de las nuevas tecnologías de las resoluciones que les afecten en el más breve plazo de tiempo posible, que no excederá de los cinco días hábiles" (art. 4.27), con el correlativo deber de la Administración de "notificar por cualquier medio eficaz a las personas de las resoluciones que les afecten en el más breve plazo de tiempo posible, que no excederá de los cinco días" (art. 6.24).

Segundo, el "derecho a ser oído siempre antes de que se adopten medidas que les puedan afectar desfavorablemente" (art. 4.8), con el correlativo deber de la Administración de "oír siempre a las personas antes de que se adopten resoluciones que les afecten desfavorablemente" (art. 6.9).

Tercero, el "derecho a formular alegaciones en cualquier momento del procedimiento administrativo" (art. 4.15), con el correlativo deber de la Administración de "facilitar la formulación de alegaciones por parte de las personas en cualquier momento del procedimiento o actuación administrativa de que se trate"(art. 6.15); y

Cuarto, el "derecho a presentar quejas, reclamaciones y recursos ante la Administración" (art. 4.16), con el correlativo deber de la Administración de "facilitar la presentación de quejas, recursos o reclamaciones ante la propia Administración Pública" (art. 6.16).

En todo caso, el detalle de la regulación del derecho a la defensa en la Ley de Procedimientos Administrativos de la República Dominicana solo se reguló en el Título V relativo a la Potestad Sancionadora, en el cual se establecen los siguientes principios que conciernen a dicho derecho a la defensa:

Primero, el derecho a ser notificado, que se concreta en la garantía del presunto responsable "a ser notificado de los hechos imputados, de las infracciones que tales hechos puedan constituir y de las sanciones que, en su caso, se le puedan imponer, así como de la identidad de los instructores, de la autoridad competente para sancionar y de la norma jurídica que atribuya tales competencias"(art. 42.2).

Segundo, el derecho del presunto responsable de formular alegaciones y de usar "los medios de defensa procedentes, los cuales deberán ser considerados en la decisión del procedimiento" (art. 42.3).

Tercero, el derecho a la presunción de inocencia del presunto responsable, que debe ser garantizado por la Administración, "mientras no se demuestre lo contrario" (art. 42.6).

Cuarto, el derecho del presunto responsable de que la carga de la prueba en el procedimiento administrativo sancionador, corresponde a la Administración (art. 43).

Por último, como manifestación igualmente del derecho a la defensa, como lo exige el artículo 9.I de la Ley, "para garantizar la posibilidad de su fiscalización, quedará constancia escrita del contenido de los actos administrativos, incluidos los verbales, con identificación de sus responsables," agregándose la previsión de la recurribilidad de los actos administrativos que "pongan fin a un procedimiento, imposibiliten su continuación, produzcan indefensión, lesionen derechos subjetivos o produzcan daños irreparables podrán ser directamente recurridos en vía administrativa" (art. 47).

En consecuencia, los interesados tienen derecho, conforme al artículo 4.17 de la Ley "a interponer recursos ante la autoridad judicial sin necesidad de agotar la vía administrativa previa" (art. 4.17), con lo cual la ley dominicana opta por darle carácter optativo de los recursos administrativos, que son el recurso de reconsideración y el recurso jerárquico. Por ello, el artículo 51 de la ley precisa que las personas, a su opción, pueden interponer los recursos administrativos o acudir directamente a la vía contenciosa administrativa. En caso de que se acuda a la vía judicial, ello hace perder la posibilidad de acudir a la vía administrativa. En caso de que se acuda a la vía administrativa, el interesado puede siempre desistir del mismo en cualquier estado a fin de promover la vía contenciosa, y además, siempre puede acudir a la vía judicial, mediante la interposición del recurso contencioso administrativo una vez que sea resuelto el recurso administrativo, o cuando haya transcurrido el plazo para decidir (art. 51).

V. EL RÉGIMEN GARANTISTA DEL DERECHO A LA DEBIDA RESOLUCIÓN DE LAS PETICIONES

El procedimiento administrativo, como lo dispone expresamente el artículo 15.I de la Ley, tiene por finalidad esencial "garantizar el acierto de la decisión administrativa, al tiempo que se asegura la protección de los derechos e intereses de las personas," de lo que deriva el derecho de los administrados "a una resolución justa de las actuaciones administrativas (art. 4.4), con el correlativo deber de la Administración de "resolver con arreglo al ordenamiento jurídico del Estado" (art. 6.5).

De ello deriva que los procedimientos deben necesariamente deben terminar, tanto los iniciados de oficio como los iniciados a petición de parte, en este caso, como garantía al derecho a la debida y oportuna respuesta que está declarado formalmente en el artículo 4.6 al disponer que los administrados tienen el "derecho a respuesta oportuna y eficaz de las autoridades administrativas" con el correlativo deber de la Administración de "responder eficazmente a las solicitudes de las personas" (art. 6.7).

Por ello, e independientemente de las otras formas de terminación del procedimiento administrativo reguladas en la Ley (desistimiento del solicitante, renuncia al derecho, imposibilidad material de continuarlo por causas sobrevenidas, declaración de caducidad, celebración de un convenio, acuerdo o pacto), la forma normal y a la cual tiene derecho primario el administrado, sobre todo cuando es solicitante o peticionario, es la finalización del procedimiento administrativo mediante "la resolución, que debe dar respuesta congruente y razonada a todas las cuestiones planteadas en el mismo" (art. 28.a).

La resolución debe adoptarse, conforme lo indica el artículo 3.19 de la Ley en "plazo razonable que, en todo caso, no podrá superar los dos meses a contar desde la presentación de la solicitud en el órgano correspondiente, salvo que la legislación sectorial indique un plazo mayor." Por ello, el artículo 4.3 de la Ley consagra como derecho de los administrados el "derecho a una resolución administrativa en plazo razonable," siendo el correlativo, la obligación de la Administración de "resolver los procedimientos en plazo razonable (art. 6.3). La consecuencia de ello, es que si la Administración no decide expresamente el procedimiento iniciado, en los mismos, incurre "en una inactividad administrativa contraria a derecho," como lo declara el artículo 28.II de la Ley. En esos casos, el funcionario público que omitiere dar respuesta oportuna al procedimiento previamente iniciado compromete su responsabilidad personal, sin perjuicio del derecho de los interesados a la tutela judicial efectiva frente a la inactividad de la Administración. Y dicha inactividad, en todo caso, no exime en forma alguna a la Administración de resolver expresamente el procedimiento iniciado (art.. 28.II). La Ley No. 107-13 no estableció directamente los efectos del silencio como acto tácito positivo o negativo, y remitió a la ley la determinación de que la inactividad de la Administración en resolver el procedimiento dentro del lapso establecido en la ley, deba ser considerada como aceptación de la previa petición formulada por el interesado, es decir, el llamado silencio positivo. Cuando se regule tal supuesto en leyes especiales, "la Administración deberá emitir, dentro de los cinco días siguientes, una constancia que indique tal circunstancia, sin perjuicio del derecho de los ciudadanos a la tutela judicial efectiva frente a la inactividad de la Administración. En estos casos la Administración sólo podrá resolver la previa petición en sentido desfavorable, previo procedimiento administrativo" (art. 28.II).

Una de las regulaciones más importantes respecto de la resolución en los procedimientos y quizás una de las manifestación más importante del derecho a la defensa, es la consagración del derecho de los administrados "a la motivación de las actuaciones administrativas" (art. 4.2), con la obligación correlativa de la Administración de "motivar adecuadamente las resoluciones administrativas" (art. 6.2). La motivación de los actos administrativos, así, se considera "un requisito de validez de todos aquellos actos administrativos que se pronuncien sobre derechos, tengan un contenido discrecional o generen gasto público, sin perjuicio del principio de racionalidad" (art. 9.II), el cual, como hemos señalado, conforme al artículo 3.4 de la Ley, "se extiende especialmente a la motivación y argumentación que debe servir de base a la entera actuación administrativa."

Sobre el contenido de las decisiones administrativas que ponen fin al procedimiento, además de su coherencia y racionalidad, la ley exige que las mismas sean proporcionales. Es decir, las resoluciones o decisiones administrativas "cuando resulten restrictivas de derechos o supongan un efecto negativo para las personas," deben observar el principio de proporcionalidad, de acuerdo con el cual:

> "los límites o restricciones habrán de ser aptos, coherentes y útiles para alcanzar el fin de interés general que se persiga en cada caso; deberán ser necesarios, por no hallarse un medio alternativo menos restrictivo y con igual grado de eficacia en la consecución de la finalidad pública que pretenda obtenerse; y, finalmente, habrán de ser proporcionados en sentido estricto, por generar mayores beneficios para el interés general y los intereses y derechos de los ciudadanos, que perjuicios sobre el derecho o libertad afectado por la medida restrictiva" (art. 3.9).

Otros principios que rigen la actuación de la Administración, en particular, en relación con las decisiones administrativas, son los principios de la seguridad jurídica y de la confianza legítima. Sobre el primero, como lo indica el artículo 3.8 al referirse al "principio de seguridad jurídica, de previsibilidad y certeza normativa," el mismo exige que "la Administración se somete al derecho vigente en cada momento, sin que pueda variar arbitrariamente las normas jurídicas y criterios administrativos"; y en cuanto al segundo, regulado en el artículo 3.15 como "principio de confianza legítima" implica que la actuación administrativa debe ser siempre "respetuosa con las expectativas que razonablemente haya generado la propia Administración en el pasado."

Debe mencionarse, por último, en relación con la resolución del procedimiento administrativo, en particular, del procedimiento de revisión cuando se ejerza un recurso administrativo, sea el de reconsideración o el jerárquico, que el órgano competente para decidir un recurso administrativo puede confirmar, modificar o revocar el acto impugnado, así como ordenar la reposición en caso de vicios de procedimiento, sin perjuicio de la facultad de la Administración para convalidar los actos anulables. Sin embargo, está prohibida en la Ley la reformateo in pejes, en el sentido de que en ningún caso puede la Administración, al resolver el recurso administrativo, agravar la condición jurídica del interesado que interpuso el recurso (art. 52).

SEGUNDO ESTUDIO:

SOBRE LA POSITIVIZACIÓN DE LOS PRINCIPIOS DEL PROCEDIMIENTO ADMINISTRATIVO EN AMÉRICA LATINA

Para la redacción de este segundo estudio para la Introducción General a esta edición de Santo Domingo he partido del trabajo sobre "La Ley de Procedimientos Administrativos de Argentina de 1972 en el inicio del proceso de positivización de los principios del procedimiento administrativo en América Latina," publicado en la obra colectiva coordinada por Héctor M. Pozo Gowland, David A. Halperin, Oscar Aguilar Valdez, Fernando Juan Lima, Armando Canosa (Coord.), *Procedimiento Administrativo.* **Tomo II.** *Aspectos generales del procedimiento administrativo. El procedimiento Administrativo en el derecho Comparado,* **Buenos Aires 2012, pp. 959-993.**

I. LA CODIFICACIÓN DEL PROCEDIMIENTO ADMINISTRATIVO A PARTIR DE LA LEY ARGENTINA DE PROCEDIMIENTOS ADMINISTRATIVOS DE 1972

El signo más importante de la evolución del derecho administrativo en América Latina durante la segunda mitad del siglo pasado puede decirse que fue el proceso de su codificación, particularmente a través de la sanción de leyes reguladoras del procedimiento administrativo en general. El proceso comenzó precisamente hace cuarenta años con la sanción de la Ley de Procedimientos Administrativos, N° 19.549 de 1972, reformada por la Ley N° 21.682 la Ley de procedimiento, la cual fue la ley pionera en esta materia en el Continente. En la actualidad, buena parte de los países latinoamericanos cuentan con leyes de esta naturaleza, de manera que en todos ellos pude decirse que el mismo fenómeno se ha producido cundo se estudia la evolución de nuestra disciplina, y es la posibilidad de división de la misma en dos grandes etapas referidas al antes y al después de la sanción de dichas leyes.[7]

Con esas leyes, en todos nuestros países se le comenzó a dar un nuevo enfoque al objeto central de nuestra disciplina, que es la Administración Pública y su actividad, al comenzarse a regular en el derecho positivo, y no sólo como consecuencia de principios generales, tanto los aspectos formales y sustantivos de la actividad administrativa, como los aspectos centrales de la relación de la Administración con los administrados. Estas leyes, por tanto, superaron el alcance limitado de las que las precedieron y que se referían básicamente a la organización interna de la Administración y sus prerrogativas. Con estas nuevas leyes se pasó así, a regular, además, el conjunto de las situaciones jurídicas en las cuales se encuentran no sólo la Administración sino los mismos administrados en sus relaciones recíprocas, buscando establecer el balance de siempre que persigue nuestra disciplina entre el conjunto de poderes, prerrogativas y obligaciones de la Administración, por una parte; y por la otra, los derechos y obligaciones de los particulares en sus relaciones con aquella.

Siendo ese el sentido central de la regulación de las leyes, las mismas cambiaron totalmente la situación tradicional de estas relaciones entre la Administración y los administrados, signada por la existencia de un desbalance a favor de la Administración, con am-

---

7.   Véase Allan R. Brewer-Carias, *Principios del procedimiento administrativo,* Prólogo de Eduardo García de Enterría, Editorial Civitas, Madrid 1990; "Principios del Procedimiento Administrativo en España y América Latina," en *200 Años del Colegio de Abogados, Libro Homenaje,* Tomo I, Colegio de Abogados del Distrito Federal, Avila Arte/Impresores, Caracas 1990, pp. 255 -435; *Les principes de la procédure administrative non contentieuse. Études de Droit Comparé (France, Espagne, Amérique Latine),* Prólogo de Frank Moderne, Editorial Económica, París 1992; también publicado en *Etudes de droit public comparé,* Académie International de Droit Comparé, Ed. Bruylant, Bruxelles 2001, pp. 161-274 ; y *Principios del Procedimiento en América Latina,* Universidad del Rosario, Editorial Legis, Bogotá 2003.

plias regulaciones sobre sus poderes, potestades y prerrogativas y las obligaciones de los administrados, y pocas sobre sus derechos. Ese desbalance fue el que cambió sustancialmente a partir de la sanción de las leyes de procedimiento administrativo buscándose entonces una situación de equilibrio entre los poderes de la Administración y los derechos de los particulares, que se garantizan.

Este cambio en el balance de esos dos extremos motorizado por las leyes de procedimiento administrativo, originaron en todos los países un cambio de actitud y de forma y método de actuar de la Administración, a los efectos de lograr que dejara de ser la Administración prepotente que sólo concedía dádivas o favores al administrado, quien por su parte, no tenía derechos, ni cómo reclamarlos y era aplastado y a veces vejado por la Administración. Con las nuevas leyes se sentaron las bases para que ello comenzara a cambiar, pues del administrado que la Administración iba a enfrentar ya no era uno indefenso, sino uno bien armado con muchos derechos legales y con muchos mecanismos jurídicos para garantizar esos derechos y controlar cualquier actitud que significara la desmejora de esas garantías.

Como dijimos, ese proceso de transformación del derecho administrativo mediante la codificación del procedimiento, se inició con el Decreto-Ley Nº 19.549/72 de 3 de abril de 1972 de Argentina, sobre procedimientos administrativos[8], texto que vino a culminar un largo proceso de regulación provincial sobre normas de procedimiento administrativo y de regulación nacional sobre los recursos administrativos, particularmente, sobre el recurso jerárquico y que se remontan a los años treinta (Decreto 20003/33 sustituido por Decreto núm. 7520/44.). El Decreto-Ley núm. 19.549/72, en todo caso, es claro que no sólo estableció los principios básicos a que deben ajustarse los procedimientos administrativos desarrollados ante la Administración Pública Nacional, centralizada y descentralizada, inclusive entes autónomos, en cuanto tiendan a asegurar a los interesados las garantías constitucionales del debido proceso, sino que reguló las reglas fundamentales relativas a los requisitos esenciales del acto administrativo, su estructura, validez y eficacia. En

---

8. *Boletín Oficial* núm. 22411 del 27 de abril de 1972.

particular en materia relativa al debido proceso administrativo, la ley argentina fue también pionera en establecer su alcance (art. 1.f), indicando que comprende: *Primero*, derecho a ser oído, con la posibilidad para el administrado de exponer las razones de sus pretensiones y defensas antes de que la Administración emita actos administrativos que se refieren a sus derechos subjetivos o intereses legítimos, así como de interponer recursos y hacerse patrocinar y representar profesionalmente. *Segundo*, el derecho a ofrecer y producir pruebas, y que las mismas se produzca, si fuere pertinente, dentro del plazo que la administración fije en cada caso, atendiendo a la complejidad del asunto y a la índole de la que deba producirse, debiendo la administración requerir y producir los informes y dictámenes necesarios para el esclarecimiento de los hechos y de la verdad jurídica objetiva; todo ello "con el contralor de los interesados y sus profesionales, quienes podrán presentar alegatos y descargos una vez concluido el período probatorio." Y *tercero*, el derecho a una decisión fundada, en el sentido de que el acto administrativo decisorio haga expresa consideración de los principales argumentos y de las cuestiones propuestas, en tanto fueren

Pero dejando aparte este aspecto específico relativo al derecho al debido proceso, en cuanto a los principios enunciados del procedimiento administrativo, en la misma orientación de la legislación argentina, la segunda de las legislaciones nacionales sobre procedimientos administrativos que se dictó en América Latina fue el Decreto núm. 640/973 de 8 de agosto de 1973 del Uruguay, el cual completó el cuadro regulador de la actividad y trámites administrativos que se había establecido en anteriores Decretos de 1964 y 1966. Dicho Decreto fue sustituido posteriormente por el Decreto 500/991 de 1991, sobre Normas Generales de Actuación Administrativa y Regulación del Procedimiento en la Administración Central.

En el proceso de codificación el derecho administrativo en América Latina, destaca la Ley General de la Administración Pública de Costa Rica, sancionada un lustro más tarde, el 2 de mayo de 1978[9], texto que, como lo señalamos hace algunos años podría ser

---

9. Alcance núm. 90 *La Gaceta* núm. 102 de 30 de mayo de 1978.

considerado como el de un "Manual de Derecho Administrativo", volcado en el articulado de un Código[10]. Esta hermosa Ley, única en su género, abarca todo el conjunto de materias de un "Manual de Derecho Administrativo", por lo que la explicación de su articulado configuraría, exactamente, él "programa" de un curso general de esta disciplina. Se trata, por tanto, de un muy raro ejemplo de un "Código de Derecho Administrativo" que, inclusive, consagra la autonomía de nuestra disciplina, al declarar la independencia del ordenamiento jurídico administrativo de otras ramas del derecho.

A la Ley costarricense, siguió cronológicamente, la Ley Orgánica de Procedimientos Administrativos de 10 de julio de 1982, de Venezuela[11], texto que se comenzó a elaborar desde 1965[12]. Esta Ley Orgánica, influenciada directamente por la Ley española, recogió todos los principios fundamentales relativos a la actividad administrativa desarrollada por los órganos de la Administración Pública Nacional y aplicable supletoriamente a las administraciones estadales y municipales; y en particular, los principios relativos a los actos administrativos (elaboración, formas y formalidades, efectos, revisión), que la jurisprudencia había establecido, habiendo contribuido ampliamente, desde su entrada en vigencia, a afianzar el principio de la legalidad administrativa.[13] La Ley fue luego complementada, con la Ley sobre Simplificación de Trámites Administrativos (Decreto-Ley N° 368 de 05 de octubre de 1999, reformada

---

10. Véase Allan R. Brewer Carías "Comentarios sobre los Principios generales de la Ley General de Administración Pública de Costa Rica, *Revista del Seminario Internacional de Derecho Administrativo,* Colegio de Abogados de Costa Rica, San José, 1981, p. 31.

11. *Gaceta Oficial* núm. 2.818 Extraordinario de 1 de julio de 1981. Véase sobre la Ley Orgánica en Allan R. Brewer-Carías et al., *Ley Orgánica de Procedimientos Administrativos,* Editorial Jurídica Venezolana, Caracas, 1982.

12. Véase *Informe sobre la Reforma de la Administración Pública Nacional,* Comisión de Administración Pública, Caracas, 1972, Vol. 2, p. 392.

13. Véase Allan R. Brewer Carías, *El Derecho Administrativo y la Ley Orgánica de Procedimientos Administrativos,* Editorial Jurídica Venezolana, Caracas, 1985, pp. 379-412.

en 2008) y con la Ley Orgánica de la Administración Pública de 17 de octubre de 2001, también reformada en 2008.[14]

Unos años más tarde, en 1984, se produjo la reforma del Código Contencioso Administrativo de Colombia, al cual se le incorporó un nuevo "Libro" sobre "Procedimientos Administrativos", también complementado con las disposiciones del Decreto N° 266 de 2000 de Normas para la Simplificación Administrativa. Con este Código se dio un paso de avance en la codificación del derecho administrativo, al haberse regulado en un texto que sigue siendo único en el continente, todos los aspectos del procedimiento administrativo y del proceso contencioso administrativo. Debe recordarse que Colombia fue el único país de América Latina que adoptó el modelo francés de la dualidad de jurisdicciones: una jurisdicción judicial que tiene en su cúspide a la Corte Suprema de Justicia, y una jurisdicción contencioso-administrativa que tiene en su cúspide al Consejo de Estado. Dada esta peculiar situación, desde 1941 se había dictado un Código Contencioso-Administrativo (Ley 167/1941), en el cual se reguló exclusivamente el procedimiento judicial ante la jurisdicción contencioso-administrativa. Con base en la labor de la jurisprudencia, en 1980 se propuso la reforma y adaptación del Código, lo cual condujo a la sanción del Decreto núm. 01 de 1984, mediante el cual se le agregó al Código un nuevo "Libro" relativo al "procedimiento administrativo", diferenciado del "procedimiento ante la jurisdicción en lo contencioso-administrativo"[15]. Esta importante legislación nacional reguladora del procedimiento administrativo y del proceso contencioso administrativo fue recientemente reforma en 2011, mediante la Ley 1437 contentiva del nuevo Códi-

---

14. Véase sobre esta Ley, Allan R. Brewer Carías et al., *la Ley Orgánica de la Administración Pública,* Editorial Jurídica Venezolana, Caracas, 2008.

15. El Decreto 01 se dictó con base en la Ley 58 de 1982. Posteriormente con base en la Ley 30 de 1987, mediante Decreto 2304, de 7 de octubre de 1989, se introdujeron reformas al Código Contencioso Administrativo.

go de Procedimiento Administrativo y de lo Contencioso Administrativo.[16]

Después del Código Colombiano de 1984, el proceso de codificación del derecho administrativo en Latinoamérica continuó con la Ley de Procedimiento Administrativo de Honduras de 1987; y luego de un período de casi diez años, se dictó en México, la Ley Federal de Procedimiento Administrativo de 1994, con última reforma en 2011; en Brasil, la Ley N° 9.784 que regula el proceso administrativo en el ámbito de la Administración Pública Federal de 29 de enero de 1999; en Panamá, la Ley N° 38 de 31 de julio de 2000, del Estatuto Orgánico de la Procuraduría de la Administración, regula el Procedimiento Administrativo General y dicta disposiciones especiales; en Perú, la Ley N° 27.444 del Procedimiento Administrativo General, de abril de 2001; en Bolivia, la Ley N° 2341 de 23 de abril de 2002 sobre Ley de Procedimiento Administrativo; y en Chile, la Ley N° 19.880 de 29 de mayo de 2003, de Ley de Procedimientos Administrativos. En Ecuador también se dictó el Estatuto del Régimen Jurídico Administrativo de la Función Ejecutiva por Decreto Ejecutivo N° 1634 de 1994, que regula aspectos del procedimiento administrativo.

Siguiendo la evolución histórica de la legislación relativa al derecho administrativo, este conjunto de leyes generalmente tuvo, en cada país, antecedente en disposiciones reglamentarias, incluso establecidas como normativa general, como fue el caso de Uruguay. Igualmente, como antecedente reglamentario general, debe citarse

---

16. Véase *Diario Oficial* N° 47.956 de 18 de enero de 2011. Véase algunos comentarios sobre dicha reforma en Allan R. Brewer-Carías, "Los principios del procedimiento administrativo en el Código de Procedimiento Administrativo y de lo Contencioso Administrativo de Colombia (Ley 1437 de 2011)," en *Congreso Internacional de Derecho Administrativo, X Foro Iberoamericano de Derecho Administrativo*. El Salvador, 2011, pp. 879-918; "Los principios generales del procedimiento administrativo en la Ley 1437 de 2011 contentiva del Código de Procedimiento Administrativo y de lo Contencioso Administrativo de Colombia" en *Visión actual de los Procedimientos Administrativos, III Congreso de Derecho Administrativo Margarita 2011*, Centro de Adiestramiento Jurídico "CAJO" y Editorial Jurídica Venezolana, Caracas 2011, pp. 13-48

el Reglamento de Normas Generales de Procedimiento Administrativo de Perú, dictado por Decreto Supremo 006-SC de 11 de noviembre de 1967, el cual, fue el primer texto comprehensivo que reguló el procedimiento administrativo en América Latina con evidentes influencias de la Ley española de 1958, donde mediante el Decreto Supremo núm., se dictó un "Reglamento de Normas Generales de Procedimientos Administrativos" a cuyo texto debía ajustarse la actuación administrativa de los órganos del Poder Ejecutivo, de los establecimientos públicos y de los gobiernos locales, "siempre que no se opusieran a las leyes o sus reglamentos especiales" (art. 1). En esta forma, si bien se establecieron principios generales de la acción administrativa, ello se hizo con un texto de rango reglamentario y supletorio, lo que implicó, en la práctica, que dicho texto no hubiera tenido mayor influencia en el desarrollo del derecho administrativo peruano. Lo contrario ha ocurrido, sin embargo, en 2001 con la ya mencionada y muy importante Ley N° 27.444 del Procedimiento Administrativo General, de abril de 2001, en la cual se recogieron todos los principios que se habían venido desarrollando en la materia en toda América Latina.

Todos estos textos, en una forma u otra puede decirse que tienen un rasgo común y es la influencia de la legislación española a través de las importantísimas y ya derogadas Ley de Régimen Jurídico de la Administración del Estado de 1957 y Ley de Procedimientos Administrativos de 1958, los cuales fueron sustituidos en España por la Ley 30/1992 de Régimen Jurídico de las Administraciones Públicas y del Procedimiento Administrativo Común (modificada por Ley 4/1999 de 13 de enero de 1999).

Otro rasgo común de este conjunto normativo es que abarcan todo el proceso de producción de las decisiones administrativas, lo que conduce a una muy importante regulación en relación con los actos administrativos. Por ello puede considerarse que casi todas estas leyes, son básicamente, leyes relativas al régimen jurídico del acto administrativo.

Además, todas las leyes regulan el desarrollo de la actividad de la Administración para obtener la adecuada satisfacción de los intereses públicos, y además, buscan que los derechos de los administrados estén debidamente garantizados; de lo que deriva otro rasgo común de las mismas en el sentido de establecer las formas de la actuación de la Administración en sus relaciones con los particulares, de manera que se desarrollen con el menor formalismo posible, evitando la realización o exigencias de trámites, formulismos o recaudos innecesarios o arbitrarios que compliquen o dificulten la acción administrativa.

II. LA ENUMERACIÓN DE LOS PRINCIPIOS DEL PROCEDIMIENTO ADMINISTRATIVO EN LAS LEYES LATINOAMERICANAS

Una característica general de estas leyes de procedimiento administrativo en América Latina, es la enumeración en el propio texto de las leyes, del conjunto de principios generales sobre los mismos,[17] los cuales, como consecuencia de ello, ya no se tuvieron que deducir de la interpretación judicial, permitiendo así al juez contencioso administrativo o de control de la actividad administrativa, tener más precisas herramientas de control sobre la actuación administrativa.

Fue así como en la Ley argentina de procedimientos administrativos se comenzó por enunciar, en su artículo 1°, como los principios que rigen en el procedimiento administrativo, la "impulsión e instrucción de oficio," la "celeridad, economía, sencillez y eficacia en los trámites" y el "informalismo," consistente en la "excusación de la inobservancia por los interesados de exigencias formales no esenciales y que puedan ser cumplidas posteriormente."

Esta orientación se siguió en todas las leyes de procedimiento administrativo, en un proceso signado por la progresividad. Por ejemplo, en la Ley de Honduras se precisó que "la actividad administrativa debe estar presidida por principios de economía, simplicidad, celeridad y eficacia que garanticen la buena marcha de la Administración", a fin de lograr una pronta y efectiva satisfacción del interés general (art. 19).

---

17 Véase Allan R. Brewer-Carías, "Principios del Procedimiento Administrativo. Hacia un estándar continental," en Christian Steiner (Ed), *Procedimiento y Justicia Administrativa en América Latina,* Konrad Adenauer Stiftung, n F. Konrad Adenauer, México 2009, pp. 163-199.

En el caso de Venezuela, además de los principios de celeridad, economía, sencillez y eficacia, la Ley Orgánica de Procedimientos Administrativos agregó el principio de imparcialidad (art. 30) y, adicionalmente, la Ley de Simplificación de Trámites Administrativos de 1999, reformada en 2008 enumeró los siguientes principios en los cuales se debe fundamentar la simplificación de trámites administrativos: "conforme a los cuales se deben elaborar los planes de simplificación, que son: "simplicidad, transparencia, celeridad, eficacia, eficiencia, rendición de cuentas, solidaridad, presunción de buena fe del interesado o interesada, responsabilidad en el ejercicio de la función pública, desconcentración en la toma de decisiones por parte de los órganos de dirección y su actuación debe estar dirigida al servicio de las personas."

Estos principios se repitieron en el artículo 10 de la Ley Orgánica de la Administración Pública de 2001, reformada en 2008, al precisar que su actividad se debe desarrollar con base en "los principios de economía, celeridad, simplicidad, rendición de cuentas, eficacia, eficiencia, proporcionalidad, oportunidad, objetividad, imparcialidad, participación, honestidad, accesibilidad, uniformidad, modernidad, transparencia, buena fe, paralelismo de la forma y responsabilidad en el ejercicio de la misma, con sometimiento pleno a la ley y al derecho, y con supresión de las formalidades no esenciales." A la norma se agregó, además, la indicación de que "La simplificación de los trámites administrativos, así como la supresión de los que fueren innecesarios será tarea permanente de los órganos y entes de la Administración Pública, de conformidad con los principios y normas que establezca la ley correspondiente."

En Ecuador, igualmente, la Ley de Modernización del Estado precisó que los procesos de modernización se deben sujetar a los principios de eficiencia, agilidad, transparencia, coparticipación en la gestión pública y solidaridad social.

En el Código de Colombia, además de todos estos principios de eficacia, economía y celeridad, se agregaron otros como los de publicidad, contradicción y conformidad con el propio Código (art. 3); a los que se sumaron en la reforma del Código de 2011 los principios "del debido proceso, igualdad, imparcialidad, buena fe, moralidad, participación, responsabilidad, transparencia, coordinación" (art. 3)

En la Ley Federal de México, se siguió la misma orientación del texto colombiano, incluyéndose el agregado del principio de la buena fe (art. 13).

Hay otros textos, como el Decreto del Uruguay, donde la enunciación de los principios es mas extensa y comprensiva, como resulta de su artículo 2, conforme al cual la Administración Pública debe servir con objetividad los intereses generales con sometimiento pleno al derecho y debe actuar de acuerdo a los siguientes principios generales: a) Imparcialidad; b) Legalidad objetiva; c) Impulsión de oficio; d) Verdad material; e) Economía, celeridad y eficacia; f) Informalismo en favor del administrado; g) Flexibilidad, materialidad y ausencia de ritualismos; h) Delegación material; i) Debido procedimiento; j) Contradicción; k) Buena fe, lealtad y presunción de verdad salvo prueba en contrario; l) Motivación de la decisión; y m) Gratuidad.

En el mismo sentido se destaca la Ley de Brasil, la cual destinó al tema de los principios del procedimiento administrativo un extenso artículo (art. 2), en el cual se enumeran además de un conjunto de criterios que deben guiar los procedimientos administrativos, los "principios da legalidade, finalidade, motivaçao, razoabilidade, proporcionalidade, moralidade, ampla defesa, contraditório, segurança juridica, interesse público e eficiência."

También en la Ley del Perú de 2001 se produjo un avance fundamental en este proceso de positivización de los principios del procedimiento administrativo, al precisar en el artículo IV del Título Preliminar que el procedimiento administrativo, sin perjuicio de la vigencia de otros principios general del derecho administrativo, se sustenta fundamentalmente en los siguientes principios, que se enumeran a título enunciativo y no taxativo: principio de legalidad; principio del debido procedimiento; principio del impulso de oficio; principio de razonabilidad; principio de imparcialidad; principio de informalismo; principio de presunción de veracidad; principio de conducta procedimental; principio de celeridad; principio de eficacia; principio de verdad material; principio de participación; principio de simplicidad; principio de uniformidad; principio de predictibilidad; principio de privilegio de controles posteriores.

Una enunciación similar, de carácter exhaustivo se puede encontrar en la Ley de Bolivia de 2002, en la cual el artículo 4, además de precisar que "desempeño de la función pública está destinado exclusivamente a servir los intereses de la colectividad," enumera e incluso define los siguientes principios a los que debe sujetarse la Administración Pública: de autotutela, de sometimiento pleno a la ley, de verdad material, de buena fe: de imparcialidad: de legalidad y presunción de legitimidad, de jerarquía normativa, de control judicial, de eficacia, de economía, simplicidad y celeridad, de informalismo, de publicidad, de impulso de oficio, de gratuidad, y de proporcionalidad.

En la Ley N° 38 de Panamá, entre las misiones de la Procuraduría de la Administración se indica la "coadyuvar a que la Administración Pública desarrolle su gestión con estricto apego a los principios de legalidad, calidad, transparencia, eficiencia, eficacia y moralidad en la prestación de los servicios públicos" (art. 3,2); y luego en su artículo 34 se precisa que "las actuaciones administrativas en todas las entidades públicas se efectuarán con arreglo a normas de informalidad, imparcialidad, uniformidad, economía, celeridad y eficacia, garantizando la realización oportuna de la función administrativa, sin menoscabo del debido proceso legal, con objetividad y con apego al principio de estricta legalidad."

Por último, en la Ley N° 19.880 de Procedimientos administrativos de Chile de 2003, también se indica que el procedimiento administrativo estará sometido a los principios de escrituración, gratuidad, celeridad, conclusivo, economía procedimental, contradictoriedad, imparcialidad, abstención, no formalización, inexcusabilidad, impugnabilidad, transparencia y publicidad (Art. 4).

Estos principios, además, como lo señala el artículo 2 de la Ley de Brasil, deben servir como criterio interpretativo para resolver las cuestiones que puedan suscitarse en la aplicación de las normas de procedimiento. En el mismo sentido, se regula en la Ley de Honduras (art. 19 y 114) y la Ley del Perú (artículo IV del Título preliminar), donde se señaló no sólo que los principios deben servir de criterio interpretativo para resolver las cuestiones que puedan suscitarse en la aplicación de las reglas de procedimiento, sino además, como parámetros para la generación de otras disposiciones administrativas de carácter general, y para suplir los vacíos en el ordenamiento administrativo.

Por ello, una enumeración extensísima de principios del procedimiento administrativo, como la contenida en las leyes de Brasil, de Uruguay y de Perú, sin duda, como se dijo, tiene la ventaja de permitir al juez contencioso-administrativo ejercer un control más efectivo y con mayor amplitud en relación con la actividad administrativa.

Pero por supuesto, mucho más importante que la sola enumeración de los principios, es la definición en los textos legales del contenido de los mismos, como ocurre con el artículo 4 de la Ley de Bolivia antes mencionado. Es lo que hacen el Código colombiano (art. 2) y más extensamente, la Ley del Perú, en la cual su artículo IV,1.2 del Título Preliminar dispuso que los administrados deben gozar de todos los derechos y garantías inherentes al debido procedimiento administrativo, el cual se rige por los principios de derecho administrativo, que comprende el derecho a exponer sus argumentos, a ofrecer y producir pruebas y a obtener una decisión motivada y fundada en derecho.

Ahora bien, como se dijo, la enumeración de los principios del procedimiento administrativo en el derecho positivo, comenzó con la Ley argentina de procedimiento administrativo de 1972, en la cual sólo se enumeraron los siguientes: en *primer lugar*, el principio de la oficialidad ("impulsión e instrucción de oficio"); en *segundo lugar*, el principio de celeridad; en *tercer lugar*, el principio de economía; en *cuarto lugar* el principio de sencillez; en quito lugar, el principio de eficacia; y en *quinto lugar* el principio de "informalismo" ("excusación de la inobservancia por los interesados de exigencias formales no esenciales y que puedan ser cumplidas posteriormente").

Nuestra intención en esta Introducción General es establecer cómo esos principios, que fueron inicialmente enumerados en la Ley argentina, se han venido definiendo en las leyes latinoamericanas, precisando su sentido y alcance.

III. EL PRINCIPIO DE OFICIALIDAD

Siendo el procedimiento administrativo básicamente un asunto de la Administración, uno de los principios generales establecidos en las leyes de procedimiento administrativo es el principio de la oficialidad, del cual deriva el principio del impulso de oficio que la Ley argentina refiere como impulsión e instrucción de oficio" y la Ley de Bolivia define en el sentido de que "la Administración Pública está obligada a impulsar el procedimiento en todos los trámites en los que medie el interés público"(art. 4,n).

1. El principio de la iniciativa de oficio

Los procedimientos administrativos, por tanto, como principio deben ser impulsados de oficio por La Administración, lo que implica que aún cuando sea común que el administrado tenga derecho a participar en los procedimientos que lo afectan por ejemplo, instado a la Administración para iniciar su actividad, siendo esta, en definitiva, un asunto de esta última; una vez desencadenado el procedimiento administrativo, el desarrollo y movilización del mismo está a cargo de la propia Administración, por lo que es a ella a quien le compete, y no a un tercero, impulsarlo de oficio, para la realización de la secuencia de actos que deben concluir con la emisión de un acto administrativo definitivo.

Pero por supuesto, hay procedimientos que sólo pueden iniciarse por exclusivo interés de los particulares, en cuyo caso, la Administración no tiene el deber de proseguirlos por sí sola, por lo que puede darlos por terminados antes del término legal previsto para su conclusión, ante la inercia del interesado, aplicándose aquí lo ya señalado sobre la caducidad de los procedimientos.

Ahora bien, este principio de la oficialidad comprende otros aspectos fundamentales conforme a los cuales se puede sistematizar el análisis de todas las normas de las leyes latinoamericanas en la materia; y éstos son: el principio de la iniciación de oficio (iniciativa oficial), es decir, la posibilidad de que el procedimiento se inicie, además de a instancia de parte, de oficio por la Administración; el principio inquisitivo, como guía de todo el procedimiento administrativo, denominado también principio de instrucción; el principio de imparcialidad; y, el principio de la buena fe.

En esta materia, puede decirse que todas las leyes sobre procedimiento administrativo establecen el principio clásico de que el mismo puede iniciarse de oficio, es decir, por iniciativa de la propia Administración, o a petición de parte, es decir, con base en el ejercicio del derecho de petición. Así lo establecen las leyes de Argentina (art. 1), de México (art. 14), de Uruguay (art. 15), de Honduras (art. 60), de Venezuela (art. 48), de Colombia (art. 28), de Bolivia (art. 39), de Perú (art. 103), de Brasil (art. 5), de Panamá (art. 64), y de Chile (Art. 28).

Ahora bien, como garantía del derecho de la defensa, las leyes disponen que aún iniciado de oficio y aún siendo el procedimiento tarea de la Administración, esta está obligada a dejar participar en el mismo a los administrados interesados para garantizarles el derecho a la defensa. Así lo precisa, por ejemplo, la Ley Orgánica venezolana al disponer que en los casos de iniciación de oficio, la autoridad administrativa debe notificar a los particulares cuyos derechos subjetivos o intereses legítimos, personales y directos pudieren resultar afectados, concediéndoles un plazo para que expongan sus pruebas y aleguen sus razones (art. 48). Estos principios se recogen además, detalladamente en la Ley peruana, cuyo artículo 104, destinado a regular el inicio de oficio, dispone lo siguiente:

104.1   Para el inicio de oficio de un procedimiento debe existir disposición de autoridad superior que la fundamente en ese sentido, una motivación basada en el cumplimiento de un deber legal o el mérito de una denuncia.

104.2   El inicio de oficio del procedimiento es notificado a los administrados determinados cuyos intereses o derechos protegidos puedan ser afectados por los actos a ejecutar, salvo en caso de fiscalización posterior a solicitudes o a su documentación, acogidos a la presunción de veracidad. La notificación incluye la información sobre la naturaleza, alcance y de ser previsible, el plazo estimado de su duración, así como de sus derechos y obligaciones en el curso de tal actuación.

104.3   La notificación es realizada inmediatamente luego de emitida la decisión, salvo que la normativa autorice que sea diferida por su naturaleza confidencial basada en el interés público.

2. El principio inquisitivo

El otro principio derivado del principio de la oficialidad es el principio inquisitivo, conforme al cual, como lo establece en la Ley argentina, corresponde a la Administración, la "impulsión e instrucción de oficio", sin perjuicio de la participación de los interesados en las actuaciones (art. 1.a).

Este principio también está establecido como principio del procedimiento administrativo, como se dijo, en la Ley de Bolivia (art. 4,n), e igualmente en la Ley del Perú (artículo IV, Título Preliminar), donde se dispone así:

> 1.3 Principio de impulso de oficio. Las autoridades deben dirigir e impulsar de oficio el procedimiento y ordenar la realización o práctica de los actos que resulten convenientes para el esclarecimiento y resolución de las cuestiones necesarias.

Esta misma expresión se encuentra en las leyes de Brasil (art. 29) y de Costa Rica (art. 222) y, en sentido similar, se desarrolla en la Ley del Perú (art. 159). De ello deriva el principio de que la Administración debe "impulsar de oficio en todos sus trámites" (art. 64, Ley de Honduras) el procedimiento administrativo, con lo cual la conducción del procedimiento, la prueba y las medidas que puedan adoptarse a lo largo del mismo deben ser iniciativa de la Administración y no requieren el impulso procesal de los interesados, sin perjuicio de que éstos puedan participar en el procedimiento. En consecuencia, la Administración es la responsable de al menos esos tres elementos en el procedimiento: la conducción del procedimiento; la sustanciación del mismo; las pruebas y las medidas preventivas, sin perjuicio de que en cada una de esas fases puedan actuar los particulares.

Por ello, la Ley de Venezuela establece que:

> Artículo 53. La Administración, de oficio o a instancia del interesado, cumplirá todas las actuaciones necesarias para el mejor conocimiento del asunto que deba decidir, siendo de su responsabilidad impulsar el procedimiento en todos sus trámites.

3. El principio de imparcialidad

El principio de oficialidad que permite a la Administración iniciar y conducir el procedimiento, impone la necesidad de garantizar los derechos de los Administrados, frente a la actuación de los funcionarios, de lo que deriva el principio de la imparcialidad, derivado del principio de igualdad y no discriminación de los administrados. Conforme a este principio, la Administración, en el curso del procedimiento y al decidirlo, no debe tomar partido, ni inclinar la balanza o beneficiar ilegítimamente a una parte en perjuicio de otra, sino que debe tomar su decisión únicamente conforme al ordenamiento jurídico y con la finalidad de interés general que la motiva.

Este principio se ha establecido en la Ley de Bolivia en el sentido de que "las autoridades administrativas actuarán en defensa del interés general, evitando todo género de discriminación o diferencia entre los administrados"(art. 4,f); y se encuentra regulado el Artículo 30 de la Ley venezolana, cuando exige a la Administración tratar en igual forma a todos los particulares y no puede establecer ningún tipo de discriminación respecto de ellos, ni parcializarse por ninguna posición y debe mantener siempre una posición imparcial. El principio también está recogido en el Código colombiano, en la siguiente forma:

Artículo 3. En virtud del principio de imparcialidad la autoridades deberán actuar teniendo en cuenta que la finalidad de los procedimientos consiste en asegurar y garantizar los derechos de todas las personas sin ningún género de discriminación; por consiguiente, deberán darles igualdad de tratamiento, respetando el orden en que actúen ante ellos.

También lo establece, como principio del procedimiento administrativo, el artículo IV del Título Preliminar de la Ley del Perú, así:

1.5 Principio de imparcialidad. Las autoridades administrativas actúan sin ninguna clase de discriminación entre los administrados, otorgándole tratamiento y tutela igualitarios frente al procedimiento, resolviendo conforme al ordenamiento jurídico y con atención al interés general.

La Ley 19.880 de Chile también recoge el principio así:

Artículo 11. Principio de imparcialidad. La Administración debe actuar con objetividad y respetar el principio de probidad consagrado en la legislación, tanto en la substanciación del procedimiento como en las decisiones que adopte.

Los hechos y fundamentos de derecho deberán siempre expresarse en aquellos actos que afectaren los derechos de los particulares, sea que los limiten, restrinjan, priven de ellos, perturben o amenacen su legítimo ejercicio, así como aquellos que resuelvan recursos administrativos.

4. El principio de la publicidad

Otro principio fundamental que como contrapeso se erige frente al principio de la oficialidad, es el principio de la publicidad, que conlleva a que los asuntos que se tramitan ante la Administración Pública deben ser públicos y de acceso del público. En tal sentido, en el artículo 16 de la Ley 19.880 de Chile se establece el "principio de transparencia y de publicidad", en la siguiente forma:

Artículo 16. *Principio de Transparencia y de Publicidad.* El procedimiento administrativo se realizará con transparencia, de manera que permita y promueva el conocimiento, contenidos y fundamentos de las decisiones que se adopten en él.

En consecuencia, salvo las excepciones establecidas por la ley o el reglamento, son públicos los actos administrativos de los órganos de la Administración del Estado y los documentos que le sirvan de sustento o complemento directo o esencial.

Este principio se manifiesta, por supuesto en concreto, respecto de las decisiones de la Administración Pública, como lo regula el Código de Colombia, "en virtud del principio de publicidad, las autoridades darán a conocer sus decisiones mediante las comunicaciones, notificaciones o publicaciones que ordenan este Código y la ley" (art. 3°).

5. El principio de la buena fe y del mutuo respeto

Por último, entre las nuevas tendencias del derecho administrativo, aún cuando sólo encuentran regulaciones aisladas en las leyes de procedimiento administrativo, derivado del principio de la oficialidad, puede identificarse el principio de la buena fe, como elemento fundamental que debe estar a la base de las relaciones jurídicas entre la Administración Pública y los administrados, que precisamente formaliza el procedimiento administrativo.

El principio de la buena fe, por supuesto, en esta perspectiva debe regir tanto para el administrado como para la Administración, como lo indica la Ley del Perú (art. IV, 1.8), de manera que entre los deberes del interesado, conforme a la Ley de Brasil, esta "el proceder con lealtad, urbanidad y buena fe", no actuar de modo temerario y "exponer los hechos conforme a la verdad" (art. 4).

Dicho principio lo recoge en general la Ley de Uruguay, así:

Artículo 6°. Las partes, sus representantes y abogados patrocinantes, los funcionarios públicos y, en general, todos los partícipes del procedimiento, ajustarán su conducta al respeto mutuo y a la lealtad y buena fe.

Y en la Ley de Bolivia, en su artículo 4,e, así:

Principio de buena fe: En la relación de los particulares con la Administración Pública se presume el principio de buena fe. La confianza, la cooperación y la lealtad en la actuación de los servidores públicos y de los ciudadanos; orientarán el procedimiento administrativo.

El principio, por lo demás, se encuentra detalladamente regulado en la Ley de Simplificación de Trámites Administrativos de Venezuela de 1999, reformada en 2008 (arts. 9 a 20), donde se regula la "presunción de buena fe del ciudadano," de manera que la Administración, en todas sus actuaciones, "debe tener como cierta la declaración del administrado" (art. 9). Este principio lo recoge expresamente, también, la Ley del Perú, (art. IV, 1.7; art. 42).

La presunción de buena fe, por otra parte, en el procedimiento administrativo se también se manifiesta como presunción de licitud, vinculado a derecho del administrado a la presunción de inocencia, tal como se manifiesta en la Ley de Uruguay cuando habla del procedimiento disciplinario de funcionarios como un procedimiento especial, así:

Artículo 170. El funcionario público sometido a un procedimiento disciplinario tiene derecho al respeto de su honra y al reconocimiento de su dignidad; y se presumirá su inocencia mientras no se establezca legalmente su culpabilidad por resolución firme dictada con la garantía del debido proceso. (Convención Americana de Derechos Humanos, "Pacto de San José de Costa Rica", art. 8 numerales 2 y 11).

Pero en general, en los procedimientos sancionatorios, la Ley peruana define la "presunción de licitud", estableciendo que las entidades "deben presumir que los administrados han actuado apegados a sus deberes mientras no cuenten con evidencia en contrario" (art. 230,9), lo que implica la presunción de que el derecho reclamado por el administrado es justo. Ello ha conducido, también, al principio *favor pro accione* o posición favorable al accionante, el cual debería ser un principio fundamental en materia de procedimiento.

El principio de la buena fe también se recoge en la Ley del Perú, al regular el "principio de la conducta procedimental" (art. IV, Título Preliminar), así:

1.8 Principio de conducta procedimental. La autoridad administrativa, los administrados, sus representantes o abogados y, en general, todos los partícipes del procedimiento, realizan sus respectivos actos procedimentales guiados por el respeto mutuo, la colaboración y la buena fe. Ninguna regulación del procedimiento administrativo puede interpretarse de modo tal que ampare alguna conducta contra la buena fe procesal.

En la reforma del Código de procedimiento administrativo y contencioso administrativo de Colombia de 2011, también se recogió el mismo principio al disponer el artículo 3.4 que "en virtud del principio de buena fe, las autoridades y los particulares presumirán el comportamiento leal y fiel de unos y otros en el ejercicio de sus competencias, derechos y deberes."

De allí que el principio de lealtad también derive del principio de la buena fe, lo que implica que las partes en el procedimiento no deben ocultar hechos o documentos que les interesen mutuamente, lo que a la vez ha implicado el desarrollo del derecho de acceso a la información en materia administrativa y la reducción de las áreas de confidencialidad en los documentos administrativos, tan importantes en décadas pasadas.

El respeto mutuo que deriva del principio de la buena fe y de la lealtad, por otra parte, comienzan a ser el canal para que la construcción del principio de la confianza legítima, que debe existir como base de la relación jurídica entre la Administración y los administrados, particularmente cuando las actuaciones reiteradas de los funcionarios y de los órganos de la Administración Pública, hacen nacer expectativas jurídicas legítimas en cabeza de los aquellos que la propia Administración debe respetar y que han de ser apreciadas por el juez. De este principio surge, además, el principio de la seguridad jurídica en sus variadas manifestaciones (el principio de la predictibilidad, la proscripción de la *reformatio in pejus*, el principio *non bis in idem*, la presunción de inocencia, y el principio de la irretroactividad) y el principio de la irrevocabilidad de los actos administrativos que, una vez dictados, también por cuestiones de seguridad jurídica, deben mantenerse, salvo los casos de nulidad absoluta.

IV. EL PRINCIPIO DE LA CELERIDAD

Otro de los principios generales que se ha formulado en forma expresa en todas las leyes de procedimiento administrativo, partiendo de la indicación inicial de la ley argentina, es el principio de la celeridad. En efecto, si el procedimiento es un asunto de la Administración, es decir, si la Administración es la responsable del procedimiento, el principio consecuencial establecido en garantía de los particulares, es que debe ser desarrollado con la mayor rapidez y celeridad posible. Como lo establece la Ley peruana en el art. IV del Título Preliminar:

> 1.9 Principio de celeridad. Quienes participan en el procedimiento deben ajustar su actuación de tal modo que se dote al trámite de la máxima dinámica posible, evitando actuaciones procesales que dificulten su desenvolvimiento o constituyan meros formalismos, a fin de alcanzar una decisión en tiempo razonable, sin que ello releve a las autoridades del respeto al debido procedimiento o vulnere el ordenamiento.

Las diversas leyes de procedimiento administrativo de América Latina, por supuesto, no definen necesariamente los diversos principios en forma uniforme, lo que sin duda ocurre con el principio de la celeridad. Por ejemplo, el Código de Procedimiento Administrativo y de lo Contencioso Administrativo de Colombia, de 1984, al definir el principio de celeridad, señalaba que en virtud del mismo:

> Las autoridades tendrán el impulso oficioso de los procedimientos, suprimirán los trámites innecesarios, utilizarán formularios para actuaciones en serie cuando la naturaleza de ellas lo haga posible y sin que ello releve a las autoridades de la obligación de considerar todos los argumentos y pruebas de los interesados.

Se identificó así el principio, con el principio de la impulsión de oficio y el principio de la sencillez o simplificación, lo que se repitió, aun cuando con distinta redacción en la reforma del Código de 2011, donde el principio de la celeridad se definió indicándose que en virtud del mismo:

> "Las autoridades impulsarán oficiosamente los procedimientos, e incentivarán el uso de las tecnologías de la información y las comunicaciones, a efectos de que los procedimientos se adelanten con diligencia, dentro de los términos legales y sin dilaciones injustificadas

La Ley del Perú, por su parte, en relación con este mismo principio de celeridad, dispuso en el artículo IV, 1.9 del Título Preliminar, como obligación para quienes participan en el procedimiento, el que deben ajustar su actuación de tal modo que:

> "Se dote al trámite de la máxima dinámica posible, evitando actuaciones procesales que dificulten su desenvolvimiento o constituyan meros formalismos, a fin de alcanzar una decisión en tiempo razonable, sin que ello releve a las autoridades del respeto al debido procedimiento o vulnere el ordenamiento."

La Ley de Bolivia, al referirse a la celeridad, enunció el principio conjuntamente con los de economía, y simplicidad, exigiendo que los procedimientos administrativos "se desarrollarán con economía, simplicidad y celeridad, evitando la realización de trámites, formalismos o diligencias innecesarias. (art. 4.f)

En otras legislaciones también se enuncia el principio de la celeridad, como es el caso por ejemplo, de la Ley General de Costa Rica, donde el artículo 225.1 dispone que el "órgano deberá conducir el procedimiento con la intención de lograr un máximo de celeridad y eficiencia, dentro del respeto al ordenamiento y a los derechos e intereses del administrado," y el artículo 269,1 precisa que la actuación administrativa se debe realizar "con arreglo a normas de economía, simplicidad, celeridad y eficiencia."

En sentido similar, la Ley 19880 de Chile dispone sobre el principio de celeridad, lo siguiente:

Artículo 7°. Principio de celeridad. El procedimiento, sometido al criterio de celeridad, se impulsará de oficio en todos sus trámites.

Las autoridades y funcionarios de los órganos de la Administración del Estado deberán actuar por propia iniciativa en la iniciación del procedimiento de que se trate y en su prosecución, haciendo expeditos los trámites que debe cumplir el expediente y removiendo todo obstáculo que pudiere afectar a su pronta y debida decisión.

En el despacho de los expedientes originados en una solicitud o en el ejercicio de un derecho se guardará el orden riguroso de ingreso en asuntos de similar naturaleza, salvo que por el titular de la unidad administrativa se dé orden motivada en contrario, de la que quede constancia.

V. LOS PRINCIPIOS DE ECONOMÍA Y DE SENCILLEZ

El procedimiento administrativo, siendo un asunto de la Administración, conforme a las leyes de procedimiento administrativo está signado por los principios de economía y sencillez, exigiéndose de la misma la necesidad de racionalizar la actividad administrativa, originando además, otros principios, como el de la simplicidad (normalización o uniformización) que ha sido definido en la Ley del Perú, en su artículo IV del Título Preliminar, como sigue:

1.13 Principio de simplicidad. Los trámites establecidos por la autoridad administrativa deberán ser sencillos, debiendo eliminarse toda complejidad innecesaria; es decir, los requisitos exigidos deberán ser racionales y proporcionales a los fines que se persigue cumplir.

1.14 Principio de uniformidad. La autoridad administrativa deberá establecer requisitos similares para trámites similares, garantizando que las excepciones a los principios generales no serán convertidos en la regla general. Toda diferenciación deberá basarse en criterios objetivos debidamente sustentados.

Indica, además la Ley del Perú, que en todo caso, los procedimientos administrativos se deben desarrollar "de oficio, de modo sencillo y eficaz, sin reconocer formas determinadas, fases procesales, momentos procedimentales rígidos para realizar determinadas actuaciones o responder a precedencia entre ellas", (art. 144); y la Ley de Bolivia precisa que "los procedimientos administrativos se desarrollarán con economía, simplicidad y celeridad, evitando la realización de trámites, formalismos o diligencias innecesarias"(RT. 4, K).

La Ley venezolana sobre Simplificación de Trámites Administrativos de 2008, por su parte, establece sobre este mismo principio, que:

> *Artículo 21.* El diseño de los trámites administrativos debe realizarse de manera que los mismos sean claros, sencillos ágiles, racionales, pertinentes, útiles y de fácil entendimiento para las personas, a fin de mejorar las relaciones de éstos con la Administración Pública, haciendo eficiente y eficaz su actividad.

Además, la mencionada Ley, al desarrollar el principio de la simplicidad, transparencia, celeridad y eficacia de la actividad de la Administración señala que la Administración Pública no puede exigir requisitos adicionales a los contemplados en la normativa vigente, salvo los que se establezcan en los instrumentos normativos que se dicten en ejecución de dicha Ley (art. 10). Con carácter general, además, se dispone que los órganos y entes de la Administración Pública no pueden exigir para trámite alguno, la presentación de copias certificadas actualizadas de partidas de nacimiento, matrimonio o defunción, así como de cualquier otro documento público, salvo los casos expresamente establecidos por ley (art. 17). Adicionalmente, se dispone que los órganos y entes de la Administración Pública no pueden exigir copias certificadas de la partida de nacimiento como requisito para el cumplimiento de una determinada tramitación, cuando sea presentada la cédula de identidad, salvo los casos expresamente establecidos por ley (art. 18).

Por otra parte, se dispone que los órganos y entes de la Administración Pública, en virtud del principio de cooperación que debe imperar en sus relaciones interorgánicas, deben implementar bases de datos automatizadas de fácil acceso y no pueden exigir la presentación de copias certificadas o fotocopias de documentos que la

Administración Pública tenga en su poder, o de los que tenga la posibilidad legal de acceder (art. 11).

Además, en aras de la simplicidad, la Ley agrega que los órganos y entes, en el ámbito de sus competencias, deben eliminar las autorizaciones innecesarias, solicitudes excesivas de información de detalle y, en general, la exigencia de trámites que entorpezcan la actividad administrativa (art. 13).

Por último, el artículo 14 de la Ley dispone en particular, que los órganos y entes de la Administración Pública deberán identificar y disponer la supresión de los requisitos y permisos no previstos en la Ley, que limiten o entraben el libre ejercicio de la actividad económica o la iniciativa privada.

Otro principio general derivado de la simplicidad es el principio de la economía procedimental, que se menciona en la generalidad de las leyes de procedimiento, como las leyes argentina (art. 7), hondureña (art. 19), venezolana (art. 30), uruguaya (art. 2) y mexicana (art. 13), y conlleva la necesidad de que los asuntos se decidan administrativamente con celeridad, en la forma más rápida posible, economizando lapsos y al menor costo posible.

El principio ha sido desarrollado ampliamente en la Ley 19880 de Chile, en la forma siguiente:

Artículo 9°. Principio de economía procedimental. La Administración debe responder a la máxima economía de medios con eficacia, evitando trámites dilatorios.

Se decidirán en un solo acto todos los trámites que, por su naturaleza, admitan un impulso simultáneo, siempre que no sea obligatorio su cumplimiento sucesivo.

Al solicitar los trámites que deban ser cumplidos por otros órganos, deberá consignarse en la comunicación cursada el plazo establecido al efecto.

Las cuestiones incidentales que se susciten en el procedimiento, incluso las que se refieran a la nulidad de actuaciones, no suspenderán la tramitación del mismo, a menos que la Administración, por resolución fundada, determine lo contrario.

De allí el principio general, que deriva del artículo 116 de la Ley de Honduras, conforme al cual "los funcionarios responsables de la tramitación de los expedientes adoptarán las medidas que conduzcan a evitar todo entorpecimiento o demora por innecesarias diligencias".

En el Código colombiano también se encuentra una definición del principio de economía, al exigirse que:

> Las normas de procedimiento se utilicen para agilizar las decisiones, que los procedimientos se adelanten en el menor tiempo y con la menor cantidad de gastos de quienes intervienen en ellos, que no se exijan más documentos y copias que los estrictamente necesarios, ni autenticaciones ni notas de presentación personal sino cuando la ley lo ordene en forma expresa. (art. 3).

En el Decreto de Uruguay también se desarrolla el principio al prescribir en su artículo 8 que "en el procedimiento administrativo deberá asegurarse la celeridad, simplicidad y economía del mismo y evitarse la realización o exigencia de trámites, formalismos o recaudos innecesarios o arbitrarios que compliquen o dificulten su desenvolvimiento".

VI. EL PRINCIPIO DE EFICACIA

En cuanto al principio de eficacia puede decirse que a partir de la Ley Argentina (art. 1) se lo incluyó expresamente en todas las leyes de procedimiento administrativo de América Latina, como por ejemplo, en las leyes de Venezuela (art. 30), de Honduras (art. 19), de Brasil (art. 2) y de México (art. 13), y en el Decreto de Uruguay (art. 2). De entre esas leyes, una definición precisa se encuentra en el Código colombiano (art. 3), en la Ley de Bolivia (art. 4,j), y en la Ley de Perú (art. IV, 10,1), en los cuales se privilegia en el procedimiento administrativo, el logro de su finalidad, para lo cual deben removerse todos los obstáculos formales y dilaciones innecesarias; debiendo prevalecer dicho logro sobre los formalismos siempre que no incidan en su validez ni disminuyan las garantías de los administrados.[18]

---

18 Véase Allan R. Brewer-Carías, "Los principios de legalidad y eficacia en las leyes de Procedimientos Administrativos en América Lati-

En el Código colombiano, el artículo 3.11 establece respecto a este principio, que en virtud del mismo:

"Las autoridades buscarán que los procedimientos logren su finalidad y, para el efecto, removerán de oficio los obstáculos puramente formales, evitarán decisiones inhibitorias, dilaciones o retardos y sanearán, de acuerdo con este Código las irregularidades procedimentales que se presenten, en procura de la efectividad del derecho material objeto de la actuación administrativa."

La Ley del Perú, en relación con este principio de la eficacia, la norma del artículo IV del Título Preliminar, es aún más explícita, al señalar:

1.10 Principio de eficacia. Los sujetos del procedimiento administrativo deben hacer prevalecer el cumplimiento de la finalidad del acto procedimental, sobre aquellos formalismos cuya realización no incida en su validez, no determinen aspectos importantes en la decisión final, no disminuyan las garantías del procedimiento, ni causen indefensión a los administrados.

En todos los supuestos de aplicación de este principio, la finalidad del acto que se privilegie sobre las formalidades no esenciales deberá ajustarse al marco normativo aplicable y su validez será una garantía de la finalidad pública que se busca satisfacer con la aplicación de este principio.

Sobre este principio de la eficacia, el artículo 19 de Ley Orgánica de la Administración Pública de Venezuela dispone que la actividad de los órganos y entes de la Administración Pública debe perseguir el cumplimiento eficaz de los objetivos y metas fijados en las normas, planes y compromisos de gestión, bajo la orientación de las políticas y estrategias establecidas por el Presidente de la República, la Comisión Central de Planificación, el gobernador, o el alcalde, según el caso (art. 19). Para ello, el funcionamiento de los órganos y entes de la Administración Pública, se debe sujetar a las políticas, estrategias, metas y objetivos que se establezcan en los respectivos "planes estratégicos, compromisos de gestión y linea-

---

na", en *IV Jornadas Internacionales de Derecho Administrativo Allan Randolph Brewer Carías,* Caracas 9-12 noviembre de 1998, FUNEDA, Caracas 1998, pp. 21-90.

mientos dictados conforme a la planificación centralizada," y debe comprender el seguimiento de las actividades, así como la evaluación y control del desempeño institucional y de los resultados alcanzados (art. 18).

Por su parte, en relación con este principio, la Ley de Honduras prescribe que "las cuestiones incidentales que se suscitaren en el procedimiento, incluso las que se refieren a la nulidad de actuaciones, no suspenderán el curso del procedimiento, salvo la recusación" (art. 39), lo que en esta materia conlleva al principio de la conservación, del saneamiento o de la convalidación de los actos administrativos, precisamente a los efectos de que los procedimientos puedan lograr su finalidad.

En consecuencia, el logro del fin propuesto es lo que siempre debe orientar el desarrollo del procedimiento; fin que está vinculado, como se ha señalado, tanto al interés general, como al interés de la Administración y del administrado. El objetivo del procedimiento administrativo, en definitiva, es la satisfacción de esos fines en el menor tiempo y con el menor costo posible; de allí este principio de la eficacia, el cual además, conlleva varios otros entre los cuales se destacan el principio de la instrumentalidad; el principio de simplicidad y de la economía procedimental; el principio de la presunción de la legalidad y validez, es decir, el del logro de los efectos de los actos, comenzando por la presunción de su validez y eficacia; el principio *favor acti*; el principio de la conservación del acto; el principio *pro actione* o de la interpretación más favorable a lo solicitado, a la acción o al requerimiento.

1. *El principio de la instrumentalidad: el objeto y la finalidad del procedimiento*

El principio de la instrumentalidad exige interpretar el procedimiento administrativo, no como un fin en sí mismo, sino como un instrumento o cauce para alcanzar el fin perseguido por la Administración.

Esa finalidad del procedimiento, como se dijo, puede desdoblarse en tres, tal y como lo precisan las leyes de procedimiento administrativo: primero, la consecución del interés general; segundo, la satisfacción del interés del administrado, y tercero, el logro del interés de la propia Administración en la relación jurídica concreta.

Siendo el procedimiento un asunto de la Administración, se destaca la finalidad de "establecer el régimen jurídico aplicable para que la actuación de la Administración sirva a la protección del interés general" (art. III, Título Preliminar, Ley del Perú), o en otras palabras, tiene por objeto asegurar que el desempeño de la función pública esté destinado exclusivamente a servir los intereses de la colectividad (art. 4,a, Ley de Bolivia), o que el cumplimiento de la acción administrativa esté vinculada al logro de un interés general (art. 209 Código de Colombia). Por ello, la Ley de Honduras establece que los principios del procedimiento administrativo buscan "garantizar la buena marcha de la Administración" (Considerandos); y la Ley General de Costa Rica precisa que "el procedimiento administrativo servirá para asegurar el mejor cumplimiento posible de los fines de la Administración" (art. 214,1); agregando que "la norma administrativa deberá ser interpretada en la forma que mejor garantice la realización del fin público a que se dirige" (art. 10).

Por su parte, el Código colombiano exige que los funcionarios deben tener en cuenta "que la actuación administrativa tiene por objeto el cumplimiento de los cometidos estatales como lo señalan las leyes, la adecuada prestación de los servicios públicos y la efectividad de los derechos e intereses de los administrados, reconocidos por la ley" (art. 2).

Pero además del logro de los fines propios del interés general que orientan la acción administrativa, el procedimiento tiene por finalidad la protección de los derechos e intereses de los administrados. Esto, como se ha mencionado, está expresado en la Ley General de Costa Rica, donde se precisa que el procedimiento administrativo debe desarrollarse, "con respeto para los derechos subjetivos e intereses legítimos del administrado."(art. 10,1 y 214,1); en la de Honduras, la cual establece que el procedimiento se regula "como garantía de los derechos de los particulares frente a la actividad administrativa" (Considerandos). En igual sentido, se expresa el artículo III, Título Preliminar de la Ley del Perú, y en Código colombiano se exige de los funcionarios que en su actuación también tengan en cuenta "la efectividad de los derechos e intereses de los administrados" (art. 2).

La consecuencia del principio de la instrumentalidad, es la proscripción de cualquier utilización del procedimiento establecido en las leyes para la consecución de fines distintos a los previstos en las leyes, de manera que su utilización para fines distintos vicia la actuación de la Administración por desviación de poder en el resultado, es decir, desviación del procedimiento.

2. *Los principios pro accione y favor acti (favor administrationis)*

Teniendo el procedimiento administrativo entre sus finalidades, por una parte la satisfacción de las pretensiones de los administrados y por la otra, el logro de los fines públicos establecidos en la ley, el principio de eficacia implica que mismo también debe estar guiado por otros dos principios paralelos: el principio *pro actione* y el principio *favor acti.*

El principio *pro actione* implica la necesidad de que las solicitudes se interpreten a favor de quien solicita la petición, y está consagrado expresamente en la legislación de Costa Rica cuando establece que las normas de procedimiento "deberán interpretarse en forma favorable a la admisión y decisión final de las peticiones" (art. 224).

En cuanto a la admisión de la solicitud o de las peticiones presentadas por los interesados, el principio tiene consecuencias concretas en el caso de la legislación de Colombia (art. 11), de Bolivia (art. 43), de Venezuela, (art. 45) de Honduras (art. 115), de Panamá (art. 76), y del Perú (arts. 125 y 126), pues la Administración está obligada a advertir a los particulares los errores o las omisiones que puedan tener las peticiones, para que dichos errores u omisiones no conlleven su inadmisibilidad.

Como consecuencia, no se puede negar la petición que haga un administrado por causa de una omisión, sino que la Administración está obligada advertirle los errores, para que el particular los corrija.

Pero como se ha dicho, el procedimiento administrativo tiene ante todo por finalidad el logro de los fines de la Administración, de la cual surge otro principio también derivado del principio de eficacia, que es el principio *favor acti* el cual implica que la Administración debe interpretar el procedimiento de manera que sea favorable a la emisión del acto administrativo, es decir, a la obra de la Administración. Por tanto, ante el no acatamiento de elementos formales en el procedimiento, debe preferirse evitar la ineficacia o plantear una ineficacia parcial, que concluir con la ineficacia total del acto. Es decir, el procedimiento debe interpretarse de manera que efectivamente pueda haber una decisión, sin que la falta de cumplimiento de determinadas formalidades afecten el acto y la propia voluntad de la Administración.

Este principio *favor acti* o también, *favor administrationis*, por ejemplo, tiene relación con el tema del funcionario de hecho, los cuales se han definido en la Ley de Costa Rica, como "el que hace lo que el servidor público regular, pero sin investidura o con una investidura inválida o ineficaz, aún fuera de situaciones de urgencia o de cambios ilegítimos de gobierno" (art. 115). Si reúnen las condiciones prescritas en la Ley General, prescribe su artículo 116: "los actos de un funcionario de hecho serán válidos aunque perjudiquen al administrado y aunque éste tenga conocimiento de la irregularidad de la investidura de aquél", quedando la Administración "obligada o favorecida ante terceros por virtud de los mismos" (art. 116).

VII.   EL PRINCIPIO DEL INFORMALISMO

El procedimiento administrativo, hemos dicho, se configura como un conjunto de actos y actuaciones estrechamente vinculados entre sí, con el objeto de obtener un resultado concreto que, generalmente, se materializa en un acto administrativo. Por ello, en definitiva, el procedimiento administrativo se identifica con el conjunto de formas y formalidades establecidas para guiar la acción de la Administración con miras a la obtención de ese resultado y como garantía de los administrados contra las arbitrariedades de los funcionarios.

Sin embargo, dado el principio de economía y celeridad, es evidente, que la prescripción de formas no puede convertir al procedimiento en un bosque de formalidades que entraben la acción administrativa. Por ello, el principio de eficacia también conlleva al principio el informalismo o del carácter no formalista del procedimiento administrativo.

Este principio, por ejemplo, está expresamente previsto en la Ley argentina de Procedimiento Administrativo en la cual se prescribe que las normas de procedimiento que establece, deben ajustarse al requisito del "informalismo", en el sentido de que debe "excusarse la inobservancia por los interesados de exigencias formales no esenciales y que pueden ser cumplidas posteriormente" (art. 1.c); y en la Ley de Bolivia se define el principio en el sentido de que "la inobservancia de exigencias formales no esenciales por parte del administrado, que puedan ser cumplidas posteriormente, podrán ser excusadas y ello no interrumpirá el procedimiento administrativo" (art. 4,l)

Más precisamente, el Decreto 640 de Uruguay establece que "en el procedimiento administrativo se aplicará el principio del informalismo en favor del administración siempre que se trate de la inobservancia de exigencias formales no esenciales y que puedan ser cumplidas posteriormente» (art. 23). En la Ley del Perú, también se define el principio del informalismo, en forma detallada en el artículo IV, Título Preliminar, así:

> 1.6 Principio de informalismo. Las normas de procedimiento deben ser interpretadas en forma favorable a la admisión y decisión final de las pretensiones de los administrados, de modo que sus derechos e intereses no sean afectados por la exigencia de aspectos formales que puedan ser subsanados dentro del procedimiento, siempre que dicha excusa no afecte derechos de terceros o el interés público.

Por su parte, la Ley N° 19.880 de Chile regula el principio, al que denomina "de la no formalización", en los siguientes términos:

> Artículo 13. Principio de la no formalización. El procedimiento debe desarrollarse con sencillez y eficacia, de modo que las formalidades que se exijan sean aquéllas indispensables para dejar constancia indubitada de lo actuado y evitar perjuicios a los particulares.

> El vicio de procedimiento o de forma sólo afecta la validez del acto administrativo cuando recae en algún requisito esencial del mismo, sea por su naturaleza o por mandato del ordenamiento jurídico y genera perjuicio al interesado.

La Administración podrá subsanar los vicios de que adolezcan los actos que emita, siempre que con ello no se afectaren intereses de terceros.

Por otra parte, como secuela del principio, la Ley General de la Administración Pública de Costa Rica establece que las normas del procedimiento administrativo "deberán interpretarse en forma favorable a la admisión y decisión final de las peticiones de los administrados". Es en definitiva, el principio *in dubio pro actione* o de la interpretación más favorable al ejercicio del derecho de petición para asegurar más allá de las dificultades de índole formal, una decisión sobre el fondo de la cuestión objeto del procedimiento. En materia de procedimiento administrativo, el principio se traduce en que el formalismo debe ser interpretado en favor del administrado, precisando, la legislación argentina, sin embargo, que "el informalismo no podrá servir para subsanar nulidades que sean absolutas" (art. 224).

En aplicación de este principio, las leyes de procedimiento administrativo, por ejemplo, establecen el deber de los funcionarios administrativos que reciban las peticiones, de advertir a los interesados de las omisiones y de las irregularidades que observen en las mismas, pero sin que puedan negarse a recibirlas (Art. 45 Ley Orgánica Venezuela; art. 11 Código Colombia).

Igualmente, el informalismo en las leyes de procedimiento administrativo conduce al principio de la flexibilidad del procedimiento y de los trámites procedimentales mediante, por ejemplo, la eliminación del principio de la preclusividad de los lapsos y de actos procesales (arts. 23 y 60 de la Ley venezolana); la posibilidad de alegación por parte de los particulares en cualquier momento (art. 62 de la Ley venezolana) si no existe un lapso preciso de contestación la utilización de cualquier tipo de pruebas (art. 58 de la Ley venezolana); y la intrascendencia en la calificación de los recursos (art. 86 de la Ley venezolana), de manera que si el administrado se equivoca en la calificación del recurso que interpone, siempre y cuando de su escrito se deduzca claramente de que tipo de recurso se trata, la Administración no puede rechazarlo y, al contrario, está obligada a interpretarlo en favor del particular y de flexibilizar esta ausencia de cumplimiento del formalismo en la calificación del recurso (art. 213 Ley peruana).

El principio del informalismo, conlleva, por otra parte, al principio *conservatio acti,* o principio de la conservación o subsanabilidad de los trámites administrativos y de las actuaciones de los administrados, por ello, la Ley de Honduras establece que cuando un órgano administrativo declare la nulidad de algunas actuaciones, debe disponer "siempre la conservación de aquellos actos y trámites cuyo contenido hubiera permanecido, de no haberse realizado la infracción origen de la nulidad" (art. 39). En igual sentido, se dispone en la Ley peruana, (art. 13.3).

Este principio conduce, por supuesto, a la necesidad de la corrección de errores materiales de los actos administrativos, lo que se encuentra regulado expresamente en las leyes de Venezuela (art. 84), Honduras (art. 128), Costa Rica (art. 157) y Chile (art. 62), siempre que la enmienda no altere lo sustancial del acto o decisión" (art. 128), y como lo indica la Ley del Perú, siempre que la rectificación de los errores sea "con efecto retroactivo" (art. 201,1).

Es precisamente en virtud de este principio de la corrección de errores materiales, que deriva del principio del informalismo y de la economía procedimental, que la Administración no tiene por qué concluir siempre con la revocación del acto incorrecto, pudiendo siempre corregirlo, de oficio o a petición de parte, en cualquier momento. Es un principio de lógica administrativa que, sin embargo, encuentra su expresión formal en estas leyes de procedimiento administrativo, incluso en relación con los actos de los administrados. En tal sentido, la Ley de Honduras dispone que:

> Artículo 115. Para evitar nulidades, la Administración señalará a la parte interesada los defectos de que adolezcan los actos producidos por ésta y ordenará que se subsanen de oficio o por el interesado dentro de un plazo de tres días.

Pero incluso, aún en presencia de vicios o irregularidades más sustanciales en los actos administrativos, que no puedan resolverse con la sola corrección de errores materiales o aritméticos, el principio *conservatio acti,* exige que los vicios que puedan afectarlos formalmente, deban subsanarse siempre que no conlleven su nulidad absoluta, lo que ha originado las técnicas de convalidación, enmienda, saneamiento o conversión de los actos administrativos que se encuentran reguladas en las leyes de procedimiento administrativo para evitar su extinción.

En particular, por ejemplo, conforme a la Ley General de Costa Rica, la convalidación se produce cuando dictado un acto administrativo que sea relativamente nulo por vicio en la forma, en el contenido o en la competencia, se dicta un nuevo acto administrativo que lo convalide, con indicación precisa del vicio y de la corrección (art. 187,2). Sobre esto, la Ley venezolana indica, pura y simplemente, que "la Administración podrá convalidar en cualquier momento los actos anulables, subsanando los vicios de que adolezcan" (art. 81), y en sentido similar se regula en la Ley de Brasil (art. 55), en la Ley de Bolivia (art. 37,1), en la Ley de Panamá (art. 56), y en la Ley de Honduras (art. 126).

La Ley peruana es bien precisa al regular la "enmienda" de los actos administrativos como consecuencia de la "conservación" de los mismos, precisando que cuando el vicio del acto administrativo por el incumplimiento a sus elementos de validez, no sea trascendente, "prevalece la conservación del acto, procediéndose a su enmienda por la propia autoridad emisora" (art. 14.1).

En la legislación argentina, esta convalidación se denomina, en general, "saneamiento" y se desdobla en "ratificación" del acto por el superior jerárquico y "confirmación" por el órgano que dictó el acto (art. 19).

En esta materia, Ley de Honduras, regula en su artículo 127, la "conversión" del acto, al disponer que "el acto nulo que, sin embargo, contenga todos los requisitos constituidos de otro distinto, podrá ser convertido en éste y producirá sus efectos, en su caso, si así lo consistiera el interesado". En este sentido, la Ley argentina también señala que "si los elementos válidos de un acto administrativo nulo permitieren integrar otro que fuere válido, podrá efectuarse su conversión en éste consintiéndolo el administrado". La misma institución de la conversión se regula en la Ley General de Costa Rica (art. 189).

REFLEXIÓN FINAL

Al anterior cuadro de principios generales del procedimiento administrativo cuya enunciación comenzó con la Ley de Procedimientos Administrativos de Argentina de 1972, y que en la actualidad ya se ha incorporado en el texto expreso de todas las leyes de procedimiento administrativo sancionadas en América Latina, ha tenido una consecuencia fundamental en el derecho administrativo que se ha traducido, en definitiva, en el reforzamiento del principio de la legalidad mismo, con el objeto de asegurar, no sólo el sometimiento de la Administración Pública al derecho, sino garantizar la situación jurídica de los particulares frente a la misma (debido proceso). Por ello, precisamente, la Ley sobre Procedimiento Administrativo general del Perú, en el artículo IV, 1.1 del Título Preliminar dispone que:

> Las autoridades administrativas deben actuar con respeto a la Constitución, la ley y al derecho, dentro de las facultades que le estén atribuidas y de acuerdo con los fines para los que les fueron conferidas.

Ello ha implicado en este caso del principio de legalidad,[19] y precisamente como consecuencia de las propias leyes de procedimiento administrativo, que el mismo ya haya dejado de ser sólo un principio general del derecho que resultaba de la interpretación del ordenamiento jurídico, y se ha convertido en un postulado del derecho positivo, expresado cada vez con más frecuencia y precisión en los textos. Así sucede por ejemplo en la en la Ley de Bolivia, que hace referencia al "principio de legalidad y presunción de legitimidad" (art. 4,g) y al "principio de sometimiento pleno a la ley" de manera que "la Administración Pública regirá sus actos con sometimiento pleno a la ley" (art. 4, c); en la Ley N° 9784 de Brasil (1999), que impone como criterio a ser observado en los procedimientos administrativos, "la actuación conforme a la Ley y al derecho" (art. 2, Parágrafo Único, I); en la Ley de Venezuela, en la cual

---

19 Véase Allan R. Brewer-Carías, "El tratamiento del principio de legalidad en las leyes de procedimiento administrativo de América latina, en Domingo García Belaúnde *et al.*, *Homenaje a Valentín Paniagua*, Fondo Editorial de la Pontificia Universidad católica del Perú, Lima, 2010.

se indica que "la Administración Pública se organiza y actúa de conformidad con el principio de legalidad"(art. 4); y en la Ley General de Costa Rica al señalar que: "La Administración Pública actuará sometida al ordenamiento jurídico..." (art. 11,1); agregando en su artículo 13, que:

> La Administración estará sujeta, en general, a todas las normas escritas y no escritas del ordenamiento administrativo y al derecho privado supletorio del mismo, sin poder derogarlos ni desaplicarlos para casos concretos.

Este principio de legalidad o de actuación en conformidad con el derecho implica, por tanto, que las actividades que realice la Administración Pública no sólo debe someterse al derecho, sino incluso, en el caso del procedimiento administrativo, a los propios principios del mismo antes analizados que también ya forman parte del derecho positivo, lo que implica que las actividades contrarias a los mismos pueden ser controladas con mayor precisión por la jurisdicción contencioso administrativa.

Por ello, dichos principios, además, se los declara como imperativos, tal como lo expresa la Ley Federal mexicana, al prescribir que las disposiciones sobre procedimiento administrativo "Son aplicables a la actuación de los particulares ante la Administración Pública Federal, así como a los actos a través de los cuales se desenvuelve la función administrativa" (art. 12); imperatividad que en el caso de la Ley General de Costa Rica se precisa que es en aquellos procedimientos en los cuales "el acto final puede causar perjuicio grave al administrado, sea imponiéndole obligaciones, suprimiéndole o denegándole derechos subjetivos, o por cualquier otra forma de lesión grave y directa a sus derechos o intereses legítimos;" o en los cuales haya habido "contradicción o concurso de interesados frente a la Administración dentro del expediente" (art. 308).

No debe olvidarse, sin embargo, que en América Latina, antes de que se comenzaran a dictar las leyes generales sobre procedimientos administrativos, la mayoría de los principios antes mencionados se habían venido construyendo con la ayuda de la doctrina y sin texto normativo expreso, como consecuencia de la labor del juez contencioso-administrativo. Por ello es que el derecho administrativo en nuestros países de la América Latina puede dividirse en las dos etapas antes mencionadas: la de antes de la sanción de las leyes, cuando los principios fueron si acaso creados por la jurisprudencia, y delineados por la doctrina; y la de después de la sanción de las leyes que han regulado todos esos principios, en la cual se ha permitido dotado al juez de instrumentos más precisos para ejercer su control de legalidad, catapultándose, en consecuencia, tanto la jurisprudencia como la doctrina.

INTRODUCCIÓN

El derecho administrativo francés, sin duda, puede considerarse como el producto más esclarecido de la labor de los jueces, descubierto y difundido, paso a paso, por la doctrina. Por ello, y sobre todo cuando se analiza el sistema francés desde una perspectiva comparada, podemos decir que ha sido precisamente el control jurisdiccional de la Administración y la progresiva reducción del exceso de poder en la conducta de los funcionarios, el gran aporte de Francia a la cultura jurídica del mundo moderno y al afianzamiento del Estado de Derecho.

Justicia administrativa y derecho administrativo, por tanto, en Francia han estado y continúan estando esencialmente unidas hasta el punto de que el contenido del derecho administrativo ha sido moldeado por la jurisdicción administrativa. Esto ha tenido evidentes ventajas en cuanto al progreso de la juridicidad aplicada a la Administración y al fortalecimiento del principio de la legalidad. Pero también ha originado ciertas desventajas que han condicionado las grandes discusiones doctrinales del derecho administrativo.

Así nociones tales como servicio público, establecimiento público, acto de gobierno o contrato administrativo han estado en el centro de una tradicional discusión doctrinal tendente a lograr una sustantividad propia de dichas nociones, la cual no ha sido siempre posible, precisamente, por el peso de la variable jurisdiccional que ha girado en torno a la búsqueda de un "criterio" para delimitar las competencias de la jurisdicción administrativa y de la jurisdicción judicial.

Muchas veces estas nociones, como consecuencia, antes que una sustantividad propia lo que tenían era una connotación adjetiva, por lo que los cambios jurisprudenciales inevitablemente condujeron a su crisis. De allí que como lo afirmaba G. Liet-Veaux hace algunas décadas al referirse a la noción de contrato administrativo, podamos decir que se trata de uno de los capítulos más "desesperantes" del derecho administrativo[1].

Este desespero que se encuentra con frecuencia en la doctrina francesa por el esfuerzo de poder sustantivizar instituciones y nociones fundamentales, sin duda, podemos decir que es el producto del peso que ha tenido la jurisdicción administrativa en la moldeadura del derecho administrativo. Ello ha llevado, incluso, al extremo de que el estudio del derecho administrativo no solo se haga a través, y únicamente de la perspectiva de lo que el Consejo de Estado resuelva, sino a través del solo prisma de la jurisdicción. No es raro, por tanto, que incluso bajo el título de *Traité de Contentieux-Administratif,* como el excelente libro de los profesores J. M. Auby y R. Drago (Paris 1984), en realidad lo que el lector encuentre sea un verdadero Tratado de Derecho Administrativo

La labor del juez administrativo, en todo caso, ha sido y es tan fenomenal en Francia, que el derecho administrativo, materialmente, se ha fundamentado solo en la jurisprudencia trabajada por la doctrina para tener el desarrollo tan importante que ha evidenciado y que ha llevado su influencia a todas partes del mundo, y en forma mucho más intensa que la que los propios franceses podrían imaginar.

Sin embargo, y ello es evidente, no en todas partes del mundo se encuentra una tradición tan esclarecida como la del juez administrativo francés, que se basta a sí mismo, con su arsenal de jurisprudencia y sin la ayuda del derecho positivo,[2] para someter a la Ad-

---

1. G. Liet-Veaux, "Note Nouvelles définitions du contrat administratif", *La Revue Administrative,* N° 53, París, sept.-oct., 1956, p. 502.
2 . Siempre fue notoria en Francia, por tanto, la ausencia de cuerpos legislativos reguladores de las instituciones y principios básicos del derecho administrativo, como sucede en materia el procedimientos administrativos, donde lo que ha habido es un conjunto de leyes puntuales y aisladas, como por ejemplo, la ley del 17 de julio de 1978 relativa al acceso a los documentos administrativos, la ley de 11 de julio de 1979 relativa a la motivación de los actos administrativos, el

ministración a la legalidad, construyendo principios rectores de la conducta administrativa, que han servido de ejemplo para el desarrollo del Estado de Derecho, dentro y fuera de Francia.

La realidad en muchos otros países es que la labor del juez administrativo, en algunas épocas pujantes y en otras tímida, en la tarea de la construcción del derecho administrativo ha requerido del auxilio del Legislador a quien ha correspondido la positivización de principios y reglas. Con frecuencia se ha constatado, así, que no basta con un arsenal de jurisprudencia y con la creación pretoriana del derecho administrativo puesta en evidencia por la doctrina, para lograr reducir la discrecionalidad administrativa y someter toda la actuación administrativa a la legalidad; y que, al contrario, en muchas ocasiones ha resultado necesario convertir en derecho positivo legislado, todos esos principios reguladores del actuar administrativo, para que no sólo sean efectivamente respetados por los funcionarios, sino para que los mismos jueces contencioso administrativos, incluso, puedan ejercer a cabalidad y con mayor autonomía sus labores de control judicial de la Administración.

Esta ha sido, en general, la tendencia en los países hispano americanos donde en muchos de ellos se ha producido un proceso de codificación del derecho administrativo, o al menos, de los principios fundamentales referidos a la actividad administrativa, en leyes reguladoras del "procedimiento administrativo".

Y esto nos obliga de inmediato al querer estudiar los principios del "procedimiento administrativo no contencioso" en España y en América Latina, a establecer una indispensable precisión terminológica. En lengua castellana, en efecto, la expresión equivalente a la frase "procedimiento administrativo no contencioso" no tiene sentido alguno

---

decreto de 28 de noviembre de 1983 relativo a las relaciones entre la Administración y los usuarios, y la ley del 12 de abril de 2000 relativa a los derechos de los ciudadanos en sus relaciones con la Administración. Francia, por tanto, aún carece de la ley reguladora de los procedimientos administrativos no contenciosos que tanto se ha esperado.

Esta es una expresión típicamente francesa que quiere significar el procedimiento que se sigue ante la administración activa por oposición al que se desarrolla ante la jurisdicción administrativa, de manera que se habla de *procédure administrative non contentieuse* distinguiéndola de la *procédure contentieuse administrative*. Sin embargo, desde la perspectiva hispano americana, dicha expresión no sólo no tiene sentido, sino que incluso sería incorrecta

En primer lugar, debemos señalar que definitivamente no está en la tradición hispanoamericana el que solo los órganos jurisdiccionales tengan el monopolio del procedimiento, como históricamente ha sucedido en Francia[3], lo que explica no sólo el que hasta hace pocas décadas se hubiera descuidado el estudio doctrinal del procedimiento desarrollado en la administración activa, sino el que salvo excepciones[4], para identificarlo se le haya tenido que calificar como "no contencioso" por oposición al "contencioso administrativo".

En el mundo jurídico de los países de lengua castellana, en cambio, la distinción basada en el calificativo "no contencioso" nunca ha sido usada, de manera que cuando se quiere identificar el procedimiento desarrollado ante los tribunales contencioso-administrativos se habla, como en Francia, de "procedimiento contencioso-administrativo"[5]; utilizándose generalizadamente la expre-

---

3. Guy Isaac, *La procédure administrative non contentieuse*, París, 1968, pp. 17 ss.
4. *Vid.* fundamentalmente Georges Langrod, "Procédure Administrative et Droit Administrative", *Revue de Droit Public et de la Science Politique en France et à l'ètranger*, París, 1948, pp. 549 ss.; y en *Revue International des Sciences Administratives, Bruxelles, 1956*, pp. 5 ss. Más recientemente, *vid.* Celine Wiener, *Vers une codification de la procédure administrative*, París, 1975.
5. Lo cual doctrinalmente, incluso ha dado origen al llamado derecho procesal administrativo. *Vid.* por ejemplo, José M. Villar y Romero, *Derecho Procesal Administrativo*, Madrid, 1944, 2° ed. 1948; Jesús González Pérez, *Derecho Procesal Administrativo*, 3 vols., Madrid, 1955; Miguel González Rodríguez, *Derecho Procesal Administrativo*, 2 vols., Bogotá, 1986; Carlos Betancur Jaramillo, *Derecho Procesal Administrativo*, Bogotá, 1982; Jesús González Pérez, *Derecho Procesal Administrativo Hispanoamericano*, Bogotá, 1985.

sión de "procedimiento administrativo", pura y simplemente, para identificar el procedimiento desarrollado ante la administración activa y, por tanto, siempre de carácter no jurisdiccional. Nuestros países, en este sentido, en la concepción del procedimiento administrativo más han recibido la influencia de los aportes de la Escuela Germánica, básicamente de Adolf Merkl[6], que de los criterios de la doctrina francesa. De allí que a lo largo de nuestra exposición utilizaremos la expresión de "procedimiento administrativo" como equivalente a la expresión francesa *procédure administrative non contentieuse*.

Pero además hay una segunda razón para que no se utilice esta expresión en el mundo de habla hispana, y es que en sí mismo, consideramos impropio el aditivo del calificativo "no contencioso" para identificar el procedimiento desarrollado ante la administración activa, pues en estricto derecho no es cierto que ese procedimiento sea siempre de carácter "no contencioso". Al contrario la intervención creciente del Estado en diversos campos de la vida económica y social, con frecuencia llevan a los órganos administrativos a adoptar decisiones como resultado de una resolución de conflictos entre intereses privados contrapuestos que se suscitan entre particulares, y los cuales entran en "contención" ante la autoridad administrativa. En estos casos como en todo el actuar administrativo, en el procedimiento respectivo que, evidentemente, es de carácter contradictorio (aunque no judicial o jurisdiccional), la Administración debe respetar la igualdad entre las partes con intereses contrapuestos, y actuar con imparcialidad.

Por ello, al estudiar los principios del procedimiento desarrollado ante las autoridades administrativas en España y en América Latina, hablaremos pura y simplemente del "procedimiento administrativo" como contrapuesto al procedimiento contencioso-

---

6. *Vid.* Adolf Merkl, *Teoría General del Derecho Administrativo* (ed. castellana), México, 1980, pp. 278 ss. Esta obra no fue nunca traducida al francés. *Vid. los* comentarios a la concepción de Merkl en G. Isaac, *La procédure administrative non contentieuse,* París, 1968, pp. 89 ss. *Vid.* asimismo, J. Araujo Juárez, *Principios Generales del Derecho Administrativo Formal,* Caracas, 1989.

administrativo que se desarrolla ante los tribunales de la jurisdicción contencioso-administrativa.

Nuestro estudio, por otra parte lo circunscribimos básicamente a los países en el mundo de habla hispana que hasta 1990 habían tenido un proceso de codificación del procedimiento administrativo y disponían de leyes reguladoras del mismo como eran *España, Argentina, Colombia, Costa Rica, Uruguay y Venezuela*. Posteriormente otros países aprobaron tales leyes como fue el caso de *Brasil, Panamá, Bolivia, Chile, Honduras, México, Perú, y República Dominicana*; países en los cuales, como consecuencia, entre todos los de Hispano América, el derecho administrativo ha encontrado o comienza a encontrar un mayor desarrollo doctrinal y jurisprudencial.

Ante todo se destaca el caso de España país donde podemos encontrar el origen del movimiento codificador del procedimiento administrativo, con la Ley de Procedimiento Administrativo de 19 de octubre 1889, en la cual se intentó regular uniformemente el procedimiento a que debían someterse los diversos departamentos de la Administración en la tramitación de los expedientes. Aun cuando se adelantó mucho a otros países y significó un paso decisivo en la evolución del Derecho Administrativo español[7], su carácter de Ley cuadro y su multiforme desarrollo reglamentario en cada Ministerio, exigieron su reforma y puesta al día, lo que ocurrió con la Ley de Procedimiento Administrativo del 17 de Julio de 1958[8], en la cual se establecieron, en un texto único, no sólo normas de procedimiento directamente aplicables a todos los Departamentos Ministeriales, sino las regulaciones básicas del régimen de los actos administrativos y de otros aspectos de la actividad administrativa relacionados con ellos. Esta Ley, junto con la Ley de Régimen Jurídico de la Administración del Estado de 1957, tuvieron una enorme importancia, no sólo en el propio desarrollo del derecho administrativo espa-

---

7. Exposición de Motivos de la Ley de 1958. *Vid.* en *Justicia Administrativa,* Ediciones Civitas Madrid, 1973, p. 56.

8. *Boletín Oficial del Estado,* núm. 171 de 18 de julio de 1958; correcciones de erratas en *Boletín Oficial del Estado* núms. 210 y 220 de 2 y 13 de septiembre de 1958 y 98 de 24 de abril de 1959. *Vid.,* el texto, además, en *Justicia Administrativa, cit.,* pp. 66-129.

ñol, el cual fue, precisamente, a partir de finales de la década de los cincuenta del siglo pasado que comenzó a renovarse y a alcanzar los extraordinarios niveles de excelencia de la actualidad, sino en el desarrollo del derecho administrativo contemporáneo de América Latina pues, puede decidirse, que en una u otra forma dichas leyes han inspirado las leyes reguladoras de la actividad administrativa que se han dictado en nuestros países en las últimas cuatro décadas. En España, además, las propias Leyes de Régimen Jurídico de la Administración del Estado de 1957 y de Procedimiento Administrativo de 1958 fueron reformadas y refundidas en 1992, con la Ley 30/1992 de 26 de noviembre sobre el Régimen Jurídico de las Administraciones Públicas[9] y del procedimiento Administrativo Común, que también ha seguido teniendo una influencia decisiva en el desarrollo del derecho administrativo tanto en España como en Latinoamérica.

En efecto, el primer país que reguló el procedimiento administrativo con evidentes influencias del texto español fue el Perú, donde mediante el Decreto Supremo núm. 006-SC de 11 de noviembre de 1967, se dictó un "Reglamento de Normas Generales de Procedimientos Administrativos"[10] a cuyo texto debía ajustarse la actuación administrativa de los órganos del Poder Ejecutivo, de los establecimientos públicos y de los gobiernos locales, "siempre que no se opusieran a las leyes o sus reglamentos especiales" (art. 1). En esta forma, si bien se establecieron principios generales de la acción administrativa, ello se hizo con un texto de rango reglamentario y supletorio, lo que implicó, en la practica, que dicho texto no hubiera tenido mayor influencia en el desarrollo del derecho administrativo peruano. Lo contrario ha ocurrido, sin embargo, en 2001 con la muy importante Ley Nº 27.444 del Procedimiento Administrativo General, de abril de 2001, en la cual se recogieron todos los principios que se habían venido desarrollando en la materia en toda América Latina.[11]

---

9. *Boletín Oficial del Estado,* núm. 285 de 27 de noviembre de 1992
10. *Vid.* el texto en *Legislación Peruana sobre Empleados Públicos,* Lima, pp. 242-250.
11. Véase Jorge Danos et al., Comentarios a la Ley del Procedimiento Administrativo General, Editorial ARA ed., Lima 2003.

En realidad, la primera normativa nacional de rango legal relativa al procedimiento administrativo que se dictó en América Latina, fue el Decreto-Ley núm. 19.549/72 de 3 de abril de 1972 de Argentina, sobre procedimientos administrativos[12], texto que vino a culminar un largo proceso de regulación provincial sobre normas de procedimiento administrativo[13] y de regulación nacional sobre los recursos administrativos, particularmente, sobre el recurso jerárquico y que se remontan a los años treinta[14]. El Decreto-Ley núm. 19.549/72, en todo caso, es claro que no sólo estableció los principios básicos a que deben ajustarse los procedimientos administrativos desarrollados ante la Administración Pública Nacional, centralizada y descentralizada, inclusive entes autónomos, en cuanto tiendan a asegurar a los interesados las garantías constitucionales del debido proceso, sino que reguló las reglas fundamentales relativas a los requisitos esenciales del acto administrativo, su estructura, validez y eficacia.

En la misma orientación de la legislación argentina, la segunda de las legislaciones nacionales sobre procedimientos administrativos que se dictó en América Latina fue el Decreto núm. 640/973 de 8 de agosto de 1973 del Uruguay, el cual completó el cuadro regulador de la actividad y trámites administrativos que se había establecido en anteriores Decretos de 1964 y 1966[15].

---

12. *Boletín Oficial* núm. 22411 del 27 de abril de 1972. *Vid.* el texto en Emilio Fernández Vázquez y Emilio Marcelino Sendín, *Procedimiento Administrativo Nacional,* Buenos Aires, 1974, pp. 116-134.
13. *Vid.* el texto de las leyes provinciales sobre procedimientos administrativos en Agustín Gordillo, *Procedimientos y Recursos Administrativos,* Buenos Aires, 1971, pp. 591-723.
14. Decreto 20003/33 sustituido por Decreto núm. 7520/44. *Vid.* los textos en Agustín Gordillo, *op. cit.,* pp. 583-590.
15. La Ley 15869 de 22 de junio de 1987 relativa al Tribunal Contencioso Administrativo, no derogó el Decreto núm. 640/973 de 8 de agosto de 1973, el cual continúa vigente. *Vid. lo* indicado en J. P. Cajarville Peluffo, *Recursos administrativos,* Montevideo, 1989, p. 14. El texto del Decreto núm. 640/973 de 8 de agosto de 1973 contentivo de las Normas Generales de Actuación Administrativa puede verse en J. A. Prat, D. H. Martins, M. R. Brito, H. Frugone Schiavone, y J. P. Cajarville Peluffo, *Procedimiento Administrativo,* Montevideo, 1977,

En el proceso de codificación el derecho administrativo en América Latina, destaca en tercer lugar, la Ley General de la Administración Pública de Costa Rica, de 2 de mayo de 1978[16], texto que, como lo hemos señalado hace algunos años podría ser considerado como el de un "Manual de Derecho Administrativo", volcado en el articulado de un Código[17]. Esta hermosa Ley, única en su género, abarca todo el conjunto de materias de un "Manual de Derecho Administrativo", por lo que la explicación de su articulado configuraría, exactamente, él "programa" de un curso general de esta disciplina. Se trata, por tanto, de un muy raro ejemplo de un "Código de Derecho Administrativo" que, inclusive, consagra la autonomía de nuestra disciplina, al declarar la independencia del ordenamiento jurídico administrativo de otras ramas del derecho[18].

A la Ley costarricense, siguió cronológicamente, la Ley Orgánica de Procedimientos Administrativos de 10 de julio de 1982, de Venezuela[19], texto que se comenzó a elaborar desde 1965[20]. Esta Ley Orgánica, influenciada directamente por la Ley española, recogió todos los principios fundamentales relativos a la actividad administrativa desarrollada por los órganos de la Administración Pública Nacional y aplicable supletoriamente a las administraciones estadales y municipales; y en particular, los principios relativos a

---

pp. 177 ss. *Vid.* las referencias en Julio A. Prat, *Derecho Administrativo,* t. III, vol. 2, Montevideo, 1978, pp. 125 ss.

16. Alcance núm. 90 *La Gaceta* núm. 102 de 30 de mayo de 1978. *Vid.* el texto en *Ley General de la Administración Pública,* Contraloría General de la República San José, 1978.

17. Allan R. Brewer Carías "Comentarios sobre los Principios generales de la Ley General de Administración Pública de Costa Rica, *Revista del Seminario Internacional de Derecho Administrativo,* Colegio de Abogados de Costa Rica, San José, 1981, p. 31.

18. Art. 9.

19. *Gaceta Oficial* núm. 2.818 Extraordinario de 1 de julio de 1981. *Vid.* el texto en Allan R. Brewer-Carías, *El Derecho Administrativo y la Ley Orgánica de Procedimientos Administrativos,* Caracas, 1985, pp. 379-412.

20. *Vid., Informe sobre la Reforma de la Administración Pública Nacional,* Comisión de Administración Pública, Caracas, 1972, vol. 2, p. 392.

los actos administrativos (elaboración, formas y formalidades, efectos, revisión), que la jurisprudencia había establecido, habiendo contribuido ampliamente, desde su entrada en vigencia, a afianzar el principio de la legalidad administrativa[21].

Luego, en materia de codificación del procedimiento administrativo, debe destacarse el régimen de Colombia, único país de América Latina que adoptó el modelo francés de la dualidad de jurisdicciones: una jurisdicción judicial que tiene en su cúspide a la Corte Suprema de Justicia, y una jurisdicción contencioso-administrativa que tiene en su cúspide al Consejo de Estado. Dada esta peculiar situación, Colombia ha contado, desde 1941, con un Código Contencioso-Administrativo[22], en el cual se regulaba exclusivamente el procedimiento judicial ante la jurisdicción contencioso-administrativa. En base a la labor de la jurisprudencia, en 1980 se propuso la reforma y adaptación del Código[23], lo cual se produjo por Decreto núm. 01 de 1984. En esta reforma, además se le agregó al Código un nuevo "Libro" relativo al "procedimiento administrativo", diferenciado del "procedimiento ante la jurisdicción en lo contencioso-administrativo"[24]. En esta forma, a partir de 1984, Colombia contó con una importante legislación nacional reguladora del procedimiento administrativo aplicable a todos los organismos, corporaciones y dependencias de las ramas del Poder Público en todos los órdenes (art. 1). El Código fue objeto de una importante reforma en 2011, mediante la Ley 1437 contentiva del nuevo Código de Procedimiento Administrativo y de lo Contencioso Adminis-

---

21. *Vid.* Allan R. Brewer-Carías, *op. cit.,* pp. 37 ss.

22. Ley 167 de 1941 sobre Código Contencioso Administrativo.

23. Jaime Vidal Perdomo, "Ponencia para primer debate al Proyecto de Ley por la cual se conceden facultades extraordinarias al Presidente de la República para reformar el Código Contencioso-Administrativo", 28 de enero de 1980, en Gustavo Penagos, *Código Contencioso-Administrativo*, Bogotá, 1985, pp. 1-11.

24. *Vid.* el texto del Decreto 01 de 1984 en Gustavo Penagos, *op. cit.,* pp. 21-79. El Decreto 01 se dictó en base a la Ley 58 de 1982. Posteriormente con base en la Ley 30 de 1987, mediante Decreto 2304, de 7 de octubre de 1989, se introdujeron reformas al Código Contencioso Administrativo.

trativo.[25] Después del Código Colombiano de 1984, el proceso de codificación del derecho administrativo en Latinoamérica continuó con la Ley de Procedimiento Administrativo de Honduras de 1987.

Las anteriores fueron las leyes estudiadas cuando preparamos esta obra. Con posterioridad, y luego de un período de casi diez años, se sancionó en 1994 en México, con la Ley Federal de Procedimiento Administrativo.[26]. Años después, en 1999, se sancionó la Ley 9.784 de Brasil que reguló el proceso administrativo en el ámbito de la Administración Pública Federal de 21 de enero de 1999; y en 2000, en Panamá, se dictó la Ley 38 de 31 de julio de 2000 contentiva del Estatuto Orgánico de la Procuraduría de la Administración, que regula el Procedimiento Administrativo General. Posteriormente, en Bolivia se dictó la Ley N° 2341 de 23 de abril de 2002 sobre Ley de Procedimiento Administrativo; y en Chile, la Ley N° 19.880 de 29 de mayo de 2003, de Ley de Procedimientos Administrativos.

El rasgo común de toda esta codificación del procedimiento administrativo en España y América Latina, es que el contenido de las diversas leyes de procedimiento administrativo, ha regulado no sólo las operaciones tendentes a producir los actos administrativos, sino el régimen de estos, en sí mismos, su forma, sus efectos, su ejecución, sus vicios y su impugnación. Cuando se analiza esta codificación hispanoamericana del procedimiento administrativo, por tanto, encontramos inútil la discusión doctrinal destacada por Georges Dupuis y que gira en torno al esfuerzo de distinguir, o de no confundir, la forma y el procedimiento (las formalidades) o, en otras palabras, de distinguir la operación de *"facere"*, es decir, de "fabricación" o elaboración del acto administrativo, y el *"factum"*, es decir, el producto de aquellas operaciones, que es el acto mismo[27]. Ambos aspectos están comprendidos en el contenido de la codificación del procedimiento administrativo en España y América

---

25 Véase Diario Oficial N° 47.956 de 18 de enero de 2011.

26 Última reforma del 9 de abril de 2012.

27. Georges Dupuis, "La forme de l'acte administratif", en Georges Dupuis (ed.), *Sur la forme et la procédure de l'acte administratif,* París, 1979, pp. 9 y 10.

Latina, de manera que la misma abarca la regulación, tanto de la forma como de la formalidad de los actos administrativos, en el sentido precisado por René Hostiou, de que *"las formalidades* están constituidas por las diversas operaciones relativas a la operación normativa (el *"negotium"),* que condiciona la regularidad de la emisión y la entrada en vigor del acto"; y las *formas* "son las menciones del escrito (el *"instrumentum")* que traducen expresamente las diversas condiciones de regularidad del acto (el autor, los fundamentos y la fecha de emisión del acto, principalmente)"[28].

Por supuesto que doctrinalmente se puede distinguir entre el conjunto de reglas relativas a "la operación de emisión" del acto administrativo que, según Guy Isaac, conformarían el procedimiento administrativo no contencioso[29] y el producto mismo de dicha operación, que es el acto administrativo en sí mismo, sus requisitos o condiciones de validez, sus efectos, su ejecución, su anulación y revocación y su revisión en vía administrativa.

Esta es la posición, por ejemplo, que adopta Celine Wiener, quien al dar una noción comprensiva del procedimiento administrativo, señala que "el mismo comprende un conjunto de reglas de naturaleza con frecuencia diferente, pero que todas presentan el signo común de regir un momento de la elaboración del acto". Por ello señala que al hablar del procedimiento administrativo, "sería quizás más exacto hablar de una reglamentación de la función administrativa de decisión, en la medida en que tal reglamentación se refiera en primer lugar al proceso de formación de la voluntad que está al origen de la decisión, es decir, los antecedentes y la instrucción de un acto, más que al acto en sí mismo"[30].

Sin embargo, trazar en la práctica la frontera entre uno y otro aspecto, sobre todo cuando estamos en presencia de legislaciones sobre el tema, consideramos que es jurídicamente imposible. El

---

28. René Hostiou, *Procédure et formes de l'acte administratif unilateral en Droit Français,* París, 1975, p. 13.
29. Guy Isaac, *La Procédure administrative non contentieuse,* París, 1968, pp. 151 ss.
30. Celine Wiener, *Vers une Codification de la procédure administrative,* París, 1975, p. 15.

mismo Guy Isaac, al precisar el objeto del "procedimiento administrativo no contencioso", como "la reglamentación de la operación
de emisión del acto administrativo en conjunto", agrega que "el
mismo debe entonces ser definido en forma detallada, como el conjunto de reglas relativas al procedimiento de elaboración del acto, a
su forma y a su publicidad, así como a su cuestionamiento"[31], comprendiendo, por tanto, dentro del contenido del "procedimiento administrativo no contencioso" aspectos de la forma de los actos administrativos y de su impugnación[32].

Ahora bien, definitivamente, la codificación del procedimiento
administrativo en España y América Latina responde a una concepción muy amplia del mismo, signado por el esfuerzo, por una parte,
de someter a la Administración a la legalidad y por la otra, de garantizar a los particulares un debido proceso frente a la Administración. Siguiendo la concepción de A. Merkl, de que "toda administración es procedimiento administrativo, y los actos administrativos
se nos presentan como meros productos del procedimiento administrativo"[33], la codificación del procedimiento administrativo en España y América Latina, más que un esfuerzo de regular legislativamente las meras formalidades para la producción de los actos administrativos, en estricto sentido, constituye realmente, un esfuerzo de
codificación "del derecho administrativo" en sí mismo, o si se quiere, de los principios generales del derecho administrativo que deben
guiar la conducta de los órganos de la Administración en sus relaciones con los particulares, y garantizar los derechos de estos últimos ante la Administración. De allí la importancia que esta codificación del procedimiento administrativo en Hispanoamérica ha tenido para el afianzamiento de principio de la legalidad, la regulari-
zación de las relaciones entre la Administración y los administrados, y el desarrollo del mismo derecho administrativo.

---

31. Guy Isaac, *op. cit.*, pp. 158 y 173.
32. Lo cual incluso, con una visión aún más estrecha sobre el procedimiento y la forma del acto administrativo, es criticado por Dupuis,
loc. cit., pp. 9 y 10.
33. A. Merlk, *op. cit.*, p. 279. *Vid.* los comentarios en G. Isaac *op. cit.*, p.
91.

Ahora bien, el estudio de los principios del procedimiento administrativo en España y los países latinoamericanos antes mencionados con codificación nacional relativa al mismo, lo haremos dividiendo nuestra exposición en tres partes.

La primera parte, la dedicaremos al estudio de la contribución que la codificación del procedimiento administrativo en nuestros países ha tenido respecto del afianzamiento del principio de la legalidad, que debe guiar toda la actividad administrativa. Para ello, dividiremos esta primera parte en tres Capítulos: el primero, destinado a analizar las implicaciones del carácter sublegal de la actividad administrativa; el segundo, a analizar la codificación de los mismos principios del procedimiento administrativo, y el tercero destinado a estudiar los límites al ejercicio del poder discrecional.

La segunda parte estará destinada, en particular, al estudio del régimen de los actos administrativos -noción central en el régimen de la legalidad administrativa- tal como se regula en la codificación hispanoamericana haciendo referencia en dos capítulos a los elementos de los actos administrativos y a los principios relativos a los efectos de los mismos.

La tercera parte, la destinaremos, en particular, al estudio de los principios del procedimiento administrativo establecidos como garantía, tanto del principio de la legalidad como del respeto de los derechos de los administrados por los órganos de la Administración. Para ello, dividiremos esta tercera parte en dos capítulos en los cuales estudiaremos separadamente, los principios del procedimiento administrativo y en particular, el régimen legislativo del derecho a la defensa de los administrados y sus consecuencias. En el capítulo segundo, analizaremos, en particular, el régimen de los recursos administrativos puestos a disposición de los administrados para la revisión de los actos administrativos por la propia Administración.

PRIMERA PARTE

LA CONTRIBUCIÓN DE LA CODIFICACIÓN DEL PROCEDIMIENTO ADMINISTRATIVO AL AFIANZAMIENTO DEL PRINCIPIO DE LA LEGALIDAD

El principio de la legalidad, según el cual toda actuación de los órganos del Estado debe desarrollarse de conformidad con el derecho, sin duda, es la construcción jurídica más importante del Estado de Derecho.

De acuerdo a esta concepción, todos los órganos del Estado están sometidos al ordenamiento jurídico en cuya cúspide está la Constitución. Para algunos órganos del Estado, sin embargo, por su posición en la jerarquía de las normas, el derecho al cual deben someter su actuación, solo está consagrado en la Constitución (es el caso del Parlamento y de algunas actuaciones del Gobierno), por lo que el principio de la legalidad sería mas propiamente, en esos casos, sólo "principio de la constitucionalidad". Pero para la Administración, el orden jurídico al cual deben someterse los órganos administrativos está conformado por todas las fuentes del derecho, comprendidas la Constitución, las leyes, y los reglamentos en el ámbito que resulte del grado que ocupe en la jerarquía administrativa el órgano en particular; y por supuesto, comprendidos también los principios generales del derecho.

Ahora bien, en la tradición latinoamericana, la noción de principio de la legalidad tiene su antecedente remoto en el principio de la supremacía constitucional que, conforme al modelo norteamericano, nuestros países republicanos adoptaron desde comienzos del siglo pasado (1811), y en su consecuencia elemental: el control judicial de la constitucionalidad de las leyes, que forma parte de nuestra tradición constitucional. Por ello, estando sometido el Parlamento, desde siempre, a control judicial de la constitucionalidad, con mayor razón la Administración ha estado sometida al control judicial de la legalidad, en su sentido más amplio.

Por supuesto, y siempre dentro del marco constitucional, la legalidad en nuestra tradición jurídica también ha estado sometida a ciertas "inflexiones", en particular las que derivan de lo que en Francia se han denominado "circunstancias excepcionales", y que en América Latina ha encontrado encuadramiento constitucional, desde comienzos de siglo, en la posibilidad atribuida al Poder Ejecutivo, generalmente con intervención legislativa, de restringir o suspender las garantías constitucionales de los derechos fundamentales y decretar el estado de emergencia, estado de sitio o estado de urgencia.

La experiencia histórica de las situaciones excepcionales llevó así al constituyente latinoamericano a preverlas constitucionalmente[1], modificándose, al adoptarlas, el ámbito de la legalidad que rige la Administración, pero sin que quede excluida la posibilidad de control judicial de constitucionalidad y legalidad conforme al nuevo marco jurídico que derive de dichas medidas.

Ahora bien, aplicado específicamente a la Administración, el principio de la legalidad se ha consolidado en América Latina, al igual que en Francia, fundamentalmente con la construcción jurisprudencial de los principios generales del derecho, y en concreto, del derecho administrativo, muchos de ellos desgajados de la propia Constitución, en virtud de la consagración tradicional en las Constituciones de nuestros países, desde 1811, de un largo y completo

---

1. Al contrario de lo que sucedió en Francia, donde sólo fue en la Constitución de 1958 que se reguló *l'etat de siège* (art. 36). Con anterioridad, la consagración del "estado de sitio" había tenido rango legislativo desde el Siglo pasado. Asimismo ha sucedido con el estado de urgencia regulado legislativamente sólo a partir de 1955. *Vid.* las referencias en G. Vedel y Pierre Devolve, *Droit Administratif*, París, 1984, pp. 420-421. El rango legal de la institución en Francia radica en la no consagración constitucional de los derechos fundamentales.

elenco de derechos y garantías. Es cierto, que por muchas décadas y con altibajos cíclicos, muchos de dichos derechos, en muchos países, no han tenido efectiva aplicación; sin embargo, cuando han tenido efectividad, se han configurado en la principal fuente de los principios generales del derecho administrativo. Así ha sucedido con el derecho a la defensa, con el principio de la igualdad y no discriminación, con el de la no retroactividad de los actos administrativos, con la teoría de la indemnización debida por la lesión a los derechos adquiridos, etc. formulados en gran parte por la jurisprudencia.

Estos principios han sido, precisamente los que han encontrado consagración positiva en las leyes de procedimientos administrativos, produciéndose, con su conversión en derecho positivo, un mayor afianzamiento del principio de la legalidad, en relación, particularmente, a la actividad administrativa.[*]

En efecto, la actividad administrativa es una de las actividades del Estado, siendo las otras la actividad legislativa, la actividad de gobierno y la actividad judicial (jurisdiccional en la terminología francesa) distinguiéndose entre sí, entre otros aspectos, por el grado que ocupan en la graduación o escalonamiento del orden jurídico que derive de la Constitución, según la concepción de la creación del derecho por grados difundida por H. Kelsen[2].

De acuerdo a esta concepción, la actividad administrativa siempre es de rango sublegal, (al igual que la judicial), en contraste con la actividad legislativa y la actividad de gobierno, que siempre son de rango legal, es decir, ocupan el primer escalón en la producción del orden jurídico, pues son actividades que el Parlamento o el Pre-

---

[*] Véase Allan R. Brewer-Carías, "El tratamiento del principio de legalidad en las leyes de procedimiento administrativo de América latina, en Domingo García Belaúnde *et al.*, *Homenaje a Valentín Paniagua*, Fondo Editorial de la Pontificia Universidad católica del Perú, Lima, 2010.

2. *Vid.* H. Kelsen, *Teoría Pura del Derecho*, Buenos Aires, 1981, p. 135.

sidente de la República ejercen en ejecución directa de normas constitucionales.

A pesar de que la actividad de gobierno y administrativa del Estado provengan de un mismo órgano del Poder Ejecutivo, sin embargo, las mismas no pueden confundirse, pues ocupan una diversa jerarquía en el orden jurídico, razón por la cual lo que es "legalidad" para los actos administrativos sólo es "constitucionalidad" para los actos de gobierno.

Conforme a ello, en la concepción latinoamericana, los actos de gobierno definitivamente no son actos administrativos, pues al ser dictados por el Presidente de la República en ejecución directa de la Constitución, tienen rango legal y no sublegal. En consecuencia, al no tratarse de actos administrativos, dichos actos, al igual que ha sucedido en Francia con la concepción del "acto de gobierno"[3], no están sometidos al control jurisdiccional contencioso administrativo, pero no porque sean pretendidas excepciones o inflexiones al principio de la legalidad, sino porque simplemente no son actos administrativos. Pero la exclusión del control jurisdiccional contencioso-administrativo no significa que están excluidos de todo control jurisdiccional, como en Francia, pues en América Latina siempre están sometidos al control jurisdiccional que les es propio, el de la justicia constitucional, pues solo están sujetos a normas constitucionales.

En todo caso, conforme al principio de la legalidad y así lo establece expresamente la Ley General de la Administración Pública de Costa Rica, "la Administración Pública actuará y sometida al ordenamiento jurídico y solo podrá realizar aquellos actos o prestar aquellos servicios públicos que autorice dicho ordenamiento, según la escala jerárquica de sus fuentes" (art. 11.1).

Ahora bien, tres aspectos nos interesa destacar en el estudio del principio de la legalidad aplicado a la Administración: en primer lugar, los principios que derivan del carácter sublegal de la actividad administrativa; en segundo lugar, la importancia de la positivi-

---

3. *Vid.* J. M. Auby y R. Drago, *Traité de Contentieux Administratif*, París, 1984, t. 2, p. 166.

zación de los principios del procedimiento administrativo; y en tercer lugar, los principios elaborados jurisprudencialmente y recogidos en las leyes de procedimientos administrativos, limitativos al ejercicio del poder discrecional.

CAPÍTULO I

EL CARÁCTER SUBLEGAL DE LA ACTIVIDAD ADMINISTRATIVA

El carácter sub-legal de la actividad administrativa, en las leyes reguladoras del procedimiento administrativo en España y América Latina, ha tenido consagraciones particulares por lo que se refiere al principio de la sujeción a la ley, al respeto del principio de la reserva legal, al respeto de la jerarquía de las normas administrativas, así como al principio del paralelismo de las formas.

I. EL RESPETO A LA LEY

La consecuencia más elemental de la formulación del carácter sub legal de la actividad administrativa, es el respeto a la ley, es decir, el respeto a las regulaciones normativas adoptadas por el Parlamento. Esto, por supuesto, tiene enorme importancia en España y América Latina, donde las relaciones entre la Ley y el Reglamento se dan en una forma radicalmente distinta a como se han formulado en la Constitución francesa de 1958[4]. No hay en Hispano América nada que se parezca a la consagración constitucional de un ámbito de materias asignadas, como *"numerus clausus"*, al Legislador, quedando todo el resto de las materias al ámbito reglamentario[5]. Al contrario, en España[6] y América Latina, la competencia legislativa

---

4. Arts. 34 y 37.

5. *Vid.* M. Waline, "Les rapports entre la loi et le réglement, *Revue du Droit Public et de la Science Politique en France et a l'etrangeer,* París, 1959, p. 699.

6. *Vid.* Juan Alfonso Santamaría Pastor y Luciano Parejo Alfonso, *Derecho Administrativo. La Jurisprudencia del Tribunal Supremo,* Madrid, 1969, p. 67.

es la normal[7] es decir, es el "derecho común", siendo la competencia reglamentaria la "excepción" de manera que, incluso, materias reguladas reglamentariamente pueden, sin límite cuando lo decida el Legislador, ser objeto de regulación legislativa.

Como consecuencia de este principio, la Administración siempre está sometida a las disposiciones legislativas que dicte el Parlamento, no existiendo, en consecuencia, en nuestros países, materias que puedan considerarse "reservadas" al poder reglamentario.

En consecuencia, como lo reafirma el art. 51.1 de la Ley española de Régimen Jurídico de las Administraciones Públicas y del Procedimiento Administrativo Común:

> *"Las disposiciones administrativas no podrán vulnerar la Constitución o las Leyes..."*

En sentido similar, la Ley de Honduras precisa que los órganos de la Administración no pueden, mediante actos de carácter general "alterar el espíritu de la ley, variando el sentido y alcance de ésta" (art. 40,a).

De acuerdo a estos postulados, por tanto, toda la actividad administrativa, siempre, es de rango sub legal, de manera que la Administración no puede en forma alguna contrariar la ley; pudiendo, además, el Legislador, regular cualquier materia sin que existan campos reservados al poder reglamentario.

II. EL RESPETO A LA RESERVA LEGAL (DOMINIO RESERVADO AL LEGISLADOR)

Pero en segundo lugar, el carácter sub legal de la actividad administrativa implica que la Administración debe siempre respetar la denominada "reserva legal" es decir, las materias que la Constitución asigna de manera exclusiva al legislador, de manera que aún en ausencia de ejercicio del poder regulador por el Parlamento, la materia reservada al Legislador no puede ser objeto de reglamentación por vía administrativa.

---

7. *Vid.* Allan R. Brewer-Carías, *Las Instituciones Fundamentales del Derecho Administrativo y la Jurisprudencia Venezolana*, Caracas, 1964, p. 37.

Entre estas materias reservadas al Legislador, en el sistema constitucional español y de América Latina, está el régimen de los derechos fundamentales. En efecto, estando los derechos fundamentales consagrados en las Constituciones, la primera y más importante de las garantías constitucionales a estos derechos, es precisamente el de la reserva legal, es decir, que sólo el Legislador mediante ley formal, puede establecer regulaciones, limitaciones o restricciones al ejercicio de dichos derechos dentro del marco de las regulaciones constitucionales[8]. Así lo establece expresamente, por ejemplo, la Ley General de la Administración Pública de Costa Rica, al prescribir que "el régimen jurídico de los derechos constitucionales está reservado a la Ley" (art. 19.1).

Ello implica, por tanto, que la Administración y particularmente el reglamento, no pueden limitar o restringir los derechos y garantías constitucionales, aun en aspectos que no hayan sido objeto de regulación expresa mediante Ley.

Además de las regulaciones sobre derechos fundamentales, por supuesto, otras múltiples materias reguladas en la parte orgánica de las Constituciones, están también reservadas al Legislador, y así es frecuente que los Textos fundamentales remitan al Legislador, por ejemplo, para la organización y funcionamiento de Municipios y comunas, o de órganos nacionales con autonomía funcional, como el Fiscal General de la República o el Contralor General de la República; y en todo caso, para el establecimiento de impuestos, tasas y contribuciones.

Todas estas materias de la reserva legal constituyen un límite a la actividad administrativa y una parcela esencial del principio de la legalidad.

Pero además de la formulación expresa de la reserva legal, como por ejemplo sucede, en general, con las materias de carácter

---

8. *Vid*. Allan R. Brewer-Carías, "Les garanties constitutionnelles des droits de l'homme dans les pays de l'Amérique Latine (Notamment au Vénézuéla)" *Revue international de droit compare,* París, 1977, núm 1, p. 48.

tributario[9], el principio de la reserva legal ha resultado en muchos casos, de la construcción jurisprudencial de principios generales del derecho. Es el caso del establecimiento de sanciones administrativas, que se reserva al Legislador, en base al principio derivado del postulado constitucional *nullum crimen nulla poena sine legge* que se consagra en las Constituciones en materia penal[10], y que la jurisprudencia contencioso-administrativa ha considerado aplicable al ámbito de las sanciones administrativas, al declarar la nulidad de normas reglamentarias que han previsto sanciones por infracciones no establecidas en la Ley[11].

Como consecuencia de esto, son típicas materias de la reserva legal las expresamente establecidas como tal en las Constituciones; la regulación, limitación o restricción de los derechos y garantías constitucionales; la creación de impuestos, tasas y contribuciones, y el establecimiento de infracciones y sanciones administrativas.

La sanción a la violación de la reserva legal por los actos administrativos, por supuesto, al tratarse de una violación de normas constitucionales, acarrea la nulidad absoluta, tal y como lo declara expresamente la legislación española[12].

Este principio de la reserva legal, además, ha encontrado consagración expresa en las leyes de procedimiento administrativo. Así, la Ley Orgánica de Procedimientos Administrativos de Venezuela establece:

> "Art. 10. Ningún acto administrativo podrá crear sanciones, ni modificar las que hubieran sido establecidas en las leyes, crear im-

---

9. El art. 317 de la Constitución venezolana, por ejemplo establece que "No podrán cobrarse impuestos, tasas, ni contribuciones que no estén establecidos en la ley..."
10. El art. 49.1 la Constitución venezolana establece, así, que "Ninguna persona podrá ser sancionada por actos u omisiones que no fueren previstos como delitos, faltas o infracciones en leyes preexistentes".
11. Sentencia de la Corte Suprema de Justicia en Sala Político Administrativa (Venezuela), 5 de junio de 1986, *Revista de Derecho Público*, núm. 27, Caracas, 1986, pp. 88-89.
12. Art. 62.2, Ley 30/1992 de Régimen Jurídico de los Administraciones Públicas y del procedimiento Administrativo Común.

puestos u otras contribuciones de derecho público, salvo dentro de los límites determinados por la Ley".

Ello lo corrobora la Ley de Honduras, que establece que los órganos de la Administración no pueden, mediante actos de carácter general, "establecer penas, ni prestaciones personales obligatorias, salvo aquellos casos en que expresamente lo autorice la Ley" (art. 40,c).

En sentido similar, la Ley General de la Administración Pública de Costa Rica dispone:

"Art. 124. Los reglamentos, circulares, instrucciones y demás disposiciones administrativas de carácter general no podrá establecer penas ni imponer exacciones, tasas, multas ni otras cargas similares".

De la norma de la legislación venezolana, sin embargo, resulta, en principio, la posibilidad de "delegación legislativa" en materia de reserva legal lo cual ha sido admitido, por ejemplo, en materia de determinación de tasas por servicios y de establecimiento de infracciones[13].

Por último, debe advertirse que el ámbito de la reserva legal también puede plantearse constitucionalmente en las relaciones entre los actos de gobierno y los actos administrativos. Así, cuando las Constituciones, por ejemplo, atribuyen al Presidente de la República la potestad de restringir o suspender las garantías constitucionales, la consecuencia directa es la restricción o suspensión de la reserva legal, y por tanto, la "ampliación" de potestades "legislativas" del Presidente de la República[14]. En esos casos, los Decretos-Leyes que dicte el Presidente de la República deben estar fundamentados en el decreto de restricción o suspensión, pues de lo contrario tendr-

---

13. En estos casos, la jurisprudencia venezolana ha atribuido a estos reglamentos dictados en materias de reserva legal con autorización expresa del legislador, incluso, rango legal. *Vid.* Sentencia de la Corte Suprema de Justicia en Sala Político Administrativa de 27 de enero de 1971, en Allan R. Brewer Carías, *Jurisprudencia de la Corte Suprema 1953-1974 y Estudios de Derecho Administrativo,* t. III, vol. 1, Caracas, 1976, pp. 135 y 136.

14. *Vid.* En Allan R. Brewer-Carías, "Les garantíes constitucionnelles...", *loc. cit.,* p. 49.

ían que ser considerados como simples actos administrativos que no podrían invadir la reserva legal.

III. EL RESPETO DE LOS ACTOS ADMINISTRATIVOS REGLAMENTARIOS

Pero es evidente que el principio de la legalidad, aplicado a los actos administrativos, no solo implica sumisión a la Constitución y a la Ley, sino también respeto a los propios actos normativos dictados por la Administración, es decir, que los actos administrativos individuales deben estar sometidos, como condición de legalidad, a lo prescrito por los actos administrativos reglamentarios.[*]

Es el principio conocido como el de la inderogabilidad singular de los Reglamentos, el cual desarrollado desde hace años por la jurisprudencia francesa[15], ha encontró consagración positiva expresa en España, en la Ley de Régimen Jurídico de la Administración del Estado (1957), y en la actualidad en la Ley 30/1992, la cual dispone que "las resoluciones administrativas de carácter particular no podrán vulnerar lo establecido en una disposición de carácter general, aunque aquellas tengan grado igual o superior a éstas" (art. 52.2).

El principio también se ha regulado en Venezuela, en la Ley de Procedimientos Administrativos, que prescribe lo siguiente:

"Art. 13. Ningún acto administrativo podrá violar lo establecido en otro de superior jerarquía; ni los de carácter particular vulnerar lo establecido en una disposición administrativa de carácter general, aun cuando fuesen dictados por autoridad igual o superior a la que dictó la disposición general".

---

* Véase Allan R. Brewer-Carías, "Los actos administrativos normativos como fuente del derecho en Venezuela, con especial referencia a los reglamentos ejecutivos, en Jaime Rodríguez Arana Muñoz et al. (Editores), *El acto administrativo como fuente del derecho administrativo en Iberoamérica (Actas del VIII Foro Iberoamericano de Derecho Administrativo)*, Congrex SA, Panamá 2009, pp. 767-784.

15. *Vid.* en J. M. Auby y R. Drago, *Traité de Contentieux Administratif*, París, 1984, t. 2, pp. 355-358.

En sentido similar, la Ley General de la Administración Pública de Costa Rica establece el principio así:

"Art. 13.1. La Administración estará sujeta, en general, a todas las normas escritas y no escritas del ordenamiento administrativo, y al derecho privado supletorio del mismo, sin poder derogarlos ni desaplicarlos para casos concretos.

2. La regla anterior se aplicará también en relación con los reglamentos, sea que éstos provengan de la misma autoridad, sea que provengan de otra superior o inferior competente".

De estas normas, entre otras, deriva la obligación que tienen los órganos administrativos, al dictar actos administrativos individuales, de respetar los reglamentos, o en otros términos, la prohibición de la derogación singular de los reglamentos en la resolución de un caso individual. Esto implica no sólo la obligación de respeto de los reglamentos dictados por órganos administrativos superiores, sino la obligación de los órganos administrativos, al dictar un acto individual, de observar sus propios reglamentos (*Tu patere legem quam fecisti*), e incluso, la obligación de los órganos administrativos en la resolución de casos individuales, de observar lo establecido con carácter reglamentario por órganos de inferior jerarquía.

Este principio del respeto de los actos administrativos normativos por los actos administrativos individuales, sin duda, tienen su fundamento último en el principio de la igualdad y no discriminación, que resultaría violado si se permitiera la resolución individual de asuntos al margen de las disposiciones reglamentarias.

Desde el punto de vista práctico, las normas mencionadas implican que si se dicta una Resolución reglamentaria por un Ministro, no sólo este funcionario no puede vulnerarla con sus actos administrativos individuales, sino que el Presidente de la República tampoco puede vulnerar dicha disposición general, con un acto individual. En esta forma, si el Ministro quiere apartarse de su acto reglamentario para decidir un caso concreto, no puede hacerlo sin antes modificar el acto reglamentario, mediante otro acto reglamentario; es decir, tiene que reformar el reglamento y luego adoptar la decisión individual conforme a la reforma. Lo mismo sucede respecto de los actos del órgano superior si existe una Resolución Ministerial de carácter reglamentario, no puede el Presidente de la República mediante un Decreto individual, modificar el acto reglamentario ministerial; tendría que dictar previamente un Decreto reglamentario cambiando el régimen, para luego dictar el acto individual[16].

IV. EL RESPETO DE LA JERARQUÍA DE LOS ACTOS ADMINISTRATIVOS Y EL PARALELISMO DE LAS FORMAS

Pero además del respeto de los actores reglamentarios, el principio de la legalidad aplicado a los actores administrativos impone a los órganos administrativos el respeto de la jerarquía de los propios órganos y actos, particularmente cuando se trata de actos administrativos individuales. Como lo ha establecido la Ley española de Régimen Jurídico de las Administraciones Públicas y del Procedimiento Administrativo Común de 1992, "Ninguna disposición administrativa podrá vulnerar los preceptos de otra de grado superior" (art. 51.2), por lo que los actos administrativos dictados por órganos interiores en la jerarquía administrativa no pueden violar o desconocer lo establecido en actos individuales dictados por órganos de jerarquía superior.

A los efectos de dar mayor efectividad al principio, en algunos casos, las leyes de procedimiento administrativo han establecido expresamente la jerarquía de los actos administrativos, conforme a la jerarquía de los órganos administrativos. Es el caso de la Ley venezolana que prescribe que los actos administrativos tienen la siguiente jerarquía: "decretos, resoluciones, órdenes, providencias y otras decisiones dictadas por órganos y autoridades administrativas" (art. 14)[17].

---

16. Vid. Allan R. Brewer-Carías, *El Derecho Administrativo y la Ley Orgánica de Procedimientos Administrativos*, Caracas, 1985, pp. 41-42.

17. La Ley además, define cada uno de estos actos así:

    Art. 15. Los decretos son las decisiones de mayor jerarquía dictadas por el Presidente de la República y, en su caso, serán refrendados por aquél o aquellos Ministros a quienes corresponda la materia, o por todos, cuando la decisión haya sido tomada en Consejo de Ministros. En el primer caso, el Presidente de la República cuando a su juicio la

Por interpretación a contrario del principio del respeto de la jerarquía de los actos administrativos, resulta evidente que la Administración puede, en principio, revisar, derogar, modificar o revocar sus propios actos administrativos, siempre que ello se haga por el mismo órgano que lo emanó o por el superior jerárquico, salvo que la Ley haya prescrito una desconcentración mediante asignación exclusiva de competencia al órgano inferior.

En cuanto a los actos administrativos reglamentarios, por tener por objeto situaciones jurídicas generales e impersonales, los mismos pueden siempre ser modificados o derogados por la misma autoridad que los dictó, en cuyo caso, en principio, debe respetarse el principio denominado del paralelismo de las formas, es decir, que el acto reglamentario modificatorio o derogatorio del anterior debe ser dictado respetándose las mismas formalidades y formas prescritas por la Ley que se siguieron en la formulación del acto inicial. El mismo principio, por supuesto, se aplica en materia de modificación o revocación de actos administrativos individuales, en los casos en los cuales tal modificación o revocación pueda producirse, siempre que no se lesionen derechos adquiridos[18].

---

importancia del asunto lo requiera, podrá ordenar que sea refrendado, además, por otros Ministros.

Art. 16. Las resoluciones son decisiones de carácter general o particular adoptadas por los Ministros por disposición del Presidente de la República o por disposición específica de la ley.

Las resoluciones deben ser suscritas por el Ministro respectivo.

Cuando la materia de una Resolución corresponda a más de un Ministro, deberá ser suscrita por aquellos a quienes concierna el asunto.

Art. 17. Las decisiones de los órganos de la Administración Pública Nacional, cuando no les corresponda la forma de decreto o Resolución, conforme a los artículos anteriores tendrán la denominación de orden o providencia administrativa. También, en su caro, podrán adoptar las formas de instrucciones o circulares.

18. *Vid.* G. Isaac, *La Procédure Administrative non Contentieuse,* París, 1968, p. 306.

CAPÍTULO II

LA IMPORTANCIA DE LA POSITIVIZACIÓN DE LOS PRINCIPIOS DEL PROCEDIMIENTO ADMINISTRATIVO*

Las leyes de procedimiento administrativo, en todos los países donde se han dictado, comenzaron a darle un nuevo enfoque al objeto de la disciplina, la Administración Pública, al regular con amplitud y precisión tanto su actividad sustantiva como los aspectos centrales de su relación con los administrados, regulándose entonces el conjunto de situaciones jurídicas en las cuales se encuentran tanto la Administración como los administrados en sus relaciones recíprocas, es decir, el conjunto de poderes, prerrogativas y obligaciones de la Administración, por una parte; y por la otra, los derechos y obligaciones de los particulares en sus relaciones con aquella.

Siendo ese el sentido central de la regulación de las leyes, las mismas cambiaron totalmente la situación tradicional de estas relaciones entre Administración y particular, en la cual el balance estaba a favor de la Administración, con amplias regulaciones sobre sus poderes, potestades y prerrogativas y las obligaciones de los administrados, y pocas sobre sus derechos. Ese balance fue el que cambió sustancialmente a partir de la sanción de las leyes de procedimiento administrativo buscándose entonces una situación de equilibrio entre poderes de la Administración y derechos de los particulares, que se garantizan. Ello, por otra parte, es la esencia del principio de la legalidad y de las regulaciones jurídicas sobre la Administración: el equilibrio que tiene que existir entre poderes y prerrogativas administrativas y derechos de los particulares.

Al cambiar totalmente el balance de esos dos extremos y establecerse un equilibrio, las leyes de procedimiento administrativo, al establecer formas generales de la actuación de la Administración, originaron en todos los países un cambio de actitud y de forma y método de actuar de la Administración, a los efectos de lograr que dejara de ser la Administración prepotente que sólo concedía dádi-

---

* Este capítulo no estaba en el texto original de la obra de 1990.

vas o favores al administrado, quien por su parte, no tenía derechos, ni cómo reclamarlos y era aplastado y a veces vejado por la Administración. Con las nuevas leyes se sentaron las bases para que ello cambiara, pues del administrado que la Administración iba a enfrentar ya no era uno indefenso, sino uno bien armado con muchos derechos legales y con muchos mecanismos jurídicos para garantizar esos derechos y controlar cualquier actitud que significara la desmejora de esas garantías.

Por tanto, en todos los países de América Latina, la motivación central de estos cuerpos normativos reguladores tanto del procedimiento como de los actos administrativos, ha sido, por una parte, el establecimiento de un régimen de la acción de la Administración para la producción de sus actos administrativos y por la otra, la previsión de un régimen de garantías de los administrados frente a la Administración. Estas leyes reflejan, por ello, como se ha dicho anteriormente, la lucha permanente que ha caracterizado al propio derecho administrativo, dirigida a la búsqueda de un balance entre los privilegios de la Administración y los derechos de los particulares. De allí que las mismas regulen el desarrollo de la actividad de la Administración para obtener la adecuada satisfacción de los intereses públicos, y además, busquen que los derechos de los administrados estén debidamente garantizados.

Por ello, por ejemplo, en los Considerandos de la Ley de Honduras de 1987 se señala que en el Estado Moderno:

> La satisfacción de los intereses públicos exige el respeto de las formas creadas como garantía de los derechos de los particulares frente a la actividad administrativa.

Asimismo, en los Considerandos del Decreto 500/991 de Uruguay, se precisó la motivación de todo su conjunto normativo, al establecer que tiene por objeto regular la actuación de la Administración:

> A fin de servir con objetividad los intereses generales con sometimiento pleno al Derecho y para mejor tutelar los derechos e intereses legítimos de los administrados.

De ello resulta este rasgo común de las regulaciones sobre procedimientos administrativos, de buscar el mejor cumplimiento de los fines de la Administración y servir con objetividad los intereses generales y, a la vez, tutelar los derechos e intereses de los particulares. Eso lo señala expresamente, por ejemplo tanto el artículo 1º de la Ley 9.784 de Brasil, como el artículo III (finalidad) del Título Preliminar de la Ley 27.444 del Perú.

Pero además, también puede identificarse como otra motivación general de las leyes de procedimiento administrativo al establecer las formas de la actuación de la Administración en sus relaciones con los particulares, que se realice con el menor formalismo posible. Por ello, en los mismos Considerandos del Decreto uruguayo se señaló, también, que el texto tiene por objeto agilizar y dar flexibilidad al procedimiento administrativo, "evitando la realización o exigencias de trámites, formulismos o recaudos innecesarios o arbitrarios que compliquen o dificulten su desenvolvimiento".

I. LA ENUMERACIÓN DE LOS PRINCIPIOS DEL PROCEDIMIENTO ADMINISTRATIVO EN LAS LEYES LATINOAMERICANAS

Una característica general de estas leyes de procedimiento administrativo en América Latina, es la enumeración en el propio texto de las leyes, del conjunto de principios generales sobre los mismos,[19] los cuales, por tanto, no se tienen que deducir por interpretación, permitiendo así, al juez contencioso administrativo o de control de la actividad administrativa, tener más precisas herramientas de control sobre la actuación administrativa. Incluso, en algunos casos, los principios se han establecido con rango constitucional, como es el caso de la Constitución de Venezuela de 1999, en cuyo artículo 141 se precisa que:

19　Véase en general sobre este tema, lo que hemos expuesto en los siguientes trabajos: Allan R. Brewer-Carías, *Principios del procedimiento administrativo,* Prólogo de Eduardo García de Enterría, Editorial Civitas, Madrid 1990; *Les principes de la procédure administrative non contentieuse. Études de Droit Comparé (France, Espagne, Amérique Latine),* Prólogo de Frank Moderne, Editorial Economica, París 1992; también publicado en *Etudes de droit public comparé,* Académie International de Droit Comparé, Ed. Bruylant, Bruxelles 2001, pp. 161-274 ; y *Principios del Procedimiento en América Latina,* Universidad del Rosario, Editorial Legis, Bogotá 2003.

Artículo 141: La Administración Pública está al servicio de los ciudadanos y se fundamenta en los principios de honestidad, participación, celeridad, eficacia, eficiencia, transparencia, rendición de cuentas y responsabilidad en el ejercicio de la función pública, con sometimiento pleno a la ley y al derecho.

Pero en general, ha sido en las leyes de procedimiento administrativo donde se han enumerado estos principios.

Se destaca, como ejemplo la Ley de Honduras, en cuyos Considerandos se precisó que "la actividad administrativa debe estar presidida por principios de economía, simplicidad, celeridad y eficacia que garanticen la buena marcha de la Administración", a fin de lograr una pronta y efectiva satisfacción del interés general (art. 19).

Asimismo, la Ley argentina expresamente señaló en su artículo 1,b, que los principios que rigen en el procedimiento administrativo, son la "celeridad, economía, sencillez y eficacia en los trámites".

En el caso de Venezuela, además de los principios de celeridad, economía, sencillez y eficacia, la Ley Orgánica de Procedimientos Administrativos agregó el principio de imparcialidad (art. 30) y, adicionalmente, la Ley de Simplificación de Trámites Administrativos de 1999, reformada en 2008 enumeró los siguientes principios en los cuales se debe fundamentar la simplificación de trámites administrativos: "conforme a los cuales se deben elaborar los planes de simplificación, que son: "simplicidad, transparencia, celeridad, eficacia, eficiencia, rendición de cuentas, solidaridad, presunción de buena fe del interesado o interesada, responsabilidad en el ejercicio de la función pública, desconcentración en la toma de decisiones por parte de los órganos de dirección y su actuación debe estar dirigida al servicio de las personas."

Estos principios los repitió el artículo 10 de la Ley Orgánica de la Administración Pública de 2001, reformada en 2008, al precisar que su actividad se debe desarrollar con base en "los principios de economía, celeridad, simplicidad, rendición de cuentas, eficacia, eficiencia, proporcionalidad, oportunidad, objetividad, imparcialidad, participación, honestidad, accesibilidad, uniformidad, modernidad, transparencia, buena fe, paralelismo de la forma y responsabilidad en el ejercicio de la misma, con sometimiento pleno a la ley y al derecho, y con supresión de las formalidades no esenciales." A la norma se agregó, además, la indicación de que "La simplificación de los trámites administrativos, así como la supresión de los que fueren innecesarios será tarea permanente de los órganos y entes de la Administración Pública, de conformidad con los principios y normas que establezca la ley correspondiente."

En Ecuador, igualmente, la Ley de Modernización del Estado precisó que los procesos de modernización se deben sujetar a los principios de eficiencia, agilidad, transparencia, coparticipación en la gestión pública y solidaridad social.

En la Ley Federal de México, se siguió la misma orientación del texto colombiano, y se agregó a la enumeración, también, el principio de la buena fe (art. 13).

En el Código de Colombia, además de todos estos principios, ron en la reforma de 2011 Código (art. 3) se agregaron los "del debido proceso, igualdad, imparcialidad, buena fe, moralidad, participación, responsabilidad, transparencia, publicidad, coordinación, eficacia, economía y celeridad," definiéndolos así:

1. En virtud del principio del debido proceso, las actuaciones administrativas se adelantarán de conformidad con las normas de procedimiento y competencia establecidas en la Constitución y la ley, con plena garantía de los derechos de representación, defensa y contradicción. En materia administrativa sancionatoria, se observarán adicionalmente los principios de legalidad de las faltas y de las sanciones, de presunción de inocencia, de no *reformatio in pejus y non bis in idem.*

2. En virtud del principio de igualdad, las autoridades darán el mismo trato y protección a las personas e instituciones que intervengan en las actuaciones bajo su conocimiento. No obstante, serán objeto de trato y protección especial las personas que por su condición económica, física o mental se encuentran en circunstancias de debilidad manifiesta.

3. En virtud del principio de imparcialidad, las autoridades deberán actuar teniendo en cuenta que la finalidad de los procedimientos consiste en asegurar y garantizar los derechos de todas las personas sin discriminación alguna y sin tener en consideración factores de afecto o de interés y, en general, cualquier clase de motivación subjetiva.

4. En virtud del principio de buena fe, las autoridades y los particulares presumirán el comportamiento leal y fiel de unos y otros en el ejercicio de sus competencias, derechos y deberes.

5. En virtud del principio de moralidad, todas las personas y los servidores públicos están obligados a actuar con rectitud, lealtad y honestidad en las actuaciones administrativas.

6. En virtud del principio de participación, las autoridades promoverán y atenderán las iniciativas de los ciudadanos, organizaciones y comunidades encaminadas a intervenir en los procesos de deliberación, formulación, ejecución, control y evaluación de la gestión pública.

7. En virtud del principio de responsabilidad, las autoridades y sus agentes asumirán las consecuencias por sus decisiones, omisiones o extralimitación de funciones, de acuerdo con la Constitución, las leyes y los reglamentos.

8. En virtud del principio de transparencia, la actividad administrativa es del dominio público, por consiguiente, toda persona puede conocer las actuaciones de la administración, salvo reserva legal.

9. En virtud del principio de publicidad, las autoridades darán a conocer al público y a los interesados, en forma sistemática y permanente, sin que medie petición alguna, sus actos, contratos y resoluciones, mediante las comunicaciones, notificaciones y publicaciones que ordene la ley, incluyendo el empleo de tecnologías que permitan difundir de manera masiva tal información de conformidad con lo dispuesto en este Código. Cuando el interesado deba asumir el costo de la publicación, esta no podrá exceder en ningún caso el valor de la misma.

10. En virtud del principio de coordinación, las autoridades concertarán sus actividades con las de otras instancias estatales en el cumplimiento de sus cometidos y en el reconocimiento de sus derechos a los particulares.

11. En virtud del principio de eficacia, las autoridades buscarán que los procedimientos logren su finalidad y, para el efecto, removerán de oficio los obstáculos puramente formales, evitarán decisiones inhibitorias, dilaciones o retardos y sanearán, de acuerdo con este Código las irregularidades procedimentales que se presenten, en procura de la efectividad del derecho material objeto de la actuación administrativa.

12. En virtud del principio de economía, las autoridades deberán proceder con austeridad y eficiencia, optimizar el uso del tiempo y de los demás recursos, procurando el más alto nivel de calidad en sus actuaciones y la protección de los derechos de las personas.

13. En virtud del principio de celeridad, las autoridades impulsarán oficiosamente los procedimientos, e incentivarán el uso de las tecnologías de la información y las comunicaciones, a efectos de que los procedimientos se adelanten con diligencia, dentro de los términos legales y sin dilaciones injustificadas.

En la línea enumerativa amplia, con anterioridad, en el Decreto del Uruguay, se había establecido en su artículo 2, que la Administración Pública debe servir con objetividad los intereses generales con sometimiento pleno al derecho y debe actuar de acuerdo a los siguientes principios generales: a) Imparcialidad; b) Legalidad objetiva; c) Impulsión de oficio; d) Verdad material; e) Economía, celeridad y eficacia; f) Informalismo en favor del administrado; g) Flexibilidad, materialidad y ausencia de ritualismos; h) Delegación material; i) Debido procedimiento; j) Contradicción; k) Buena fe, lealtad y presunción de verdad salvo prueba en contrario; l) Motivación de la decisión; y m) Gratuidad.

En el mismo sentido se destaca la Ley de Brasil, la cual destinó al tema de los principios del procedimiento administrativo un extenso artículo (art. 2), en el cual se enumeran además de un conjunto de criterios que deben guiar los procedimientos administrativos, los "principios da legalidade, finalidade, motivaçao, razoabilidade, proporcionalidade, moralidade, ampla defesa, contraditório, segurança juridica, interesse público e eficiência."

Con la Ley N° 27444 del Procedimiento Administrativo General del Perú de 2001, se produjo un avance fundamental en este proceso de positivización de los principios del procedimiento administrativo, al precisar en el artículo IV del Título Preliminar que el procedimiento administrativo, sin perjuicio de la vigencia de otros principios general del derecho administrativo, se sustenta fundamentalmente en los siguientes principios, que se enumeran a título enunciativo y no taxativo: principio de legalidad; principio del debido procedimiento; principio del impulso de oficio; principio de razonabilidad; principio de imparcialidad; principio de informalismo; principio de presunción de veracidad; principio de conducta procedimental; principio de celeridad; principio de eficacia; principio de verdad material; principio de participación; principio de simplicidad; principio de uniformidad; principio de predictibilidad; principio de privilegio de controles posteriores. Específicamente, el artículo IV.1 de dicha Ley dispuso que el procedimiento administrativo se sustenta fundamentalmente en los siguientes principios (que se enumeran sin tener carácter taxativo), sin perjuicio de la vigencia de otros principios generales del Derecho Administrativo:

1.1. *Principio de legalidad*.- Las autoridades administrativas deben actuar con respeto a la Constitución, la ley y al derecho, dentro de las facultades que le estén atribuidas y de acuerdo con los fines para los que les fueron conferidas.

1.2. *Principio del debido procedimiento*.- Los administrados gozan de todos los derechos y garantías inherentes al debido procedimiento administrativo, que comprende el derecho a exponer sus argumentos, a ofrecer y producir pruebas y a obtener una decisión motivada y fundada en derecho. La institución del debido procedimiento administrativo se rige por los principios del Derecho Administrativo. La regulación propia del Derecho Procesal Civil es aplicable sólo en cuanto sea compatible con el régimen administrativo.

1.3. *Principio de impulso de oficio*.- Las autoridades deben dirigir e impulsar de oficio el procedimiento y ordenar la realización o práctica de los actos que resulten convenientes para el esclarecimiento y resolución de las cuestiones necesarias.

1.4. *Principio de razonabilidad*.- Las decisiones de la autoridad administrativa, cuando creen obligaciones, califiquen infracciones, impongan sanciones, o establezcan restricciones a los administrados, deben adaptarse dentro de los límites de la facultad atribuida y manteniendo la debida proporción entre los medios a emplear y los fines públicos que deba tutelar, a fin de que respondan a lo estrictamente necesario para la satisfacción de su cometido.

1.5. *Principio de imparcialidad*.- Las autoridades administrativas actúan sin ninguna clase de discriminación entre los administrados, otorgándoles tratamiento y tutela igualitarios frente al procedimiento, resolviendo conforme al ordenamiento jurídico y con atención al interés general.

1.6. *Principio de informalismo.*- Las normas de procedimiento deben ser interpretadas en forma favorable a la admisión y decisión final de las pretensiones de los administrados, de modo que sus derechos e intereses no sean afectados por la exigencia de aspectos formales que puedan ser subsanados dentro del procedimiento, siempre que dicha excusa no afecte derechos de terceros o el interés público.

1.7 *Principio de presunción de veracidad.*- En la tramitación del procedimiento administrativo, se presume que los documentos y declaraciones formulados por los administrados en la forma prescrita por esta Ley, responden a la verdad de los hechos que ellos afirman. Esta presunción admite prueba en contrario.

1.8 *Principio de conducta procedimental.*- La autoridad administrativa, los administrados, sus representantes o abogados y, en general, todos los partícipes del procedimiento, realizan sus respectivos actos procedimentales guiados por el respeto mutuo, la colaboración y la buena fe. Ninguna regulación del procedimiento administrativo puede interpretarse de modo tal que ampare alguna conducta contra la buena fe procesal.

1.9. *Principio de celeridad.*- Quienes participan en el procedimiento deben ajustar su actuación de tal modo que se dote al trámite de la máxima dinámica posible, evitando actuaciones procesales que dificulten su desenvolvimiento o constituyan meros formalismos, a fin de alcanzar una decisión en tiempo razonable, sin que ello releve a las autoridades del respeto al debido procedimiento o vulnere el ordenamiento.

1.10. *Principio de eficacia.*- Los sujetos del procedimiento administrativo deben hacer prevalecer el cumplimiento de la finalidad del acto procedimental, sobre aquellos formalismos cuya realización no incida en su validez, no determinen aspectos importantes en la decisión final, no disminuyan las garantías del procedimiento, ni causen indefensión a los administrados. En todos los supuestos de aplicación de este principio, la finalidad del acto que se privilegie sobre las formalidades no esenciales deberá ajustarse al marco normativo aplicable y su validez será una garantía de la finalidad pública que se busca satisfacer con la aplicación de este principio.

1.11. *Principio de verdad material.*- En el procedimiento, la autoridad administrativa competente deberá verificar plenamente los hechos que sirven de motivo a sus decisiones, para lo cual deberá adoptar todas las medidas probatorias necesarias autorizadas por la ley, aun cuando no hayan sido propuestas por los administrados o hayan acordado eximirse de ellas. En el caso de procedimientos trilaterales la autoridad administrativa estará facultada a verificar por todos los medios disponibles la verdad de los hechos que le son propuestos por las partes, sin que ello signifique una sustitución del deber probatorio que corresponde a éstas. Sin embargo, la autoridad administrativa estará obligada a ejercer dicha facultad cuando su pronunciamiento pudiera involucrar también al interés público.

1.12. *Principio de participación*.- Las entidades deben brindar las condiciones necesarias a todos los administrados para acceder a la información que administren, sin expresión de causa, salvo aquellas que afectan la intimidad personal, las vinculadas a la seguridad nacional o las que expresamente sean excluidas por ley; y extender las posibilidades de participación de los administrados y de sus representantes, en aquellas decisiones públicas que les puedan afectar, mediante cualquier sistema que permita la difusión, el servicio de acceso a la información y la presentación de opinión.

1.13. *Principio de simplicidad*.- Los trámites establecidos por la autoridad administrativa deberán ser sencillos, debiendo eliminarse toda complejidad innecesaria; es decir, los requisitos exigidos deberán ser racionales y proporcionales a los fines que se persigue cumplir.

1.14. *Principio de uniformidad*.- La autoridad administrativa deberá establecer requisitos similares para trámites similares, garantizando que las excepciones a los principios generales no serán convertidos en la regla general. Toda diferenciación deberá basarse en criterios objetivos debidamente sustentados.

1.15. *Principio de predictibilidad*.- La autoridad administrativa deberá brindar a los administrados o sus representantes información veraz, completa y confiable sobre cada trámite, de modo tal que a su inicio, el administrado pueda tener una conciencia bastante certera de cuál será el resultado final que se obtendrá.

1.16. *Principio de privilegio de controles posteriores*.- La tramitación de los procedimientos administrativos se sustentará en la aplicación de la fiscalización posterior; reservándose la autoridad administrativa, el derecho de comprobar la veracidad de la información presentada, el cumplimiento de la normatividad sustantiva y aplicar las sanciones pertinentes en caso que la información presentada no sea veraz.

Sobre estos principios, la norma del artículo IV.2 de la Ley peruana agregó que los mismos deben servir también de criterio interpretativo para resolver las cuestiones que puedan suscitarse en la aplicación de las reglas de procedimiento, como parámetros para la generación de otras disposiciones administrativas de carácter general, y para suplir los vacíos en el ordenamiento administrativo.

Una enunciación similar, de carácter exhaustivo, se puede encontrar también en la Ley de Bolivia de 2002, en la cual el artículo 4 enumera e incluso define los siguientes principios a los que debe sujetarse la Administración Pública:

a) *Principio fundamental*: El desempeño de la función pública está destinado exclusivamente a servir los intereses de la colectividad;

b) *Principio de autotutela*: La Administración Pública dicta actos que efectos sobre los ciudadanos y podrá ejecutar según corresponda por sí misma sus propios actos, sin perjuicio del control judicial posterior;

c) *Principio de sometimiento pleno a la ley*: La Administración Pública sus actos con sometimiento pleno a la ley, asegurando a los administrados el debido proceso;

d) *Principio de verdad material*: La Administración Pública investigará la verdad material en oposición a la verdad formal que rige el procedimiento civil;

e) *Principio de buena fe*: En la relación de los particulares con la Administración Pública se presume el principio de buena fe. La confianza, la cooperación y la lealtad en la actuación de los servidores públicos y de los ciudadanos; orientarán el procedimiento administrativo;

f) *Principio de imparcialidad*: Las autoridades administrativas actuarán en defensa del interés general, evitando todo género de discriminación o diferencia entre los administrados;

g) *Principio de legalidad y presunción de legitimidad*: Las actuaciones de la Administración Pública por estar sometidas plenamente a la Ley, se presumen legítimas, salvo expresa declaración judicial en contrario;

h) *Principio de jerarquía normativa*: La actividad y actuación administrativa y, particularmente las facultades reglamentarias atribuidas por esta Ley, observarán la jerarquía normativa establecida por la Constitución Política del Estado y las leyes;

i) *Principio de control judicial*: El Poder Judicial, controla la actividad de la Administración Pública conforme a la Constitución Política del Estado y las normas legales aplicables;

j) *Principio de eficacia*: Todo procedimiento administrativo debe lograr su finalidad, evitando dilaciones indebidas;

k) *Principio de economía, simplicidad y celeridad*: Los procedimientos administrativos se desarrollarán con economía, simplicidad y celeridad, evitando la realización de trámites, formalismos o diligencias innecesarias;

l) *Principio de informalismo*: La inobservancia de exigencias formales no esenciales por parte del administrado, que puedan ser cumplidas posteriormente, podrán ser excusadas y ello no interrumpirá el procedimiento administrativo;

m) *Principio de publicidad*: La actividad y actuación de la Administración es pública, salvo que ésta u otras leyes la limiten;

n) *Principio de impulso de oficio*: La Administración Pública está obligada a impulsar el procedimiento en todos los trámites en los que medie el interés público;

o) *Principio de gratuidad*: Los particulares sólo estarán obligados a realizar prestaciones personales o patrimoniales en favor de la Administración Pública, cuando la Ley o norma jurídica expresamente lo establezca; y,

p) *Principio de proporcionalidad*: La Administración Pública actuará con sometimiento a los fines establecidos en la presente Ley y utilizará los medios adecuados para su cumplimiento.

En la Ley N° 38 de Panamá de 2000, entre las misiones de la Procuraduría de la Administración se indica la "coadyuvar a que la Administración Pública desarrolle su gestión con estricto apego a los principios de legalidad, calidad, transparencia, eficiencia, eficacia y moralidad en la prestación de los servicios públicos" (art. 3,2); y luego en su artículo 34 se precisa que "las actuaciones administrativas en todas las entidades públicas se efectuarán con arreglo a normas de informalidad, imparcialidad, uniformidad, economía, celeridad y eficacia, garantizando la realización oportuna de la función administrativa, sin menoscabo del debido proceso legal, con objetividad y con apego al principio de estricta legalidad."

Por último, en la Ley N° 19.880 de Procedimientos administrativos de Chile de 2003, también se indica que el procedimiento administrativo estará sometido a los principios de escrituración, gratuidad, celeridad, conclusivo, economía procedimental, contradictoriedad, imparcialidad, abstención, no formalización, inexcusabilidad, impugnabilidad, transparencia y publicidad (Art. 4).

Estos principios, además, como lo señala el artículo 2 de la Ley de Brasil, deben servir como criterio interpretativo para resolver las cuestiones que puedan suscitarse en la aplicación de las normas de procedimiento. En el mismo sentido, se regula en la Ley de Honduras (art. 19 y 114) y la Ley del Perú (artículo IV del Título preliminar), donde se señaló no sólo que los principios deben servir de criterio interpretativo para resolver las cuestiones que puedan suscitarse en la aplicación de las reglas de procedimiento, sino además, como parámetros para la generación de otras disposiciones administrativas de carácter general, y para suplir los vacíos en el ordenamiento administrativo.

Por ello, una enumeración extensísima de principios del procedimiento administrativo, como la contenida en las leyes de Brasil, de Uruguay y de Perú, sin duda, como se dijo, tiene la ventaja de permitir al juez contencioso-administrativo ejercer un control más efectivo y con mayor amplitud en relación con la actividad administrativa.

Pero por supuesto, mucho más importante que la sola enumeración de los principios, es la definición en los textos legales del contenido de los mismos, como ocurre con el artículo 4 de la Ley de Bolívia ates mencionado. Es lo que hacen el Código colombiano (art. 2) y más extensamente, la Ley del Perú, en la cual su artículo IV,1.2 del Título Preliminar dispuso que los administrados deben gozar de todos los derechos y garantías inherentes al debido procedimiento administrativo, el cual se rige por los principios de derecho administrativo, que comprende el derecho a exponer sus argumentos, a ofrecer y producir pruebas y a obtener una decisión motivada y fundada en derecho.

Por otra parte, al referirse al principio de celeridad, el mismo artículo 2 del Código colombiano señala que en virtud del mismo:

> Las autoridades tendrán el impulso oficioso de los procedimientos, suprimirán los trámites innecesarios, utilizarán formularios para actuaciones en serie cuando la naturaleza de ellas lo haga posible y sin que ello releve a las autoridades de la obligación de considerar todos los argumentos y pruebas de los interesados.

La Ley del Perú, por su parte, en relación con este mismo principio de celeridad, dispuso en el artículo IV, 1.9 del Título Preliminar, como obligación para quienes participan en el procedimiento, el que deben ajustar su actuación de tal modo que:

> Se dote al trámite de la máxima dinámica posible, evitando actuaciones procesales que dificulten su desenvolvimiento o constituyan meros formalismos, a fin de alcanzar una decisión en tiempo razonable, sin que ello releve a las autoridades del respeto al debido procedimiento o vulnere el ordenamiento.

Por otra parte, en cuanto al principio de la eficacia, la norma del Código colombiano señala que el mismo tiene por objeto lograr la finalidad del procedimiento "removiendo de oficio los obstáculos puramente formales y evitando decisiones inhibitorias".

La Ley del Perú, en relación con este principio de la eficacia, en el mismo artículo IV del Título Preliminar, es aún más explícita, al señalar:

> 1.10 Principio de eficacia. Los sujetos del procedimiento administrativo deben hacer prevalecer el cumplimiento de la finalidad del acto procedimental, sobre aquellos formalismos cuya realización no incida en su validez, no determinen aspectos importantes en la decisión final, no disminuyan las garantías del procedimiento, ni causen indefensión a los administrados.
>
> En todos los supuestos de aplicación de este principio, la finalidad del acto que se privilegie sobre las formalidades no esenciales deberá ajustarse al marco normativo aplicable y su validez será una garantía de la finalidad pública que se busca satisfacer con la aplicación de este principio.

En cuanto al principio de imparcialidad, la Ley 19880 de Chile dispone que "La Administración debe actuar con objetividad y respetar el principio de probidad consagrado en la legislación, tanto en la substanciación del procedimiento como en las decisiones que adopte" (Art 11)

En todos estos casos, sin duda, como hemos destacado, al precisarse el contenido de los principios, el Juez contencioso-administrativo dispone de mayores elementos para poder ejercer su competencia de control sobre la actuación de la Administración.

No debe olvidarse, sin embargo, que en América Latina, antes de que se comenzaran a dictar las leyes generales sobre procedimientos administrativos, la mayoría de los principios antes mencionados, se habían venido construyendo, con la ayuda de la doctrina y sin texto normativo expreso, como consecuencia de la labor del juez contencioso-administrativo. Por ello es que el derecho administrativo en América Latina puede dividirse en las dos etapas antes mencionadas: antes y después de las leyes que han regulado todos esos principios, los cuales, antes, habían sido creación de la jurisprudencia, y delineados por la doctrina. En todo caso, a medida que estos principios se han ido estableciendo en textos legales expresos, se han reforzado los instrumentos que le han permitido al juez ejercer con mayor precisión el control de legalidad, catapultándose, en consecuencia, tanto la jurisprudencia como la doctrina.

Por ejemplo, el que se encuentre en el Decreto uruguayo y en las Leyes de Perú, Venezuela y Bolivia, la enunciación expresa del principio de la buena fe puede considerarse como una revolución en el régimen jurídico de la Administración Pública, porque en la práctica de algunas Administraciones Públicas, lamentablemente, lo que existe de parte de los funcionarios es una especie de presunción de que el administrado actúa de mala fe, por lo que usualmente busca obstaculizar sus pretensiones; y el administrado, por su parte, con frecuencia responde a esta actitud, buscando engañar a la Administración.

El principio de la buena fe, al contrario, tiene que convertirse en el instrumento que pueda garantizarle al particular que puede confiar en la Administración y en el funcionario, y viceversa. En consecuencia, encontrar este principio expresamente consagrado en el derecho positivo permite al Juez poder controlar más la actuación de la Administración.

En relación con este principio de la buena fe, la Ley del Perú lo enunció, dentro del principio de conducta procedimental (art. IV, Título Preliminar), así:

1.8 Principio de conducta procedimental. La autoridad administrativa, los administrados, sus representantes o abogados y, en general, todos los partícipes del procedimiento, realizan sus respectivos actos procedimentales guiados por el respeto mutuo, la colaboración y la buena fe. Ninguna regulación del procedimiento administrativo puede interpretarse de modo tal que ampare alguna conducta contra la buena fe procesal.

Incluso, en la Ley venezolana sobre Simplificación de Trámites Administrativos (2008) se formula el principio de que:

Artículo 23: De acuerdo con la presunción de buena fe, en todas las actuaciones que se realicen ante la Administración Pública, se tomará como cierta la declaración de las personas interesadas, salvo prueba en contrario. A tal efecto, los trámites administrativos deben rediseñarse para lograr el objetivo propuesto en la generalidad de los casos.

Este principio, por otra parte, se recogió como "presunción de veracidad" en el artículo 3° del Decreto N° 266 de 2000 de Colombia sobre simplificación de trámites.

Ahora bien, entre los principios del procedimiento administrativo que ya puede considerarse que conforman un estándar en Latinoamérica, se destacan el principio de eficacia, el principio de la celeridad y el principio de la buena fe.

Por último, debe mencionarse la Ley No. 107-13 de Procedimientos Administrativos de la República Dominicana de 2013, que contiene una enumeración de principios del procedimiento administrativo que hasta cierto punto se aparta de la línea definida en las leyes precedentes, apuntando más hacia la garantía del debido proceso. En tal sentido, el artículo 3 de dicha Ley dispone:

Artículo 3. Principios de la actuación administrativa. En el marco del respeto al ordenamiento jurídico en su conjunto, la Administración Pública sirve y garantiza con objetividad el interés general y actúa, especialmente en sus relaciones con las personas, de acuerdo con los siguientes principios:

1. *Principio de juridicidad*: En cuya virtud toda la actuación administrativa se somete plenamente al ordenamiento jurídico del Estado.

2. *Principio de servicio objetivo a las personas*: Que se proyecta a todas las actuaciones administrativas y de sus agentes y que se concreta en el respeto a los derechos fundamentales de las personas, proscribiendo toda actuación administrativa que dependa de parcialidades de cualquier tipo.

3. *Principio promocional*: Expresado en la creación de las condiciones para que la libertad y la igualdad de oportunidades de las personas y de los grupos en que se integran sean reales y efectivos, removiendo los obstáculos que impidan su cumplimiento y fomentando igualmente la participación.

4. *Principio de racionalidad*: Que se extiende especialmente a la motivación y argumentación que debe servir de base a la entera actuación administrativa. La Administración debe actuar siempre a través de buenas decisiones administrativas que valoren objetivamente todos los intereses en juego de acuerdo con la buena gobernanza democrática.

5. *Principio de igualdad de trato*: Por el que las personas que se encuentren en la misma situación serán tratados de manera igual, garantizándose, con expresa motivación en los casos concretos, las razones que puedan aconsejar la diferencia de trato.

6. *Principio de eficacia*: En cuya virtud en los procedimientos administrativos las autoridades removerán de oficio los obstáculos puramente formales, evitarán la falta de respuesta a las peticiones formuladas, las dilaciones y los retardos.

7. *Principio de publicidad de las normas*, de los procedimientos y del entero quehacer administrativo: En el marco del respeto del derecho a la intimidad y de las reservas que por razones acreditadas de confidencialidad o interés general sea pertinente en cada caso.

8. *Principio de seguridad jurídica*, de previsibilidad y certeza normativa: Por los cuales la Administración se somete al derecho vigente en cada momento, sin que pueda variar arbitrariamente las normas jurídicas y criterios administrativos.

9. *Principio de proporcionalidad*: Las decisiones de la Administración, cuando resulten restrictivas de derechos o supongan un efecto negativo para las personas, habrán de observar el principio de propor-

cionalidad, de acuerdo con el cual los límites o restricciones habrán de ser aptos, coherentes y útiles para alcanzar el fin de interés general que se persiga en cada caso; deberán ser necesarios, por no hallarse un medio alternativo menos restrictivo y con igual grado de eficacia en la consecución de la finalidad pública que pretenda obtenerse; y, finalmente, habrán de ser proporcionados en sentido estricto, por generar mayores beneficios para el interés general y los intereses y derechos de los ciudadanos, que perjuicios sobre el derecho o libertad afectado por la medida restrictiva.

10. *Principio de ejercicio normativo del poder*: En cuya virtud la Administración Pública ejercerá sus competencias y potestades dentro del marco de lo que la ley les haya atribuido, y de acuerdo con la finalidad para la que se otorga esa competencia o potestad, sin incurrir en abuso o desviación de poder, con respeto y observancia objetiva de los intereses generales.

11. *Principio de imparcialidad e independencia*: El personal al servicio de la Administración Pública deberá abstenerse de toda actuación arbitraria o que ocasione trato preferente por cualquier motivo y actuar en función del servicio objetivo al interés general, prohibiéndose la participación de dicho personal en cualquier asunto en el que él mismo, o personas o familiares próximos, tengan cualquier tipo de intereses o pueda existir conflicto de intereses.

12. *Principio de relevancia*: En cuya virtud las actuaciones administrativas habrán de adoptarse en función de los aspectos más relevantes, sin que sea posible, como fundamento de la decisión que proceda, valorar únicamente aspectos de escasa consideración.

13. *Principio de coherencia*: Las actuaciones administrativas serán congruentes con la práctica y los antecedentes administrativos salvo que por las razones que se expliciten por escrito sea pertinente en algún caso apartarse de ellos.

14. *Principio de buena fe*: en cuya virtud las autoridades y los particulares presumirán el comportamiento legal de unos y otros en el ejercicio de sus competencias, derechos y deberes.

15. *Principio de confianza legítima*: En cuya virtud la actuación administrativa será respetuosa con las expectativas que razonablemente haya generado la propia Administración en el pasado.

16. *Principio de asesoramiento*: El personal al servicio de la Administración Pública deberá asesorar a las personas sobre la forma de presentación de las solicitudes y su tramitación.

17. *Principio de responsabilidad*: Por el que la Administración responderá de las lesiones en los bienes o derechos de las personas ocasionados como consecuencia del funcionamiento de la actividad administrativa. Las autoridades y sus agentes asumirán las consecuencias de sus actuaciones de acuerdo con el ordenamiento jurídico.

18. *Principio de facilitación*: Las personas encontrarán siempre en la Administración las mayores facilidades para la tramitación de los asuntos que les afecten, especialmente en lo referente a identificar al funcionario responsable, a obtener copia sellada de las solicitudes, a conocer el estado de tramitación, a enviar, si fuera el caso, el procedimiento al órgano competente, a ser oído y a formular alegaciones o a la referencia a los recursos susceptibles de interposición.

19. *Principio de celeridad*: En cuya virtud las actuaciones administrativas se realizarán optimizando el uso del tiempo, resolviendo los procedimientos en plazo razonable que, en todo caso, no podrá superar los dos meses a contar desde la presentación de la solicitud en el órgano correspondiente, salvo que la legislación sectorial indique un plazo mayor. En especial, las autoridades impulsarán oficiosamente los procedimientos e incentivarán el uso de las tecnologías de la información y las comunicaciones a los efectos de que los procedimientos se tramiten con diligencia y sin dilaciones injustificadas, de manera escrita o a través de técnicas y medios electrónicos.

20. *Principio de protección de la intimidad*: De forma que el personal al servicio de la Administración Pública que maneje datos personales respetará la vida privada y la integridad de las personas, prohibiéndose el tratamiento de los datos personales con fines no justificados y su transmisión a personas no autorizadas.

21. *Principio de ética*: En cuya virtud todo el personal al servicio de la Administración Pública así como las personas en general han de actuar con rectitud, lealtad y honestidad.

22. *Principio de debido proceso*: Las actuaciones administrativas se realizarán de acuerdo con las normas de procedimiento y competencia establecidas en la Constitución y las leyes, con plena garantía de los derechos de representación, defensa y contradicción.

II. El PRINCIPIO DE EFICACIA

El principio de eficacia puede decirse que se incluye expresamente en todas las leyes de procedimiento administrativo de América Latina, expresamente incluido en las leyes de Argentina (art. 1), de Venezuela (art. 30), de Honduras (art. 19), de Brasil (art. 2) de México (art. 13), en el Decreto de Uruguay (art. 2), y de República Dominicana (art. 3.6).

Una definición precisa del principio de la eficacia, como se ha dicho, se encuentra en el Código colombiano (art. 3), en la Ley de Bolivia (art. 4,j), y en la Ley de Perú (art. IV, 10,1), en los cuales se privilegia en el procedimiento administrativo, el logro de su finalidad, para lo cual deben removerse, incluso de oficio (art. 3.6, Ley República Dominicana), todos los obstáculos formales y dilaciones innecesarias; debiendo prevalecer dicho logro sobre los formalismos siempre que no incidan en su validez ni disminuyan las garantías de los administrados.

Sobre este principio de la eficacia, el artículo 19 de Ley Orgánica de la Administración Pública de Venezuela dispone que la actividad de los órganos y entes de la Administración Pública debe perseguir el cumplimiento eficaz de los objetivos y metas fijados en las normas, planes y compromisos de gestión, bajo la orientación de las políticas y estrategias establecidas por el Presidente de la República, la Comisión Central de Planificación, el gobernador, o el alcalde, según el caso (art. 19). Para ello, el funcionamiento de los órganos y entes de la Administración Pública, se debe sujetar a las políticas, estrategias, metas y objetivos que se establezcan en los respectivos "planes estratégicos, compromisos de gestión y lineamientos dictados conforme a la planificación centralizada," y debe comprender el seguimiento de las actividades, así como la evaluación y control del desempeño institucional y de los resultados alcanzados (art. 18).

Por su parte, en relación con este principio, la Ley de Honduras prescribe que "las cuestiones incidentales que se suscitaren en el procedimiento, incluso las que se refieren a la nulidad de actuaciones, no suspenderán el curso del procedimiento, salvo la recusación" (art. 39), lo que en esta materia conlleva al principio de la conservación, del saneamiento o de la convalidación de los actos administrativos, precisamente a los efectos de que los procedimientos puedan lograr su finalidad.

En consecuencia, el logro del fin propuesto es lo que siempre debe orientar el desarrollo del procedimiento; fin que está vinculado, como se ha señalado, tanto al interés general, como al interés de la Administración y del administrado. El objetivo del procedimiento administrativo, en definitiva, es la satisfacción de esos fines en el menor tiempo y con el menor costo posible; de allí este principio de la eficacia, el cual además, conlleva varios otros entre los cuales se destacan el principio de la instrumentalidad; el principio de simplicidad y de la economía procedimental; el principio de la presunción de la legalidad y validez, es decir, el del logro de los efectos de los actos, comenzando por la presunción de su validez y eficacia; el principio *favor acti*; el principio de la conservación del acto; el principio *pro actione* o de la interpretación más favorable a lo solicitado, a la acción o al requerimiento.

1. *El principio de la instrumentalidad: el objeto y la finalidad del procedimiento*

El principio de la instrumentalidad exige interpretar el procedimiento administrativo, no como un fin en sí mismo, sino como un instrumento o cauce para alcanzar el fin perseguido por la Administración.

Esa finalidad del procedimiento, como se dijo, puede desdoblarse en tres, tal y como lo precisan las leyes de procedimiento administrativo: primero, la consecución del interés general; segundo, la satisfacción del interés del administrado, y tercero, el logro del interés de la propia Administración en la relación jurídica concreta.

Siendo el procedimiento un asunto de la Administración, se destaca la finalidad de "establecer el régimen jurídico aplicable para que la actuación de la Administración sirva a la protección del interés general" (art. III, Título Preliminar, Ley del Perú), o en otras palabras, tiene por objeto asegurar que el desempeño de la función pública esté destinado exclusivamente a servir los intereses de la colectividad (art. 4,a, Ley de Bolivia), o que el cumplimiento de la acción administrativa esté vinculada al logro de un interés general (art. 209 Código de Colombia). Por ello, la Ley de Honduras establece que los principios del procedimiento administrativo buscan "garantizar la buena marcha de la Administración" (Considerandos); y la Ley General de Costa Rica precisa que "el procedimiento administrativo servirá para asegurar el mejor cumplimiento posible de los fines de la Administración" (art. 214,1); agregando que "la norma administrativa deberá ser interpretada en la forma que mejor garantice la realización del fin público a que se dirige" (art. 10).

Por su parte, el Código colombiano exige que los funcionarios deben tener en cuenta "que la actuación administrativa tiene por objeto el cumplimiento de los cometidos estatales como lo señalan las leyes, la adecuada prestación de los servicios públicos y la efectividad de los derechos e intereses de los administrados, reconocidos por la ley" (art. 2).

Pero además del logro de los fines propios del interés general que orientan la acción administrativa, el procedimiento tiene por finalidad la protección de los derechos e intereses de los administrados. Esto, como se ha mencionado, está expresado en la Ley General de Costa Rica, donde se precisa que el procedimiento administrativo debe desarrollarse, "con respeto para los derechos subjetivos e intereses legítimos del administrado."(art. 10,1 y 214,1); en la de Honduras, la cual establece que el procedimiento se regula "como garantía de los derechos de los particulares frente a la actividad administrativa" (Considerandos). En igual sentido, se expresa el artículo III, Título Preliminar de la Ley del Perú, y en Código colombiano se exige de los funcionarios que en su actuación también tengan en cuenta "la efectividad de los derechos e intereses de los administrados" (art. 2).

La consecuencia del principio de la instrumentalidad, es la proscripción de cualquier utilización del procedimiento establecido en las leyes para la consecución de fines distintos a los previstos en las leyes, de manera que su utilización para fines distintos vicia la actuación de la Administración por desviación de poder en el resultado, es decir, desviación del procedimiento.

2. Los principios pro accione y favor acti (favor administrationis)

Teniendo el procedimiento administrativo entre sus finalidades, por una parte la satisfacción de las pretensiones de los administrados y por la otra, el logro de los fines públicos establecidos en la ley, el principio de eficacia implica que mismo también debe estar guiado por otros dos principios paralelos: el principio *pro actione* y el principio *favor acti*.

El principio *pro actione* implica la necesidad de que las solicitudes se interpreten a favor de quien solicita la petición, y está consagrado expresamente en la legislación de Costa Rica cuando establece que las normas de procedimiento "deberán interpretarse en forma favorable a la admisión y decisión final de las peticiones" (art. 224).

En cuanto a la admisión de la solicitud o de las peticiones presentadas por los interesados, el principio tiene consecuencias concretas en el caso de la legislación de Colombia (art. 11), de Bolivia (art. 43), de Venezuela, (art. 45) de Honduras (art. 115), de Panamá (art. 76), y del Perú (arts. 125 y 126), pues la Administración está obligada a advertir a los particulares los errores o las omisiones que puedan tener las peticiones, para que dichos errores u omisiones no conlleven su inadmisibilidad.

Como consecuencia, no se puede negar la petición que haga un administrado por causa de una omisión, sino que la Administración está obligada advertirle los errores, para que el particular los corrija.

Pero como se ha dicho, el procedimiento administrativo tiene ante todo por finalidad el logro de los fines de la Administración, de la cual surge otro principio también derivado del principio de eficacia, que es el principio *favor acti* el cual implica que la Administración debe interpretar el procedimiento de manera que sea favorable a la emisión del acto administrativo, es decir, a la obra de la Administración. Por tanto, ante el no acatamiento de elementos formales en el procedimiento, debe preferirse evitar la ineficacia o plantear una ineficacia parcial, que concluir con la ineficacia total del acto. Es decir, el procedimiento debe interpretarse de manera que efectivamente pueda haber una decisión, sin que la falta de cumplimiento de determinadas formalidades afecten el acto y la propia voluntad de la Administración.

Este principio *favor acti* o también, *favor administrationis*, por ejemplo, tiene relación con el tema del funcionario de hecho, los cuales se han definido en la Ley de Costa Rica, como "el que hace lo que el servidor público regular, pero sin investidura o con una investidura inválida o ineficaz, aún fuera de situaciones de urgencia o de cambios ilegítimos de gobierno" (art. 115). Si reúnen las condiciones prescritas en la Ley General, prescribe su artículo 116: "los actos de un funcionario de hecho serán válidos aunque perjudiquen al administrado y aunque éste tenga conocimiento de la irregularidad de la investidura de aquél", quedando la Administración "obligada o favorecida ante terceros por virtud de los mismos" (art. 116).

3. *Los principios de la simplicidad y economía procedimental*

El principio de la eficacia, conlleva también a la necesidad de racionalizar la actividad administrativa, originando además, otros principios, como el de la simplicidad (normalización o uniformización) que ha sido definido en la Ley del Perú, en su artículo IV del Título Preliminar, como sigue:

1.13 Principio de simplicidad. Los trámites establecidos por la autoridad administrativa deberán ser sencillos, debiendo eliminarse toda complejidad innecesaria; es decir, los requisitos exigidos deberán ser racionales y proporcionales a los fines que se persigue cumplir.

1.14 Principio de uniformidad. La autoridad administrativa deberá establecer requisitos similares para trámites similares, garantizando que las excepciones a los principios generales no serán convertidos en la regla general. Toda diferenciación deberá basarse en criterios objetivos debidamente sustentados.

Indica, además la Ley del Perú, que en todo caso, los procedimientos administrativos se deben desarrollar "de oficio, de modo sencillo y eficaz, sin reconocer formas determinadas, fases procesales, momentos procedimentales rígidos para realizar determinadas actuaciones o responder a precedencia entre ellas", (art. 144); y la Ley de Bolivia precisa que "los procedimientos administrativos se desarrollarán con economía, simplicidad y celeridad, evitando la realización de trámites, formalismos o diligencias innecesarias"(RT. 4, K).

La Ley venezolana sobre Simplificación de Trámites Administrativos de 2008, por su parte, establece sobre este mismo principio, que:

> Artículo 21. El diseño de los trámites administrativos debe realizarse de manera que los mismos sean claros, sencillos ágiles, racionales, pertinentes, útiles y de fácil entendimiento para las personas, a fin de mejorar las relaciones de éstos con la Administración Pública, haciendo eficiente y eficaz su actividad.

Además, la mencionada Ley, al desarrollar el principio de la simplicidad, transparencia, celeridad y eficacia de la actividad de la Administración señala que la Administración Pública no puede exigir requisitos adicionales a los contemplados en la normativa vigente, salvo los que se establezcan en los instrumentos normativos que se dicten en ejecución de dicha Ley (art. 10). Con carácter general, además, se dispone que los órganos y entes de la Administración Pública no pueden exigir para trámite alguno, la presentación de copias certificadas actualizadas de partidas de nacimiento, matrimonio o defunción, así como de cualquier otro documento público, salvo los casos expresamente establecidos por ley (art. 17). Adicionalmente, se dispone que los órganos y entes de la Administración Pública no pueden exigir copias certificadas de la partida de nacimiento como requisito para el cumplimiento de una determinada tramitación, cuando sea presentada la cédula de identidad, salvo los casos expresamente establecidos por ley (art. 18).

Por otra parte, se dispone que los órganos y entes de la Administración Pública, en virtud del principio de cooperación que debe imperar en sus relaciones interorgánicas, deben implementar bases de datos automatizadas de fácil acceso y no pueden exigir la presentación de copias certificadas o fotocopias de documentos que la Administración Pública tenga en su poder, o de los que tenga la posibilidad legal de acceder (art. 11).

Además, en aras de la simplicidad, la Ley agrega que los órganos y entes, en el ámbito de sus competencias, deben eliminar las autorizaciones innecesarias, solicitudes excesivas de información de detalle y, en general, la exigencia de trámites que entorpezcan la actividad administrativa (art. 13).

Por último, el artículo 14 de la Ley dispone en particular, que los órganos y entes de la Administración Pública deberán identificar y disponer la supresión de los requisitos y permisos no previstos en la Ley, que limiten o entraben el libre ejercicio de la actividad económica o la iniciativa privada.

Otro principio general derivado de la simplicidad es el principio de la economía procedimental, que se menciona en la generalidad de las leyes de procedimiento, como las leyes argentina (art. 7), hondureña (art. 19), venezolana (art. 30), uruguaya (art. 2) y mexicana (art. 13), y conlleva la necesidad de que los asuntos se decidan administrativamente con celeridad, en la forma más rápida posible, economizando lapsos y al menor costo posible.

El principio ha sido desarrollado ampliamente en la Ley 19880 de Chile, en la forma siguiente:

> *Artículo 9º. Principio de economía procedimental.* La Administración debe responder a la máxima economía de medios con eficacia, evitando trámites dilatorios.
>
> Se decidirán en un solo acto todos los trámites que, por su naturaleza, admitan un impulso simultáneo, siempre que no sea obligatorio su cumplimiento sucesivo.
>
> Al solicitar los trámites que deban ser cumplidos por otros órganos, deberá consignarse en la comunicación cursada el plazo establecido al efecto.
>
> Las cuestiones incidentales que se susciten en el procedimiento, incluso las que se refieran a la nulidad de actuaciones, no suspenderán la tramitación del mismo, a menos que la Administración, por resolución fundada, determine lo contrario.

De allí el principio general, que deriva del artículo 116 de la Ley de Honduras, conforme al cual "los funcionarios responsables de la tramitación de los expedientes adoptarán las medidas que conduzcan a evitar todo entorpecimiento o demora por innecesarias diligencias".

En el Código colombiano también se encuentra una definición del principio de economía, al exigirse que:

Las normas de procedimiento se utilicen para agilizar las decisiones, que los procedimientos se adelanten en el menor tiempo y con la menor cantidad de gastos de quienes intervienen en ellos, que no se exijan más documentos y copias que los estrictamente necesarios, ni autenticaciones ni notas de presentación personal sino cuando la ley lo ordene en forma expresa. (art. 3).

En el Decreto de Uruguay también se desarrolla el principio al prescribir en su artículo 8 que "en el procedimiento administrativo deberá asegurarse la celeridad, simplicidad y economía del mismo y evitarse la realización o exigencia de trámites, formalismos o recaudos innecesarios o arbitrarios que compliquen o dificulten su desenvolvimiento".

4. *El principio del informalismo*

El procedimiento administrativo, hemos dicho, se configura como un conjunto de actos y actuaciones estrechamente vinculados entre sí, con el objeto de obtener un resultado concreto que, generalmente, se materializa en un acto administrativo. Por ello, en definitiva, el procedimiento administrativo se identifica con el conjunto de formas y formalidades establecidas para guiar la acción de la Administración con miras a la obtención de ese resultado y como garantía de los administrados contra las arbitrariedades de los funcionarios.

Sin embargo, dado el principio de economía y celeridad, es evidente, que la prescripción de formas no puede convertir al procedimiento en un bosque de formalidades que entraben la acción administrativa. Por ello, el principio de eficacia también conlleva al principio el informalismo o del carácter no formalista del procedimiento administrativo.

Este principio, por ejemplo, está expresamente previsto en la Ley argentina de Procedimiento Administrativo en la cual se prescribe que las normas de procedimiento que establece, deben ajustarse al requisito del "informalismo", en el sentido de que debe "excusarse la inobservancia por los interesados de exigencias formales no esenciales y que pueden ser cumplidas posteriormente" (art. 1.c); y en la Ley de Bolivia se define el principio en el sentido de que "la inobservancia de exigencias formales no esenciales por parte del administrado, que puedan ser cumplidas posteriormente, podrán ser excusadas y ello no interrumpirá el procedimiento administrativo" (art. 4,l)

Más precisamente, el Decreto 640 de Uruguay establece que "en el procedimiento administrativo se aplicará el principio del informalismo en favor del administración siempre que se trate de la inobservancia de exigencias formales no esenciales y que puedan ser cumplidas posteriormente" (art. 23). En la Ley del Perú, también se define el principio del informalismo, en forma detallada en el artículo IV, Título Preliminar, así:

> 1.6 Principio de informalismo. Las normas de procedimiento deben ser interpretadas en forma favorable a la admisión y decisión final de las pretensiones de los administrados, de modo que sus derechos e intereses no sean afectados por la exigencia de aspectos formales que puedan ser subsanados dentro del procedimiento, siempre que dicha excusa no afecte derechos de terceros o el interés público.

Por su parte, la Ley N° 19.880 de Chile regula el principio, al que denomina "de la no formalización", en los siguientes términos:

> *Artículo 13. Principio de la no formalización.* El procedimiento debe desarrollarse con sencillez y eficacia, de modo que las formalidades que se exijan sean aquéllas indispensables para dejar constancia indubitada de lo actuado y evitar perjuicios a los particulares.
>
> El vicio de procedimiento o de forma sólo afecta la validez del acto administrativo cuando recae en algún requisito esencial del mismo, sea por su naturaleza o por mandato del ordenamiento jurídico y genera perjuicio al interesado.
>
> La Administración podrá subsanar los vicios de que adolezcan los actos que emita, siempre que con ello no se afectaren intereses de terceros.

Por otra parte, como secuela del principio, la Ley General de la Administración Pública de Costa Rica establece que las normas del procedimiento administrativo "deberán interpretarse en forma favorable a la admisión y decisión final de las peticiones de los administrados". Es en definitiva, el principio *in dubio pro actione* o de la interpretación más favorable al ejercicio del derecho de petición para asegurar más allá de las dificultades de índole formal, una decisión sobre el fondo de la cuestión objeto del procedimiento. En materia de procedimiento administrativo, el principio se traduce en que el formalismo debe ser interpretado en favor del administrado, precisando, la legislación argentina, sin embargo, que "el informalismo no podrá servir para subsanar nulidades que sean absolutas" (art. 224).

En aplicación de este principio, las leyes de procedimiento administrativo, por ejemplo, establecen el deber de los funcionarios administrativos que reciban las peticiones, de advertir a los interesados de las omisiones y de las irregularidades que observen en las mismas, pero sin que puedan negarse a recibirlas (Art. 45 Ley Orgánica Venezuela; art. 11 Código Colombia).

Igualmente, el informalismo en las leyes de procedimiento administrativo conduce al principio de la flexibilidad del procedimiento y de los trámites procedimentales mediante, por ejemplo, la eliminación del principio de la preclusividad de los lapsos y de actos procesales (arts. 23 y 60 de la Ley venezolana); la posibilidad de alegación por parte de los particulares en cualquier momento (art. 62 de la Ley venezolana) si no existe un lapso preciso de contestación la utilización de cualquier tipo de pruebas (art. 58 de la Ley venezolana); y la intrascendencia en la calificación de los recursos (art. 86 de la Ley venezolana), de manera que si el administrado se equivoca en la calificación del recurso que interpone, siempre y cuando de su escrito se deduzca claramente de que tipo de recurso se trata, la Administración no puede rechazarlo y, al contrario, está obligada a interpretarlo en favor del particular y de flexibilizar esta ausencia de cumplimiento del formalismo en la calificación del recurso (art. 213 Ley peruana).

5. *El principio conservatio acti*

El principio del informalismo, conlleva, por otra parte, al principio *conservatio acti,* o principio de la conservación o subsanabilidad de los trámites administrativos y de las actuaciones de los administrados, por ello, la Ley de Honduras establece que cuando un órgano administrativo declare la nulidad de algunas actuaciones, debe disponer "siempre la conservación de aquellos actos y trámites cuyo contenido hubiera permanecido, de no haberse realizado la infracción origen de la nulidad" (art. 39). En igual sentido, se dispone en la Ley peruana, (art. 13.3).

Este principio conduce, por supuesto, a la necesidad de la corrección de errores materiales de los actos administrativos, lo que se encuentra regulado expresamente en las leyes de Venezuela (art. 84), Honduras (art. 128), Costa Rica (art. 157) y Chile (art. 62), siempre que la enmienda no altere lo sustancial del acto o decisión" (art. 128), y como lo indica la Ley del Perú, siempre que la rectificación de los errores sea "con efecto retroactivo" (art. 201,1).

Es precisamente en virtud de este principio de la corrección de errores materiales, que deriva del principio del informalismo y de la economía procedimental, que la Administración no tiene por qué concluir siempre con la revocación del acto incorrecto, pudiendo siempre corregirlo, de oficio o a petición de parte, en cualquier momento. Es un principio de lógica administrativa que, sin embargo, encuentra su expresión formal en estas leyes de procedimiento administrativo, incluso en relación con los actos de los administrados. En tal sentido, la Ley de Honduras dispone que:

> Artículo 115. Para evitar nulidades, la Administración señalará a la parte interesada los defectos de que adolezcan los actos producidos por ésta y ordenará que se subsanen de oficio o por el interesado dentro de un plazo de tres días.

Pero incluso, aún en presencia de vicios o irregularidades más sustanciales en los actos administrativos, que no puedan resolverse con la sola corrección de errores materiales o aritméticos, el principio *conservatio acti*, exige que los vicios que puedan afectarlos formalmente, deban subsanarse siempre que no conlleven su nulidad absoluta, lo que ha originado las técnicas de convalidación, enmienda, saneamiento o conversión de los actos administrativos que se encuentran reguladas en las leyes de procedimiento administrativo para evitar su extinción.

En particular, por ejemplo, conforme a la Ley General de Costa Rica, la convalidación se produce cuando dictado un acto administrativo que sea relativamente nulo por vicio en la forma, en el contenido o en la competencia, se dicta un nuevo acto administrativo que lo convalide, con indicación precisa del vicio y de la corrección (art. 187,2). Sobre esto, la Ley venezolana indica, pura y simplemente, que "la Administración podrá convalidar en cualquier momento los actos anulables, subsanando los vicios de que adolezcan" (art. 81), y en sentido similar se regula en la Ley de Brasil (art. 55), en la Ley de Bolivia (art. 37,1), en la Ley de Panamá (art. 56), y en la Ley de Honduras (art. 126).

La Ley peruana es bien precisa al regular la "enmienda" de los actos administrativos como consecuencia de la "conservación" de los mismos, precisando que cuando el vicio del acto administrativo por el incumplimiento a sus elementos de validez, no sea trascendente, "prevalece la conservación del acto, procediéndose a su enmienda por la propia autoridad emisora" (art. 14.1).

En la legislación argentina, esta convalidación se denomina, en general, "saneamiento" y se desdobla en "ratificación" del acto por el superior jerárquico y "confirmación" por el órgano que dictó el acto (art. 19).

En esta materia, Ley de Honduras, regula en su artículo 127, la "conversión" del acto, al disponer que "el acto nulo que, sin embargo, contenga todos los requisitos constituidos de otro distinto, podrá ser convertido en éste y producirá sus efectos, en su caso, si así lo consistiera el interesado". En este sentido, la Ley argentina también señala que "si los elementos válidos de un acto administrativo nulo permitieren integrar otro que fuere válido, podrá efectuarse su conversión en éste consintiéndolo el administrado". La misma institución de la conversión se regula en la Ley General de Costa Rica (art. 189).

III. EL PRINCIPIO DE CELERIDAD

Otro de los principios generales que se ha formulado en forma expresa en todas las leyes de procedimiento administrativo, es el principio de la celeridad. En efecto, si el procedimiento es un asunto de la Administración, es decir, si la Administración es la responsable del procedimiento, el principio consecuencial establecido en garantía de los particulares, es que debe ser desarrollado con la mayor rapidez y celeridad posible. Como lo establece la Ley peruana en el art. IV del Título Preliminar:

1.9 Principio de celeridad. Quienes participan en el procedimiento deben ajustar su actuación de tal modo que se dote al trámite de la máxima dinámica posible, evitando actuaciones procesales que dificulten su desenvolvimiento o constituyan meros formalismos, a fin de alcanzar una decisión en tiempo razonable, sin que ello releve a las autoridades del respeto al debido procedimiento o vulnere el ordenamiento.

Este principio también encuentra una definición precisa en el Código colombiano, así:

Artículo 3. En virtud del principio de celeridad, las autoridades tendrán el impulso oficioso de los procedimientos, suprimirán los trámites innecesarios, utilizarán formularios para actuaciones en serie cuando la naturaleza de ellas lo haga posible y sin que ello releve a las autoridades de la obligación de considerar todos los argumentos y pruebas de los interesados.

El retardo injustificado es causal de sanción disciplinaria, que se puede imponer de oficio o por queja del interesado, sin perjuicio de la responsabilidad que pueda corresponder al funcionario.

En otras legislaciones también se enuncia, como es el caso por ejemplo, de la Ley General de Costa Rica, donde el artículo 225.1 dispone que el "órgano deberá conducir el procedimiento con la intención de lograr un máximo de celeridad y eficiencia, dentro del respeto al ordenamiento y a los derechos e intereses del administrado," y el artículo 269,1 precisa que la actuación administrativa se debe realizar "con arreglo a normas de economía, simplicidad, celeridad y eficiencia."

En sentido similar, la Ley 19880 de Chile dispone sobre el principio de celeridad, lo siguiente:

Artículo 7°. Principio de celeridad. El procedimiento, sometido al criterio de celeridad, se impulsará de oficio en todos sus trámites.

Las autoridades y funcionarios de los órganos de la Administración del Estado deberán actuar por propia iniciativa en la iniciación del procedimiento de que se trate y en su prosecución, haciendo expeditos los trámites que debe cumplir el expediente y removiendo todo obstáculo que pudiere afectar a su pronta y debida decisión.

En el despacho de los expedientes originados en una solicitud o en el ejercicio de un derecho se guardará el orden riguroso de ingreso en asuntos de similar naturaleza, salvo que por el titular de la unidad administrativa se dé orden motivada en contrario, de la que quede constancia.

Por último, debe mencionarse la Ley de la república Dominicana, en la cual se define el principio de celeridad en la forma siguiente:

> *19. Principio de celeridad*: En cuya virtud las actuaciones administrativas se realizarán optimizando el uso del tiempo, resolviendo los procedimientos en plazo razonable que, en todo caso, no podrá superar los dos meses a contar desde la presentación de la solicitud en el órgano correspondiente, salvo que la legislación sectorial indique un plazo mayor. En especial, las autoridades impulsarán oficiosamente los procedimientos e incentivarán el uso de las tecnologías de la información y las comunicaciones a los efectos de que los procedimientos se tramiten con diligencia y sin dilaciones injustificadas, de manera escrita o a través de técnicas y medios electrónicos.

IV. EL PRINCIPIO DE OFICIALIDAD

Siendo el procedimiento administrativo básicamente, como se ha dicho, un asunto de la Administración, uno de los principios generales establecidos en las leyes de procedimiento administrativo es el principio de la oficialidad, derivado además del carácter del procedimiento administrativo como asunto de la Administración. De allí deriva el principio del impulso de oficio que la Ley de Bolivia define en el sentido de que "la Administración Pública está obligada a impulsar el procedimiento en todos los trámites en los que medie el interés público" (art. 4,n).

1. *El principio de la iniciativa de oficio*

Ello implica que además de los casos en los cuales la Administración puede iniciar de oficio una actuación, si bien es posible y común que el administrado tenga derecho a participar en el procedimiento, por ejemplo, instado a la Administración para iniciar su actividad, siendo esta, en definitiva, un asunto de esta última, una vez desencadenado el procedimiento administrativo, el desarrollo y movilización del mismo está a cargo de la propia Administración, por lo que es a ella a quien le compete, y no a un tercero, impulsarlo de oficio, para la realización de la secuencia de actos que deben concluir con la emisión de un acto administrativo definitivo.

Pero por supuesto, hay procedimientos que sólo pueden iniciarse por exclusivo interés de los particulares, en cuyo caso, la Administración no tiene el deber de proseguirlos por sí sola, por lo que puede darlos por terminados antes del término legal previsto para su conclusión, ante la inercia del interesado, aplicándose aquí lo ya señalado sobre la caducidad de los procedimientos.

Ahora bien, este principio de la oficialidad comprende otros aspectos fundamentales conforme a los cuales se puede sistematizar el análisis de todas las normas de las leyes latinoamericanas en la materia; y éstos son: el principio de la iniciación de oficio (iniciativa oficial), es decir, la posibilidad de que el procedimiento se inicie, además de a instancia de parte, de oficio por la Administración; el principio inquisitivo, como guía de todo el procedimiento administrativo, denominado también principio de instrucción; el principio de imparcialidad; y, el principio de la buena fe.

En esta materia, puede decirse que todas las leyes sobre procedimiento administrativo establecen el principio clásico de que el mismo puede iniciarse de oficio, es decir, por iniciativa de la propia Administración, o a petición de parte, es decir, con base en el ejercicio del derecho de petición. Así lo establecen las leyes de Argentina (art. 1), de México (art. 14), de Uruguay (art. 15), de Honduras (art. 60), de Venezuela (art. 48), de Colombia (art. 28), de Bolivia (art. 39), de Perú (art. 103), de Brasil (art. 5), de Panamá (art. 64), de Chile (Art. 28), y de República Dominicana (art. 22)

Ahora bien, como garantía del derecho de la defensa, las leyes disponen que aún iniciado de oficio y aún siendo el procedimiento tarea de la Administración, esta está obligada a dejar participar en el mismo a los administrados interesados para garantizarles el derecho a la defensa. Así lo precisa, por ejemplo, la Ley Orgánica venezolana al disponer que en los casos de iniciación de oficio, la autoridad administrativa debe notificar a los particulares cuyos derechos subjetivos o intereses legítimos, personales y directos pudieren resultar afectados, concediéndoles un plazo para que expongan sus pruebas y aleguen sus razones (art. 48). Estos principios se recogen además, detalladamente en la Ley peruana, cuyo artículo 104, destinado a regular el inicio de oficio, dispone lo siguiente:

104.1   Para el inicio de oficio de un procedimiento debe existir disposición de autoridad superior que la fundamente en ese sentido, una motivación basada en el cumplimiento de un deber legal o el mérito de una denuncia.

104.2   El inicio de oficio del procedimiento es notificado a los administrados determinados cuyos intereses o derechos protegidos puedan ser afectados por los actos a ejecutar, salvo en caso de fiscalización posterior a solicitudes o a su documentación, acogidos a la presunción de veracidad. La notificación incluye la información sobre la naturaleza, alcance y de ser previsible, el plazo estimado de su duración, así como de sus derechos y obligaciones en el curso de tal actuación.

104.3   La notificación es realizada inmediatamente luego de emitida la decisión, salvo que la normativa autorice que sea diferida por su naturaleza confidencial basada en el interés público.

2. El principio inquisitivo

El otro principio derivado del principio de la oficialidad es el principio inquisitivo, conforme al cual, como lo establece en la Ley argentina, corresponde a la Administración, la "impulsión e instrucción de oficio", sin perjuicio de la participación de los interesados en las actuaciones (art. 1.a).

Este principio también está establecido como principio del procedimiento administrativo, como se dijo, en la Ley de Bolivia (art. 4,n), e igualmente en la Ley del Perú (artículo IV, Título Preliminar), donde se dispone así:

1.3   Principio de impulso de oficio. Las autoridades deben dirigir e impulsar de oficio el procedimiento y ordenar la realización o práctica de los actos que resulten convenientes para el esclarecimiento y resolución de las cuestiones necesarias.

Esta misma expresión se encuentra en las leyes de Brasil (art. 29) y de Costa Rica (art. 222) y, en sentido similar, se desarrolla en la Ley del Perú (art. 159) y en la Ley de la República Dominicana (art. 3.19). De ello deriva el principio de que la Administración debe "impulsar de oficio en todos sus trámites" (art. 64, Ley de Honduras) el procedimiento administrativo, con lo cual la conducción del procedimiento, la prueba y las medidas que puedan adoptarse a lo largo del mismo deben ser iniciativa de la Administración y no requieren el impulso procesal de los interesados, sin perjuicio de que éstos puedan participar en el procedimiento. En consecuencia, la Administración es la responsable de al menos esos tres elementos en el procedimiento: la conducción del procedimiento; la sustanciación del mismo; las pruebas y las medidas preventivas, sin perjuicio de que en cada una de esas fases puedan actuar los particulares.

Por ello, la Ley de Venezuela establece que:

> Artículo 53. La Administración, de oficio o a instancia del interesado, cumplirá todas las actuaciones necesarias para el mejor conocimiento del asunto que deba decidir, siendo de su responsabilidad impulsar el procedimiento en todos sus trámites.

3. *El principio de imparcialidad, igualdad y no discriminación*

El principio de oficialidad que permite a la Administración iniciar y conducir el procedimiento, impone la necesidad de garantizar los derechos de los Administrados, frente a la actuación de los funcionarios, de lo que deriva el principio de la imparcialidad, derivado del principio de igualdad y no discriminación de los administrados. Conforme a este principio, la Administración, en el curso del procedimiento y al decidirlo, no debe tomar partido, ni inclinar la balanza o beneficiar ilegítimamente a una parte en perjuicio de otra, sino que debe tomar su decisión únicamente conforme al ordenamiento jurídico y con la finalidad de interés general que la motiva.

Este principio se ha establecido en la Ley de Bolivia en el sentido de que "las autoridades administrativas actuarán en defensa del interés general, evitando todo género de discriminación o diferencia entre los administrados"(art. 4,f); y se encuentra regulado el Artículo 30 de la Ley venezolana, cuando exige a la Administración tratar en igual forma a todos los particulares y no puede establecer ningún tipo de discriminación respecto de ellos, ni parcializarse por ninguna posición y debe mantener siempre una posición imparcial. El principio se regula también expresamente en la Ley de la República Dominicana (art. 3.11) en la siguiente forma:

> *Artículo 3.5. Principio de igualdad de trato*: Por el que las personas que se encuentren en la misma situación serán tratados de manera igual, garantizándose, con expresa motivación en los casos concretos, las razones que puedan aconsejar la diferencia de trato.

Artículo 3.11. Principio de imparcialidad e independencia: El personal al servicio de la Administración Pública deberá abstenerse de toda actuación arbitraria o que ocasione trato preferente por cualquier motivo y actuar en función del servicio objetivo al interés general, prohibiéndose la participación de dicho personal en cualquier asunto en el que él mismo, o personas o familiares próximos, tengan cualquier tipo de intereses o pueda existir conflicto de intereses.

E igualmente, se regula en el Código colombiano, en la siguiente forma:

Artículo 3. En virtud del principio de imparcialidad la autoridades deberán actuar teniendo en cuenta que la finalidad de los procedimientos consiste en asegurar y garantizar los derechos de todas las personas sin ningún género de discriminación; por consiguiente, deberán darles igualdad de tratamiento, respetando el orden en que actúen ante ellos.

También lo establece, como principio del procedimiento administrativo, el artículo IV del Título Preliminar de la Ley del Perú, así:

1.5 *Principio de imparcialidad.* Las autoridades administrativas actúan sin ninguna clase de discriminación entre los administrados, otorgándole tratamiento y tutela igualitarios frente al procedimiento, resolviendo conforme al ordenamiento jurídico y con atención al interés general.

La Ley 19.880 de Chile también recoge el principio así:

Artículo 11. Principio de imparcialidad. La Administración debe actuar con objetividad y respetar el principio de probidad consagrado en la legislación, tanto en la substanciación del procedimiento como en las decisiones que adopte.

Los hechos y fundamentos de derecho deberán siempre expresarse en aquellos actos que afectaren los derechos de los particulares, sea que los limiten, restrinjan, priven de ellos, perturben o amenacen su legítimo ejercicio, así como aquellos que resuelvan recursos administrativos.

4. El principio de la publicidad

Otro principio fundamental que como contrapeso se erige frente al principio de la oficialidad, es el principio de la publicidad, que conlleva a que los asuntos que se tramitan ante la Administración Pública deben ser públicos y de acceso del público. En tal sentido, en el artículo 16 de la Ley 19.880 de Chile se establece el "principio de transparencia y de publicidad", en la siguiente forma:

> Artículo 16. *Principio de Transparencia y de Publicidad.* El procedimiento administrativo se realizará con transparencia, de manera que permita y promueva el conocimiento, contenidos y fundamentos de las decisiones que se adopten en él.
>
> En consecuencia, salvo las excepciones establecidas por la ley o el reglamento, son públicos los actos administrativos de los órganos de la Administración del Estado y los documentos que le sirvan de sustento o complemento directo o esencial.

Este principio se manifiesta, por supuesto en concreto, respecto de las decisiones de la Administración Pública, como lo regula el Código de Colombia, "en virtud del principio de publicidad, las autoridades darán a conocer sus decisiones mediante las comunicaciones, notificaciones o publicaciones que ordenan este Código y la ley" (art. 3°).

V. EL PRINCIPIO DE LA BUENA FE Y DEL MUTUO RESPETO

Por último, entre las nuevas tendencias del derecho administrativo, aún cuando sólo encuentran regulaciones aisladas en las leyes de procedimiento administrativo, está el principio de la buena fe, como elemento fundamental que debe estar a la base de las relaciones jurídicas entre la Administración Pública y los administrados, que precisamente formaliza el procedimiento administrativo. El mismo implica, como lo precisa la Ley de la República Dominicana que "las autoridades y los particulares presumirán el comportamiento legal de unos y otros en el ejercicio de sus competencias, derechos y deberes" (art. 3.14)

Por ello, el principio de la buena fe, en esta perspectiva debe regir tanto para el administrado como para la Administración, como también lo indica la Ley del Perú (art. IV, 1.8), de manera que entre los deberes del interesado, conforme a la Ley de Brasil, esta "el proceder con lealtad, urbanidad y buena fe", no actuar de modo temerario y "exponer los hechos conforme a la verdad" (art. 4).

Dicho principio lo recoge en general la Ley de Uruguay, así:

Artículo 6º. Las partes, sus representantes y abogados patrocinantes, los funcionarios públicos y, en general, todos los partícipes del procedimiento, ajustarán su conducta al respeto mutuo y a la lealtad y buena fe.

Y en la Ley de Bolivia, en su artículo 4,e, así:

Principio de buena fe: En la relación de los particulares con la Administración Pública se presume el principio de buena fe. La confianza, la cooperación y la lealtad en la actuación de los servidores públicos y de los ciudadanos; orientarán el procedimiento administrativo.

El principio, por lo demás, se encuentra detalladamente regulado en la Ley de Simplificación de Trámites Administrativos de Venezuela de 1999, reformada en 2008 (arts. 9 a 20), donde se regula la "presunción de buena fe del ciudadano," de manera que la Administración, en todas sus actuaciones, "debe tener como cierta la declaración del administrado" (art. 9). Este principio lo recoge expresamente, también, la Ley del Perú, (art. IV, 1.7; art. 42).

La presunción de buena fe, por otra parte, en el procedimiento administrativo se también se manifiesta como presunción de licitud, vinculado a derecho del administrado a la presunción de inocencia, tal como se manifiesta en la Ley de Uruguay cuando habla del procedimiento disciplinario de funcionarios como un procedimiento especial, así:

Artículo 170. El funcionario público sometido a un procedimiento disciplinario tiene derecho al respeto de su honra y al reconocimiento de su dignidad; y se presumirá su inocencia mientras no se establezca legalmente su culpabilidad por resolución firme dictada con la garantía del debido proceso. (Convención Americana de Derechos Humanos, "Pacto de San José de Costa Rica", art. 8 numerales 2 y 11).

Pero en general, en los procedimientos sancionatorios, la Ley peruana define la "presunción de licitud", estableciendo que las entidades "deben presumir que los administrados han actuado apegados a sus deberes mientras no cuenten con evidencia en contrario" (art. 230,9), lo que implica la presunción de que el derecho reclamado por el administrado es justo. Ello ha conducido, también, al principio *favor pro accione* o posición favorable al accionante, el cual debería ser un principio fundamental en materia de procedimiento.

El principio de la buena fe también se recoge en la Ley del Perú, al regular el "principio de la conducta procedimental" (art. IV, Título Preliminar), así:

> 1.8 *Principio de conducta procedimental*. La autoridad administrativa, los administrados, sus representantes o abogados y, en general, todos los partícipes del procedimiento, realizan sus respectivos actos procedimentales guiados por el respeto mutuo, la colaboración y la buena fe. Ninguna regulación del procedimiento administrativo puede interpretarse de modo tal que ampare alguna conducta contra la buena fe procesal.

Ello además, implica el principio de lealtad, por otra parte, també deriva del principio de la buena fe, lo que implica que las partes en el procedimiento no deben ocultar hechos o documentos que les interesen mutuamente, lo que a la vez ha implicado el desarrollo del derecho de acceso a la información en materia administrativa y la reducción de las áreas de confidencialidad en los documentos administrativos, tan importantes en décadas pasadas.

El respeto mutuo que deriva del principio de la buena fe y de la lealtad, por otra parte, comienzan a ser el canal para que la construcción del principio de la confianza legítima, que debe existir como base de la relación jurídica entre la Administración y los administrados, particularmente cuando las actuaciones reiteradas de los funcionarios y de los órganos de la Administración Pública, hacen nacer expectativas jurídicas legítimas en cabeza de los aquellos que la propia Administración debe respetar y que han de ser apreciadas por el juez. De este principio surge, además, el principio de la seguridad jurídica en sus variadas manifestaciones (el principio de la predictibilidad, la proscripción de la *reformatio in pejus*, el principio *non bis in idem*, la presunción de inocencia, y el principio de la irretroactividad) y el principio de la irrevocabilidad de los actos administrativos que, una vez dictados, también por cuestiones de seguridad jurídica, deben mantenerse, salvo los casos de nulidad absoluta.

VI. PRINCIPIO DE LA CONFIANZA LEGÍTIMA

El principio de la confianza legítima se ha venido erigiendo en el derecho administrativo , como uno de los principios básicos que rigen en las relaciones jurídicas que se establecen entre los órganos de la Administración y los particulares, en las cuales, a estos últimos, la conducta de aquella les genera una expectativa legítima y justificada de que responderá o actuará con una determinada y legítima "prestación, una abstención o una declaración favorable a sus intereses,"[20] situación que, por ello, y por el principio de la buena fe que rige en materia administrativa, requiere protección.[21]

Sobre el tema general de la confianza legítima, Pedro J. Coviello ha señalado lo siguiente:

> "La protección de la confianza legítima es el instituto de derecho público, derivado de los postulados del Estado de derecho, de la seguridad jurídica y de la equidad, que ampara a quienes de buena fe creyeron en la validez de los actos (de alcance particular o general, sean administrativos o legislativos), comportamientos, promesas, declaraciones o informes de las autoridades públicas, que sean jurídicamente relevantes y eficaces para configurarla, cuya anulación, modificación, revocatoria o derogación provoca un daño antijurídico en los afecta-

---

20 Véase Hildegard Rondón de Sansó, *El Principio de Confianza Legítima o Expectativa Plausible en el Derecho Venezolano,* Caracas, 2002, p. 3.

21 La Corte Segunda de lo Contencioso Administrativo de Venezuela, por ello, en sentencia 1478 de 10-10-2011 (Caso *Compactadora de Tierra C.A. CODETICA*), al considerar que el principio de la confianza legítima "es concreta manifestación del principio de la buena fe en el ámbito de la actividad administrativa," expresó "que es esencial dentro de la configuración de todo Estado de Derecho, la existencia de cierta certidumbre jurídica, que en el campo del derecho administrativo implica el derecho de todo ciudadano a relacionarse con la Administración dentro de un marco jurídico estable, definible y claro, que le permita anticipar, conocer o esperar, con cierto grado de exactitud, el sentido y alcance verdadero de la actuación administrativa." Véase en http://jca.tsj.gov.ve/decisio-nes/2011/octubre/1478-10-AP42-N-2008-000099-2011-1411.html.

dos, erigiéndose, bajo la observancia de esos componentes, en un derecho subjetivo que puede invocar el administrado..."[22]

La fuente de la confianza legítima, por tanto, puede resultar de cualquier actuación de la Administración, reiterada o no, e incluso de las conductas contractuales de la misma. Como lo resolvió el Tribunal Supremo en Sala Electoral de Venezuela en sentencia No. 98 de 1 de agosto de 2001 (Caso: *Sabino Garbán Flores, Freddy José Leiva, Antonio Sousa Martins y otros vs. Asociación Civil Club Campestre Paracotos*), siguiendo lo expuesto por Hildegard Rondón de Sansó, que el principio de la confianza legítima:

> "no se limita a los actos formales, sino que abarca una amplia gama de conductas del actuar administrativo, tales como: Compromisos formales de carácter contractual o unilateral; promesas, doctrina administrativa; informaciones e interpretaciones; conductas de hecho que hacen esperar de la Administración una acción en un caso determinado; los usos, costumbres o reglas no escritas. (cfr. Rondón de Sansó, Hildegard: El principio de confianza legítima en el derecho venezolano. En: *IV Jornadas Internacionales de Derecho Administrativo "Allan Randoplh Brewer Carías". La relación jurídico-administrativa y el procedimiento administrativo*. Fundación Estudios de Derecho Administrativo. Caracas, 1998). [23]

Este principio de la confianza legítima y de su protección, tiene en todo caso varias vertientes, que pueden estar vinculadas al principio de la seguridad jurídica o, como se ha dicho, al principio de la buena fe, sobre las cuales, por ejemplo, el Tribunal Supremo de Justicia de Venezuela, en Sala Electoral, en la misma sentencia N° 98 de 1 agosto de 2001 (Caso: *Sabino Garbán Flores, Freddy José Leiva, Antonio Sousa Martins y otros vs. Asociación Civil Club Campestre Paracotos*), indicó que:

> "para alguna corriente doctrinaria resulta que el aludido principio ostenta un carácter autónomo, para otra se limita a ser una variante del principio de la buena fe que en general debe inspirar las relaciones jurídicas, incluidas aquellas en las que intervengan una o varias

---

22 Véase Pedro J Coviello, *La protección de la confianza legítima*, LexisNexis,-Abeledo Perrot, Buenos Aires, p. 462.

23 Véase en http://www.tsj.gov.ve/decisiones/selec/Agosto/098-010801-000058.htm.

autoridades públicas. De igual manera, se alega como su fundamento el brocardo *"nemo auditur sua turpitudinem alegans"* o de que nadie puede alegar su propia torpeza (empleado por alguna sentencia española, como señala González Pérez, Jesús: *El principio general de la buena fe en el Derecho Administrativo*. 3° Edición. Editorial Civitas. Madrid, 1999. p. 128), o bien el aforismo *"venire contra factum proprium non valet"* (prohibición de ir contra los actos propios), así como también se invoca en su apoyo el principio de seguridad jurídica."[24]

Así, en general, en unos casos, se vincula el principio de la confianza legítima con el principio de la seguridad jurídica que informa todo modelo de Estado de Derecho, protegiendo las relaciones del Estado cuando se ubica institucionalmente frente a los ciudadanos, ajustándose de forma más armoniosa que otros principios (como el de buena fe, por ejemplo) e informando su actividad para transmitir esa clave de funcionamiento a toda la sociedad.[25]

Conforme a los postulados de la confianza legítima en esta vertiente de seguridad jurídica, las actuaciones de los órganos que ejercen el Poder Público no pueden contrariar la deducción lógica que venga determinada por su conducta y procederes anteriores, y que fomenta la expectativa; conducta que "no está constituida tan sólo de actuaciones, sino que también se conforma con abstenciones y manifestaciones denegatorias u omisiones voluntarias..."[26] Sobre este aspecto del principio de la confianza legítima vinculado a la seguridad jurídica, se ha pronunciado la Sala Político Administrativa del Tribunal Supremo de Justicia de Venezuela en sentencia N°. 514 de 3 de abril de 2001, sentando el criterio de que las actuaciones reiteradas de la Administración Pública hacen nacer a favor de los administrados expectativas jurídicas que han de ser apreciadas

---

24 *Idem.*

25 Véase Edward Colman, *La protección de la confianza legítima en el derecho español y venezolano: Rasgos generales y aplicación de dos supuestos de la actividad administrativa*, FUNEDA, Caracas 2011, pp. 70-74.

26 Véase Hildegard Rondón de Sansó, *El Principio de Confianza Legítima o Expectativa Plausible en el Derecho Venezolano*, Caracas, 2002, p. 3.

por el juez, constituyendo los criterios administrativos, aún cuando puedan ser cambiados, instrumentos idóneos para crear tales expectativas. El argumento sentado en la sentencia indicada se fundamentó en el análisis del artículo 11 de la Ley Orgánica de Procedimientos Administrativos de Venezuela, sobre el cual, la Sala señaló que:

> "...no es más que la aplicación del principio de la irretroactividad de las disposiciones generales a situaciones nacidas con anterioridad a su pronunciamiento. La norma establece igualmente, que la modificación de los criterios no es motivo para la revisión de los actos definitivamente firmes. El artículo 11, brevemente analizado, es considerado como uno de los ejemplos más significativos en la legislación venezolana, del principio de la confianza legítima, con base en el cual, las actuaciones reiteradas de un sujeto frente a otro, en este caso de la Administración Pública, hacen nacer expectativas jurídicas que han de ser apreciadas por el juez y justamente, los criterios administrativos, si bien pueden ser cambiados, son idóneos para crear tales expectativas...".[27]

Es por ello que se ha dicho que "...los cambios de criterio no pueden producirse en forma irracional, brusca, intempestiva, sin preparar debidamente a los destinatarios sobre la posibilidad de los efectos que sobre los mismos recaerán, [...]. por cuanto esto sería violatorio de las expectativas de los ciudadanos de que se continúe aplicando el régimen preexistente..."[28]

La protección de la confianza legítima en esta vertiente se presenta entonces como el principio rector de la relación jurídica que se establece entre los particulares y el Estado, imponiéndole a éste el deber de reconocer el carácter legítimo que tienen las expectativas jurídicas fundadas en sus actuaciones reiteradas y, -en tal sentido-, imponiéndole también el deber de respetarlas, absteniéndose de modificarlas de manera irracional, brusca e intempestiva, sin la de-

---

27 Véase Caso: *The Coca-Cola Company vs. Ministerio de la Producción y el Comercio* en DEL 3-4-2001 en *Revista de Derecho Público*, Editorial Jurídica Venezolana, N° 85-88, 2001. pp. 231-232.

28 Véase Hildegard Rondón de Sansó, *El Principio de Confianza Legítima o Expectativa Plausible en el Derecho Venezolano*, Caracas, 2002, p. 25.

bida preparación en relación con los efectos que se generarán. Esta vertiente del principio se ha desarrollado básicamente en el ámbito judicial[29] pero también en materia administrativa con base en la aplicación del artículo 11 de la Ley Orgánica de Procedimiento Administrativos de Venezuela; y ha quedado recogido en la Ley de Procedimiento Administrativo de la república Dominicana al regular expresamente el "Principio de seguridad jurídica, de previsibilidad y certeza normativa" conforme al cual, "la Administración se somete al derecho vigente en cada momento, sin que pueda variar arbitrariamente las normas jurídicas y criterios administrativos"(art. 3.8)

Esta, la de la seguridad jurídica, como se dijo, es una vertiente del principio de la confianza legítima, que por supuesto no es la única que existe en el derecho público, pues ha abarcado también aspectos más amplios derivados de la buena fe, que es un principio que además tiene consagración expresa en el artículo de la 10 de la Ley Orgánica de la Administración Pública de Venezuela, con el objeto de proteger también las expectativas legítimas que pueda la Administración generar con sus actuaciones (incluso no reiteradas) en cabeza de los particulares con los cuales entra en relación. Se trata, en efecto, de un principio que la jurisprudencia de la Sala Constitucional de Venezuela incluye entre los que informan "de manera superlativa" a la Administración, siendo la enumeración hecha jurisprudencialmente la de los "principios de economía, cele-

---

29 Véase sobre ello Caterina Balasso Tejera, "El principio de protección de la confianza legítima y su aplicabilidad respecto de los ámbitos de actuación del poder público," en *El Derecho Público a los 100 números de la Revista de Derecho Público (1980-2005)*, Editorial Jurídica Venezolana, Caracas 2006, pp. 745 ss. Véase por ejemplo, la sentencia de la Sala de Casación Social del Tribunal Supremo de Justicia de 08-07-2011 (Caso: *Carlos R. Arjón Torres vs. Asociación Cooperativa Seguridad 2050 RC*), en http://www.tsj.gov.ve/decisiones/scs/julio/0789-8711-2011-11-045.html; y la sentencia de la Sala Constitucional N° 2442 de 15-10-2002 (Caso *Pedro Roas Bravo*), e http://www.tsj.gov.ve/decisiones/scon/septiembre/2442-151002-00-0510.%20.htm.

ridad, simplicidad, eficacia, objetividad, imparcialidad, honestidad, transparencia, buena fe, confianza legítima y eficiencia."[30]

De modo que existe también otra concepción de la protección de la confianza legítima, no necesariamente relacionada con la seguridad jurídica, sino con el principio de la buena fe, lo cual ha llevado al Tribunal Supremo de Justicia de Venezuela, en Sala Electoral, en su sentencia No. 82 de 1 de junio de 2004 (Caso *'Visión Emergente' (Visión)*, y siguiendo la doctrina judicial española, a establecer que el mismo "se fundamenta en la confianza que en el ciudadano produce la actuación de la Administración" que se deriva de los:

"signos externos producidos por la Administración lo suficientemente concluyentes, para que induzcan racionalmente a aquél, a confiar en la 'apariencia de legalidad' de una actuación administrativa concreta, moviendo su voluntad a realizar determinados actos e inversiones de medios personales o económicos, que después no concuerdan con las verdaderas consecuencias de los actos que realmente y en definitiva son producidos con posterioridad por la Administración, máxime cuando dicha 'apariencia de legalidad,' que indujo a confusión al interesado, originó en la práctica para éste unos daños o perjuicios que no tiene por qué soportar jurídicamente..." [31]

De esto, como lo resolvió el Tribunal Supremo de Justicia de Venezuela:

"Esa 'apariencia de legalidad' determina entonces que el particular afectado por una actuación administrativa, confiará entonces en que los efectos que ella produce son válidos y legales, y, en caso de apegarse a los mandatos que le dicte la misma, debe presumirse entonces que con la adopción de esa conducta -supuestamente apegada a la legalidad- el ciudadano obtendrá los beneficios prometidos por la Ad-

---

30 Sentencia de la Sala Constitucional N° 1889 de 17 de octubre de 2007 (Caso: *Impugnación de los artículos 449, 453, 454, 455, 456 y 457 de la Ley Orgánica del Trabajo*), en *Revista de Derecho Público*, N° 112, Editorial Jurídica Venezolana, Caracas 2007, p. 435.

31 Véase sentencia de la Sala Electoral del Tribunal Supremo de Justicia N° 82 de 01-06-2004 (Caso *Visión Emergente (VISIÓN)* en http://www.tsj.gov.ve/decisiones/selec/Junio/82-010604-000022.htm

ministración, o evitará los perjuicios advertidos por ella en caso de incumplimiento del mandato."[32]

El principio de la confianza legítima ha sido igualmente considerado en la sentencia de fecha 09 de junio de 1.999, de la Sala de Casación Civil del Tribunal Supremo de Justicia, que sobre el particular indicó que:

"(…) es innegable la existencia de un comportamiento coherente, que en la vida de relación y en el mundo del derecho significa que *"cuando una persona dentro de una relación jurídica, ha suscitado en otra con su conducta una confianza fundada, conforme a la buena fe, en un obrar determinado, según el sentido objetivamente deducido de su conducta anterior, no debe defraudar la confianza suscitada y es inadmisible toda situación incompatible con ella."*[33]

De manera similar, la Sala Político Administrativa del Tribunal Supremo de Justicia de Venezuela en sentencia N° 210 de 9 de marzo de 2010, ha reconocido la vinculación entre la protección de la confianza legítima y el principio de la buena fe, señalando reiteradamente que:

"uno de los principios que rige la actividad administrativa es el principio de confianza legítima, el cual se refiere a la concreta manifestación del principio de buena fe en el ámbito de la actividad administrativa y cuya finalidad es el otorgamiento a los particulares de garantía de certidumbre en sus relaciones jurídico-administrativas. (Vid. sentencia de esta Sala N° 1.171 del 4 de julio de 2007)."[34]

Esta concepción de la confianza legítima vinculada al principio de la buena fe también fue aplicada, por ejemplo, por la Sala Constitucional del Tribunal Supremo de Venezuela en la sentencia No, 937 de 28 de abril de 2003, en la cual, al conocer de una acción de

---

32 *Idem.*

33 Véase sentencia N° 210 del 9 de junio de 1999, Sala de Casación Civil, *Jurisprudencia Ramírez & Garay*, Vol. 155, p. 347.

34 Véase sentencia de la Sala Político-Administrativa del Tribunal Supremo de Justicia N° 210 de 9 de marzo de 2010, publicada el 10 de marzo de 2010 (Caso: *Olga del Valle Ontiveros de Ochoa vs. Comisión de Funcionamiento y Reestructuración del Sistema Judicial*) en http://www.tsj.gov.ve/decisiones/spa/Marzo/00210-10310-2010-2008-0213.html

amparo interpuesta contra la Comisión Nacional de Casinos, Bingos y Máquinas Traganíqueles por un grupo de empresas del ramo, por incumplimiento de lo ordenando en un fallo anterior de esa misma Sala Constitucional, estableció lo siguiente:

> "...se desprende de los autos, que transcurrió con creces el lapso establecido en el fallo tantas veces mencionado, sin que se haya dado cumplimiento a la orden impartida por la Sala, ya que hasta la fecha no se ha regularizado el otorgamiento de licencias y autorizaciones de funcionamiento de las accionantes, mediante el mecanismo previsto en el artículo 25 de la Ley para el Control de los Casinos, Salas de Bingo y Máquinas Traganíqueles, lo cual, constituye una situación fáctica que genera un estado de indefinida incertidumbre y falta de certeza jurídica en cuanto a la conclusión de un procedimiento administrativo, así como una transgresión a la confianza legítima derivada del otorgamiento de las correspondientes autorizaciones."

> "En este contexto es menester señalar que el otorgamiento de los permisos generó expectativas en las accionantes y con ello importantes erogaciones de dinero, con la finalidad de cumplir con los objetivos para los cuales la Administración les confirió tales autorizaciones y" ejercer de esta forma la actividad económica de su preferencia. Por lo cual, la omisión de hacer cumplir los requisitos establecidos en la normativa tendiente a la regularización de la actuación de las accionantes no puede ocasionar perjuicio a quien previamente ha obtenido de la autoridad competente la anuencia para el ejercicio de su actividad, plasmado en actos administrativos, los cuales a pesar de la inhibición de su eficacia, mantenían plena validez, tal como lo apreció esta Sala en su sentencia del 13 de marzo de 2001."[35]

La misma Sala Constitucional en cuanto a la aplicabilidad del principio a las actuaciones de la Administración, en otra sentencia Nº 1252 de 30 de junio de 2004, al declarar sin lugar la demanda de nulidad intentada contra el artículo 199 de la Ley de Impuesto Sobre la Renta, publicada el 28 de diciembre de 2001 (*Gaceta Oficial* Nº 5.566 Extraordinario), estableció lo siguiente:

---

35 Véase en sentencia de la Sala Constitucional Nº 937 de 28 de abril de 2003 (Caso: *Ricardo Javier González Fernández y otros contra la Comisión Nacional de Casinos, Salas de Bingo y Máquinas Traganíqueles*), en http://www.tsj.gov.ve/decisiones/scon/Abril/937-280403-02-2660%20.htm

"...Entre los principios que rigen a la actividad administrativa en general y que resultan aplicables también y en concreto a la actividad de la Administración tributaria, se encuentran los de certeza y seguridad jurídica, los cuales recoge el artículo 299 de la Constitución de 1999 como derivación directa de dicho principio de buena fe en el ámbito de la actividad administrativa. Tales principios están recogidos expresamente en el artículo 12 de la Ley Orgánica de la Administración Pública, cuya finalidad es el otorgamiento a los particulares de garantía de certidumbre en sus relaciones jurídico administrativas."[36]

Esta garantía de certidumbre que deben tener quienes entran en relación con la Administración, y que genera confianza en que realizada una actuación la consecuencia racional de la misma debe respetarse, llevó por ejemplo a la Corte Primera de lo Contencioso Administrativo de Venezuela a pronunciarse en sentencia de 14 de agosto de 2008 (Caso: *Oscar Alfonso Escalante Zambrano vs. Cabildo Metropolitano de Caracas*), sobre el derecho a la estabilidad provisional o transitoria que debe reconocerse a los funcionarios que hubiesen ingresado por designación o nombramiento a un cargo de carrera, sin haber superado previamente el respectivo concurso, dejando sentado el criterio de que al contrario:

"Tal proceder de la Administración constituye una especie de negación a la carrera administrativa a un número ciertamente elevado de personas, que ingresan a los organismos o entes públicos con la expectativa de hacer carrera administrativa, con lo cual no sólo se vulnera el espíritu del constituyente, sino que se infringe el principio de la confianza legítima que tienen los aspirantes a ingresar a la carrera administrativa de que se les ratifique, o se les dé ingreso, a través de un concurso público, tal como lo establece el sistema de función pública venezolano, que da prevalencia a la carrera administrativa por

---

36 Véase en sentencia de la Sala Constitucional N° 1252 de 30 de junio de 2004 (Caso: *demanda de nulidad por razones de inconstitucionalidad contra el artículo 199 de la Ley de Impuesto Sobre la Renta, que se publicó el 28 -12- 2001*, en G.O. N° 5.566 *Extraordinario*), en http://www.tsj.gov.ve/decisiones/scon/Ju-nio/1252-300604-02-0405.htm

encima de los cargos de libre nombramiento y remoción, los cuales ciertamente pueden coexistir, pero, de manera excepcional."[37]

De ello, concluyó la Corte en su sentencia indicando:

"Que el personal que labora actualmente en las distintas administraciones públicas tiene la confianza o expectativa legítima de acceder a la función pública y de hacer carrera administrativa, y que, en consecuencia, les sea respetada la estabilidad absoluta consecuencia de ello."[38]

De todo lo anteriormente expuesto resulta, por tanto, que el principio de la confianza legítima no sólo se vincula al principio de la seguridad jurídica, sino también se vincula, conforme a la doctrina jurisprudencial del Tribunal Supremo, al principio de la buena fe que rige en las relaciones administrativas, y que permite a los particulares que entran en relación jurídica con la Administración tener confianza y expectativa legítima en relación con las propias actuaciones de la Administración.

Tal como lo ha precisado la Ley de la República Dominicana: "la actuación administrativa será respetuosa con las expectativas que razonablemente haya generado la propia Administración en el pasado" (art. 3.15).

VII. REAFIRMACIÓN DEL PRINCIPIO DE LA LEGALIDAD

Al anterior cuadro de principios generales del procedimiento administrativo que en la actualidad ya han sido incorporados en el texto expreso de las leyes de procedimiento administrativo dictadas en América Latina, se une el conjunto de principios relativos a los actos administrativos y a la actuación material de la Administración Pública, mostrando entonces un claro estándar en la materia que ha quedado plasmado en el derecho positivo, y que no sólo que deriva de la interpretación judicial del derecho; con incluso, definiciones legales del acto administrativo, como sucede en la Ley venezolana, donde se lo define como "toda declaración de carácter general o

---

37 Véase en *Revista de Derecho Público,* N° 115, Editorial Jurídica Venezolana, Caracas 2008, p. 576 ss.

38 *Idem.*

particular emitida de acuerdo con las formalidades y requisitos establecidos en la Ley, por los órganos de la Administración Pública" (art. 7). Y en la Ley de Panamá, en cuyo artículo 201, que contiene el "glosario" de la misma, se lo define así:

> 1. *Acto administrativo*. Declaración emitida o acuerdo de voluntad celebrado, conforme a derecho, por una autoridad u organismo público en ejercicio de una función administrativa del Estado, para crear, modificar, transmitir o extinguir una relación jurídica que en algún aspecto queda regida por el Derecho Administrativo.
>
> Todo acto administrativo deberá formarse respetando sus elementos esenciales: competencia, salvo que ésta sea delegable o proceda la sustitución; objeto, el cual debe ser lícito y físicamente posible; finalidad, que debe estar acorde con el ordenamiento jurídico y no encubrir otros propósitos públicos y privados distintos, de la relación jurídica de que se trate; causa, relacionada con los hechos, antecedentes y el derecho aplicable; motivación, comprensiva del conjunto de factores de hecho y de derecho que fundamentan la decisión; procedimiento, que consiste en el cumplimiento de los trámites previstos por el ordena-miento jurídico y los que surjan implícitos para su emisión; y forma, debe plasmarse por escrito, salvo las excepciones de la ley, indicándose expresamente el lugar de expedición, fecha y autoridad que lo emite.

Toda esta positivización de principios y elementos sustantivos de la actividad administrativa ha tenido una consecuencia fundamental en el derecho administrativo, traducida en el reforzamiento del principio mismo de la legalidad con el objeto de asegurar, no sólo el sometimiento de la Administración Pública al derecho, sino garantizar la situación jurídica de los particulares frente a la misma. Por ello precisamente, la Ley sobre Procedimiento Administrativo general del Perú, en el artículo IV, 1.1 del Título Preliminar dispone que:

> Las autoridades administrativas deben actuar con respeto a la Constitución, la ley y al derecho, dentro de las facultades que le estén atribuidas y de acuerdo con los fines para los que les fueron conferidas.

Ello ha implicado que en este caso del principio de legalidad, y precisamente como consecuencia de las propias leyes de procedimiento administrativo, el mismo igualmente ha dejado de ser sólo un principio general del derecho y se ha convertido en un postulado del derecho positivo, cada vez con más frecuencia y precisión, expresado formalmente en los textos. Así sucede por ejemplo en la en la Ley de Bolivia, que hace referencia al "principio de legalidad y presunción de legitimidad" (art. 4,g) y al "principio de sometimiento pleno a la ley" de manera que "la Administración Pública regirá sus actos con sometimiento pleno a la ley, asegurando a los administrados el debido proceso" (art. 4, c); en la Ley N° 9784 de Brasil (1999), que impone como criterio a ser observado en los procedimientos administrativos, "la actuación conforme a la Ley y al derecho" (art. 2, Parágrafo Único, I); en la Ley de Venezuela, en la cual se indica que "la Administración Pública se organiza y actúa de conformidad con el principio de legalidad"(art. 4); en la Ley de la República Dominicana cuando indica que "toda la actuación administrativa se somete plenamente al ordenamiento jurídico del Estado" (principio de juridicidad, art. 3.1); y en la Ley General de Costa Rica al señalar que: "La Administración Pública actuará sometida al ordenamiento jurídico..." (art. 11,1); agregando en su artículo 13, que:

> La Administración estará sujeta, en general, a todas las normas escritas y no escritas del ordenamiento administrativo y al derecho privado supletorio del mismo, sin poder derogarlos ni desaplicarlos para casos concretos.

Este principio de legalidad o de actuación en conformidad con el derecho implica, por tanto, que las actividades que realice la Administración Pública no sólo debe someterse al derecho, sino incluso, en el caso del procedimiento administrativo, a los propios principios del mismo antes analizados que también ya forman parte del derecho positivo, lo que implica que las actividades contrarias a los mismos pueden ser controladas con mayor precisión por la jurisdicción contencioso administrativa.

Por ello, dichos principios, además, se los declara como imperativos, tal como lo expresa la Ley Federal mexicana, al prescribir que las disposiciones sobre procedimiento administrativo "Son aplicables a la actuación de los particulares ante la Administración Pública Federal, así como a los actos a través de los cuales se desenvuelve la función administrativa" (art. 12); imperactividad que en el caso de la Ley General de Costa Rica se precisa que es en aquellos procedimientos en los cuales "el acto final puede causar perjuicio grave al administrado, sea imponiéndole obligaciones, suprimiéndole o denegándole derechos subjetivos, o por cualquier otra forma de lesión grave y directa a sus derechos o intereses legítimos;" o en los cuales haya habido "contradicción o concurso de interesados frente a la Administración dentro del expediente" (art. 308).

El derecho administrativo en América Latina, como resultado de este estándar continental que ya existe en materia de los principios del procedimiento administrativo, se encuentra ahora en una situación de avanzada que hace décadas, quienes nos ocupábamos de estos temas, sólo soñábamos.

CAPÍTULO III

LOS LÍMITES AL EJERCICIO DEL PODER DISCRECIONAL

El principio de la legalidad, conforme al cual todas las actividades de la Administración deben ceñirse a reglas o normas preestablecidas, sin duda, es la más acabada garantía establecida en el Estado de Derecho en beneficio de los administrados, "contra las posibles arbitrariedades de la autoridad ejecutiva"[39]. Sin embargo, y ello es evidente, no toda la actividad a cargo de la Administración tiene establecida en el ordenamiento jurídico "precisos límites" a los cuales debe aquella ceñirse, sino que, generalmente, la propia ley otorga a la Administración amplios poderes de apreciación de la oportunidad y conveniencia para la tome de decisiones.

Estamos en el terreno del denominado poder discrecional que se da siempre que la ley otorgue a la autoridad administrativa la potestad de elegir entre varias decisiones conforme a su libre apreciación, y que se configura como un aspecto medular del derecho administrativo, al punto de llevar a Marcel Waline a afirmar que si fuera necesario dar de algún modo una definición de derecho administrativo, podríamos decir "que es esencialmente el estudio del poder discrecional de las autoridades administrativas y de su limitación

---

39. Corte Federal (Venezuela) sentencias de 17 de julio o 23 de octubre de 1953, *Gaceta Forense* núm. 1, 1953, p. 151 y núm. 2, 1953, p. 64.

para salvaguardar los derechos de terceros (administrados o agentes públicos)"[40].

E indudablemente, el tema del poder discrecional ha sido y es un tema fundamental del derecho administrativo en el mundo contemporáneo, particularmente por el proceso que puede constatarse en todos los países con régimen administrativo, de reducir el campo de la libertad de apreciación, de manera que no lleve a la arbitrariedad. Es el proceso que Eduardo García De Enterría ha calificado como de "lucha contra las inmunidades de poder"[41] que tradicionalmente reducían el ámbito del control jurisdiccional de la legalidad.

En el campo del ejercicio del poder discrecional, este proceso por reducir o limitar las áreas de inmunidad de jurisdicción que tradicionalmente se le atribuyó, es quizá uno de los aspectos de mayor interés comparativo en materia contencioso administrativa, y donde la labor de los jueces ha sido fundamental[42].

---

40. M. Waline, "Etendue et limites du contrale du juge administratif sur les actes de l'Administration", *Etudes et documents,* Conseil d'Etat, núm. 10, París, 1956, p. 25.

41. Eduardo García De Enterría, *La lucha contra las inmunidades de poder,* Madrid, 1974. Artículo publicado originalmente en *Revista de Administración Pública,* núm. 38, Madrid, 1962, pp. 159-205.

42. En relación a Venezuela, *Vid.* Allan R. Brewer-Carías, "Los límites del poder discrecional de las autoridades administrativas", *Revista de la Facultad de Derecho*, Universidad Católica Andrés Bello, núm. 2, Caracas, 1965-1966, pp. 9-35; y más recientemente: "La técnica de los conceptos jurídicos indeterminados como mecanismo de control judicial de la actividad administrativa", en Germán Cisneros Farías, Jorge Fernández Ruiz y Miguel Alejandro López Olvera (Coordinadores), *Control de la administración pública. Segundo Congreso Iberoamericano de Derecho Administrativo*, Universidad Nacional Autónoma de México, México 2007, pp. 97-115; "Sobre los límites al ejercicio del poder discrecional," en Carlos E. Delpiazzo (Coordinador), *Estudios Jurídicos en Homenaje al Prof. Mariano Brito*, Fundación de Cultura Universitaria, Montevideo 2008, pp. 609-629; "Algunos aspectos del control judicial de la discrecionalidad" en Jaime Rodríguez Arana Muñoz et al. (Editores), *Derecho Administrativo Iberoamericano (Discrecionalidad, Justicia Administrativa y Entes*

Nos interesa analizar este proceso en España y América Latina, particularmente en cuanto a la repercusión que esta lucha por el derecho ha tenido en la codificación del procedimiento administrativo, y ello lo analizaremos, distinguiendo dos aspectos: en primer lugar, identificando aquellas áreas del actuar administrativo que no configuran realmente ejercicio del poder discrecional; y luego, en segundo lugar, precisando las tendencias de reducción o limitación al ejercicio mismo del poder discrecional.

I. LA REDUCCIÓN DEL CÍRCULO DE LA DISCRECIONALIDAD: LOS CONCEPTOS JURÍDICOS INDETERMINADOS

Existen áreas del actuar administrativo que tradicionalmente se había considerado que pertenecían al campo del ejercicio del poder discrecional, es decir, de la apreciación de la oportunidad de la actuación que corresponde exclusivamente a la autoridad administrativa, y que escapaban al control jurisdiccional. Es el campo de lo que la doctrina alemana ha calificado como de los "conceptos jurídicos indeterminados" (*unbestimmte Rechtsbegriffe*)[43] recogido en España y los países latinoamericanos; y de lo que la doctrina italiana ha calificado como "discrecionalidad técnica"[44]

En una sentencia de la Corte Suprema de Justicia de Venezuela, de 19-5-83, el problema se planteó en sus justos términos, así[45]: El Reglamento para las transmisiones por las estaciones de Radiodifusión Audiovisual (Televisoras), de 1980, establecía que dichas estaciones, entre los programas que pueden transmitir, están "los pro-

---

Reguladores), Congreso Iberoamericano de Derecho Administrativo, Vol. II, Congrex SA, Panamá 2009, pp. 475-512.

43. *Vid.* las referencias en Fernando Sainz Moreno, *Conceptos Jurídicos, interpretación y discrecionalidad administrativa,* Madrid, 1976, pp. 224 ss.

44. *Vid.* por ejemplo Aldo Sandulli, *Manuale di Diritto Administrativo,* Napoli, 1964 pp. 573 ss.; Pietro Virga, *Il Provedimento Amministrativo,* Milano, 1972, pp. 27 ss.

45. *Vid.* sentencia de la Corte Suprema de Justicia en Sala Político Administrativa, de 19 de mayo de 1983, en *Revista de Derecho Público,* núm. 34, Caracas, 1988, p. 69.

gramas recreativos que contribuyan a la sana diversión, sin ofender la moral pública ni exaltar la violencia ni el delito" (art. 15). El Ministerio de Transporte y Comunicaciones, mediante Resolución, consideró que en el programa denominado "Hola Juventud" transmitido por Radio Caracas Televisión, en una fecha determinada, "se proyectó una escena de una obra de teatro en la cual se ofende la moral pública, por cuanto apareció la figura de un hombre desprovisto de vestimenta", razón por la cual sancionó a la empresa con suspensión del programa referido, por un día.

El acto administrativo sancionatorio fue impugnado ante la jurisdicción contencioso-administrativa, ante la cual se alegó que la escena en cuestión correspondía a una obra de teatro denominada "Macunaima" de Brasil, y que personificaba el nacimiento de dicho personaje, héroe mitológico indígena; y que no podía considerarse que ofendía la moral pública, razón por la cual no podía considerarse que la transmisión del programa había violado el Reglamento aplicado.

La Corte Suprema de Justicia, en la sentencia que declaró la nulidad de la Resolución impugnada, se basa en la siguiente argumentación:

"El presupuesto de hecho -*ofensa a la moral pública*- incorpora a la norma uno de aquellos elementos que la doctrina administrativa ha denominado conceptos jurídicos indeterminados, y que se diferencian claramente de las llamadas potestades discrecionales. Mientras éstas dejan al funcionario la posibilidad de escoger según su criterio entre varias soluciones justas, no sucede lo mismo cuando se trata de la aplicación de un concepto jurídico indeterminado. Se caracterizan, estos últimos, por ser conceptos que resulta difícil delimitar con precisión en su enunciado, pero cuya aplicación no admite sino una sola solución justa y correcta, que no es otra que aquella que se conforma con el espíritu, propósito y razón de la norma.

La aplicación del concepto jurídico indeterminado por la Administración Pública constituye una actividad reglada y por consiguiente, sujeta al control de legalidad por parte del órgano jurisdiccional competente. De allí la importancia que tiene establecer la significación y alcance del concepto *moral pública* empleada por la norma y que ha sido invocada como fundamento de la Resolución impugnada"[46].

Con base en esas premisas, la Corte Suprema de Justicia analizó el concepto de moral pública, como concepto dinámico, destinado a proteger el buen orden social y la pacífica convivencia de los ciudadanos (y no atinente a la moral individual), y que por tanto "cambia con el correr de los tiempos y la evolución de las costumbres". "De allí que para juzgar si una determinada actuación ofende efectivamente la moral pública -sostuvo la Corte-, menester es atenerse al criterio dominante en el medio social en que aquélla se realizó", concluyendo que "En el estado actual de la evolución cultural de Venezuela, seria inexacto sostener que toda manifestación del cuerpo humano desprovisto de vestimenta afecte a la moral pública o constituya objeto de escándalo o de repudio por parte de la colectividad"[47].

---

46. *Idem.* En sentido similar la Corte Suprema de Justicia (Venezuela) en sentencia de 27 de abril de 1989 consideró que la noción de "interés público" para el otorgamiento de una exoneración fiscal, no podía dar origen a su apreciación discrecional, sino que "siendo la aplicación de un concepto jurídico indeterminado en caso de aplicación o interpretación de la Ley que ha creado el concepto, el Juez debe fiscalizar tal aplicación valorando si la solución a que con ella se ha llegado, es la única solución justa que le permite la Ley" *Revista de Derecho Público*, núm. 38, Caracas, 1989, p. 96).

47. *Idem.* La Corte, en su sentencia, continuó su argumentación: así: "En todo acto que supuestamente sea susceptible de afectar la moral, nuestra sociedad, toma hoy muy en cuenta la intención o el propósito que lo anima así como su forma de expresión. Tiene suficiente criterio para distinguir entre una imagen pornográfica sin duda torpe, despreciable y repudiable- la representación del cuerpo humano desnudo como creación artística o con una finalidad científica o por un requerimiento docente".

"La Sociedad Venezolana actual admite como permisible la exhibición del cuerpo humano desnudo no sólo en los museos de arte o de ciencia, en la pintura y en la escultura, sino igualmente en revistas y otras publicaciones especializadas o de información general, así: como en las proyecciones cinematográficas y en las creaciones teatrales".

En esta forma, la distinción entre lo que es ejercicio del poder discrecional y lo que no es discrecionalidad, basado en la noción de los conceptos jurídicos indeterminados,[48] es una reducción efectiva del ámbito de la libertad de apreciación y una ampliación de los poderes de control jurisdiccional. Así: la discrecionalidad, entonces, sólo existe cuando la Administración puede elegir entre varias decisiones, de manera que en la voluntad del Legislador, cualquiera de ellas es jurídicamente admisible y tiene el mismo valor; en cambio, existe un concepto jurídico indeterminado y, por tanto, no hay discrecionalidad, cuando sólo una decisión es jurídicamente admisible[49]. Lo peculiar de estos conceptos jurídicos indeterminados es que su calificación en una circunstancia concreta no puede ser más que una: o se da o no se da el concepto; es decir, o hay utilidad pública, o no la hay; o se da, en efecto, una perturbación del Orden Público, o no se da; o el precio que se señala es justo o no lo es; o se ofende a la moral pública o no se la ofende. No hay una tercera posibilidad. *Testium non datur*. Por ejemplo, para que se adopte una orden municipal de demolición de un inmueble porque amenaza ruina, el inmueble, o está en estado ruinoso o no lo está. Como lo puntualiza García de Enterría, "hay, pues, y esto es esencial, una unidad de solución justa en la aplicación del concepto a una circunstancia concreta". Por ello califica el proceso de aplicación de conceptos jurídicos indeterminados como un "proceso reglado", porque no admite más que una solución justa: "es un proceso de aplicación a interpretación de la Ley, de subsunción en sus categorías de un supuesto dado; no es un proceso de libertad de elección entre alternativas igualmente justas"[50].

"Se trata de hechos y aptitudes públicas y notorias que no exigen demostración especial, porque pertenecen a la experiencia diaria de la colectividad nacional".

48 Véase Allan R. Brewer-Carías, "La técnica de los conceptos jurídicos indeterminados como mecanismo de control judicial de la actividad administrativa", en *Ley de Responsabilidad Social de Radio y Televisión,* Editorial Jurídica Venezolana, Colección Textos Legislativos, N° 35, Caracas 2006, pp. 217-239.

49. *Vid.* F. Sainz Moreno, *op. cit.*, p. 234.

50. *Vid.* E. García de Enterría, *op. cit.*, pp. 35, 37 y 38.

Así lo ha puntualizado el Tribunal Supremo de España al calificar el concepto de "justo precio" como un concepto jurídico indeterminado, indicando que sólo puede conducir a que el precio que se determine en una expropiación deba ser real y efectivamente "el verdadero y justo valor", en sentencia de 28-4-1964, en lo que puede considerarse la decisión judicial pionera en este campo en el mundo de habla hispana, donde señaló:

> "las facultades discrecionales se caracterizan por la pluralidad de soluciones justas posibles entre las que libremente puede escoger la Administración, según su propia iniciativa, por no estar comprometida dentro de la norma la solución concreta; mientras que el concepto jurídico indeterminado (ruina, precio justo, utilidad pública etc.) es configurado por la Ley como un supuesto concreto de tal forma que solamente se da una única solución justa en la aplicación del concepto a la circunstancia de hecho"[51].

Ahora bien, esta noción de los conceptos jurídicos indeterminados, como área de actividad pública no discrecional, se ha adoptado en Italia, en base a la distinción entre "discrecionalidad administrativa" y "discrecionalidad técnica". La discrecionalidad administrativa, así: se ha definido "como la facultad de escogencia entre comportamientos jurídicamente lícitos, para la satisfacción del interés público, y para la consecución de un fin que se corresponda con la causa del poder ejercido"[52]; en cambio en la "discrecionalidad técnica" no existe escogencia; como lo ha destacado Sandulli, en la discrecionalidad técnica "la escogencia del comportamiento a seguir, tomando en cuenta los intereses públicos, ya fue realizada a priori (de una vez y para siempre) de manera vinculante, por el Legislador", por lo que a la Administración sólo le queda realizar una valoración sobre la base de conocimientos (y por lo tanto, de reglas) técnicos, como son aquellos de la medicina, de la ética, de la economía..., como es el caso, por ejemplo, del valor económico de un bien[53]. La "discrecionalidad técnica" por tanto, no es discrecionali-

---

51. *Vid.* la referencia en F. Sainz Moreno, *op. cit.*, p. 273.
52. *Vid.* P. Virga *op. cit.*, p. 19.
53. *Vid.* Aldo M. Sandulli, *op. cit.*, p. 574.

dad, derivando su denominación de un error histórico de la doctrina, como lo ha destacado Massimo Severo Giannini[54].

Por esta razón por ejemplo, la Ley General de la Administración Pública de Costa Rica recalca con precisión, que "en ningún caso podrán dictarse actos contrarios a reglas unívocas de la ciencia o de la técnica" autorizando al Juez para "controlar la conformidad con esas reglas no jurídicas de los elementos discrecionales del acto, como sí ejerciera contralor de legalidad" (art. 16).

En Francia, el proceso de ampliación del control jurisdiccional de la Administración y de reducción de la discrecionalidad, también se ha manifestado en este campo que la doctrina y jurisprudencia alemana, española y latinoamericana denominan, de los conceptos jurídicos indeterminados, en el desarrollo del control jurisdiccional en cuanto a la calificación de los hechos y en la apreciación de los motivos de los actos administrativos, pero sin dejar de considerar que se trata de ejercicio de potestades discrecionales[55].

El primer *arrêt* del Consejo de Estado que se dictó en estos aspectos fue el *arrêt Gomel* de 4-4-1914[56], en el cual se consideró el poder de un Prefecto, conforme a la Ley de 13 de julio de 1911, para negar el otorgamiento de un permiso de construcción en el caso de que en determinadas áreas urbanas de París, el alineamiento y el nivel de la construcción proyectada con la vía pública no se encontrase acorde a las prescripciones que le fueron hechas en interés de la seguridad pública, de la salubridad, así como de la conservación de perspectivas monumentales y del sitio". El Consejo de Estado, en su decisión, a requerimiento del Sr. Gomel entró a apreciar si la construcción atentaba contra "la perspectiva monumental existente" como había sido considerado en la decisión recurrida,

---

54. *Vid.* Massimo Severo Giannini, *Diritto Amministrativo*, Vol. I, Milán, 1970, p. 488.

55. *Vid.* A. De Laubadère, "Le contrôle juridictionnel du pouvoir discrétionnaire dans la jurisprudence récente du Conseil d'Etat Français", *Mélanges offerts a Marcel Waline*, París, 1974, t. II, pp. 531-S49.

56. CE 4 avr. 1914, *Gomel*, Rcc. 488. *Vid.* en M. Long P. Weil y G. Braibant, *Les grands arrêts de la jurisprudence administrative*, 7.° ed., París, 1978, p. 124

concluyendo que en el caso concreto de la plaza Beauveau de París, en la cual se proyectaba la construcción, como podría ser observada en su conjunto como formando una perspectiva monumental" por lo que consideró que el Prefecto, al rehusarse a conceder el permiso de construcción, había hecho una falsa aplicación de la Ley.

Este *arrêt* se ha considerado como el punto de partida de una abundante jurisprudencia relativa al control, por el juez de exceso de poder, de la calificación jurídica de los hechos, en el sentido de que cada vez que un texto subordine el ejercicio de un poder de la Administración a la existencia de ciertas circunstancias de hecho, el juez de exceso de poder verifica si estas condiciones de hecho están efectivamente cumplidas, y, particularmente, si los hechos presentan un carácter de tal índole que justifican la decisión tomada[57]. Es así que el juez de exceso de poder ha controlado de una manera constante el carácter artístico y pintoresco de monumentos y ciudades (CE 2 mai 1975, *Dame Ebri et autres,* Rec. 280, AJ 1975, 311 concl. G. Guillaume); el carácter técnico de un cuerpo de funcionarios (CE 27 juin 1955, *Deleuze,* Rec. 296; A. J. 1955, II, 275, concl. Laurent); el carácter fáctico del acto de un agente público, (CE 13 mars 1953, *Teissier,* Rec. 133 concl. Donnedieu de Vabres); el carácter licencioso o pornográfico de una publicación (CE 5 déc 1956, *Thibault,* Rec. 463; D. 1957, 20, concl. Mosset); o el carácter inmoral de un film (CE 18 déc 1959, *Societé Les Films Lutetia,* Rec. 693, concl. Mayras)[58].

En este último caso, se trató de una decisión dictada por el Alcalde de Niza, conforme a la Ley Municipal, de prohibir en el territorio del Municipio la representación de un film *(Le feu dans le peau),* que aún cuando tenga la autorización ministerial de explotación, se consideró que su proyección era perjudicial al orden público, "por razón del carácter inmoral" de dicho film. El Consejo de Estado estimó que el Alcalde podía tomar la decisión, habiendo sido correcta la precisión del concepto jurídico indeterminado del "carácter inmoral" del film.[59] En otros casos similares, el Consejo

---

57. *Vid.* Long, Weil y Braibant, *op. cit.,* p. 125.
58. *Idem,* p. 125.
59. *Ibid., op. cit.,* pp. 490-493.

de Estado examinó si esta inmoralidad era de naturaleza tal como para justificar legalmente la prohibición, teniendo en cuenta las circunstancias locales (CE 14 oct 1960, *Societé Les films Marceau,* Rec, 533, y 23 déc 1960, *Union générale cinematographique,* Rec. 731), anulando la prohibición, de proyectar en Niza el film *La neige était sale* y rechazando el recurso contra la prohibición de proyectar en la misma ciudad el film *Avant le déluge*[60]. Se trató, en todo caso, de supuestos de control de la calificación jurídica de los hechos por el juez de exceso de poder, o si se quiere, de la precisión por la Administración de conceptos jurídicos indeterminados, que no configuran ejercicio de poder discrecional.

Pero más recientemente, esta reducción del ámbito de la discrecionalidad también se ha producido en Francia, a través del denominado control jurisdiccional del "error manifiesto de apreciación" y de la aplicación por el juez de exceso de poder, del principio del "balance-costo-beneficios" en materia de ejercicio del poder discrecional; casos en los cuales, en nuestro criterio, en muchos supuestos, no son más que reducción de la discrecionalidad por entrar en juego la aplicación de lo que se ha denominado la técnica de conceptos jurídicos indeterminados.

El principio del "error manifiesto de apreciación" como mecanismo de control de la discrecionalidad se aplica en forma destacada en el *arrêt Societé anonyme Libraire Fraçois Maspero,* de 2 nov 1973 (Rec. 611, concl. Braibant)[61], en el cual el Consejo de Estado decidió, con motivo de la impugnación de un acto administrativo del Ministro del Interior de prohibir la circulación de la edición francesa de la *Revista Tricontinental,* editada en Cuba, adoptado en virtud de una Ley que lo autorizaba para prohibir la circulación distribución y venta de revistas y periódicos de proveniencia extranjera; que en virtud de que la decisión no estaba fundada sobre hechos materiales inexactos, "dado que la misma no esta viciada de error manifiesto, la apreciación a la cual se avocó el Ministro del Interior

---

60. *Ibid.,* p. 493.

61. *Ibid., op. cit.,* pp. 575 ss.

del peligro que representaba la revista para el orden público, no puede ser discutida en la jurisdicción administrativa"[62].

Se observa de esta decisión, que en realidad, a pesar de tratarse de un concepto jurídico indeterminado en el sentido que hemos analizado precedentemente, el Consejo de Estado estimó que estaba en presencia del ejercicio de un poder discrecional de apreciación por la Administración, el cual sin embargo, sólo podía ser juzgado si el Ministro hubiera incurrido en error manifiesto de apreciación En sentido similar la doctrina ha considerado que en estos casos en los cuales "el legislador no ha fijado las condiciones bajo las cuales se debe ejercer la actividad administrativa o bien las ha fijado de manera general e imprecisa", activándose el poder discrecional de la Administración, no puede el juez, bajo esta hipótesis, controlar la *calificación jurídica de los hechos,* sino solamente la legalidad de la *motivación* de la decisión. En estos casos, como en el *arrêt Maspero,* si bien el juez ha sido conducido a someter a la Administración, a un control mínimo en cuanto a la apreciación de los hechos realizada por ella:

> "de hecho el juez no se pronuncia sobre la apreciación como tal, sino sobre el error que ha podido viciar esta apreciación cuando este error es evidente, al poder ser descubierto por simple sentido común, cuando se trate de un error manifiesto que desnaturalice la interpretación que hace la Administración de la extensión de su poder discrecional"[63].

No tenemos dudas en considerar que el aporte del criterio del "error manifiesto de apreciación es fundamental para la limitación y control al poder discrecional, conforme al principio de la razonabilidad o racionalidad que analizaremos más adelante, pero aplicado, por supuesto, a casos en los cuales se trate de verdadero ejercicio del poder discrecional, cuando la Administración, tiene la libertad de escoger entre varias decisiones justas. En casos como en el decidido en el *arrêt Maspero* en el cual se trataba de juzgar si la revista prohibida presentaba peligro para el orden público, de manera de justificar la prohibición de circulación, en realidad, bajo el ángulo

---

62. *Ibid,* p. 576.
63. *Ibid., cit.,* p. 580.

de la técnica de los conceptos jurídicos indeterminados, el Ministro del Interior, no ejercía poderes discrecionales sino que sólo podía tomar una decisión justa: o la revista presentaba o no presentaba peligro para el orden público al momento en el cual se dictó la decisión y esa decisión configuraba, por tanto, el ejercicio de una competencia reglada. Esto ya lo había apuntado en la doctrina francesa André De Laubadére, cuando se refirió a los casos de apariencia de control del poder discrecional; precisamente referido a la aplicación de conceptos jurídicos indeterminados en los cuales "el juez administrativo, contribuyendo así con el legislador a determinar en que casos hay poder reglado, transformándose entonces una competencia aparentemente discrecional en una competencia reglada"[64], o más exactamente, según la expresión de Auby y Drago, "descubre" las condiciones legales, los motivos considerados por el cómo los solos legítimos de la decisión.[65]

Otro principio destacado por la jurisprudencia francesa relativo al control jurisdiccional del poder discrecional, o más propiamente, mediante el cual se tiende a descubrir competencias regladas en lo que aparentemente es el ejercicio de poderes discrecionales, es el conocido como el principio del "balance-costo-beneficio"[66], desarrollado en casos de urbanismo y expropiación con ocasión de la aplicación precisamente, del concepto jurídico indeterminado de "utilidad pública".

El inicio de esta aproximación al control jurisdiccional del poder discrecional se sitúa en el *arrêt* denominado *Ville Novuelle Est* adoptado por el Consejo de Estado el 28 de mayo de 1971[67], con motivo de la impugnación, por ilegalidad, del acto administrativo del Ministro del Equipamiento y Vivienda que declaro de utilidad

---

64. *Vid.* A. De Laubadere, *loc. cit.,* p. 535.
65. *Idem*
66. *Vid.* Jeanne Lemasurier, "Vers un nouveau principe général du droit. Le principe "bilan-cout-avantages"", *Melánges offerts a Marcel Waline,* París, 1974, t. II, pp. 551-562.
67. CE 28 mai 1971, *Ministre de l'équipement et du logement c. Fédération de défense des personnes concernées par le projet actuellement dénommé "Ville Nouvelle Est",* Rec. 409, concl. Braibant. *Vid.* en Long, Weil y Braibant, *op. cit.,* pp. 561-574.

pública un proyecto de desarrollo y renovación urbana al este de Lille destinado a configurar, tanto una ciudad universitaria como una Nueva Ciudad. Con motivo de la impugnación de la decisión, entre otros motivos, se denunció que la destrucción de un centenar de viviendas que podía evitarse si se disponía de un proyecto distinto al de una autopista, constituía un costo demasiado elevado para la operación proyectada que le quitaba el carácter de utilidad pública a la misma. El Consejo de Estado, al juzgar "la utilidad pública de la operación" y considerar que el proyecto si tenía carácter de tal, estimó:

> "que una operación no podría ser legalmente declarada de utilidad pública sino cuando los atentados a la propiedad privada, el costo financiero, y eventualmente los inconvenientes de orden social que ella comporta, no son excesivos en relación al interés que ella presenta"[68].

Hasta ese momento, el Consejo de Estado había controlado la finalidad de utilidad pública de determinados proyectos, verificando si la operación correspondía en sí misma a un fin de utilidad pública, pero se había rehusado a examinar el contenido concreto del proyecto, es decir, la escogencia de las parcelas a expropiar. Con el *arrêt Ville Nouvelle Est,* a propuesta de G. Braibant, el Consejo de Estado asumió la tareas de decidir y de apreciar, en cada caso, la utilidad pública de un proyecto, habida cuenta del balance de las ventajas e inconvenientes de la operación y apreciando no sólo el costo financiero de la misma sino también su costo social[69]. Marcel Waline, al comentar el "considerando" del *arrêt* constató que:

> "El juez se reconoce el derecho de apreciar todo tipo de ventajas e inconvenientes de la operación en cuestión, de establecer entre ellos un balance, de hacer en alguna forma la suma algebraica de unas y otros, y de no dar la aprobación, sino cuando el saldo de esta operación, después de hechas las cuentas, le parecía positivo"[70].

---

68. *Vid.* en Long, Weil y Braibant, *op. cit.,* p. 563.
69. *Idem,* pp. 568-569.
70. M. Waline, "L'appeciation par le juge administratif de l'utilité d'une project", *Revue du Droit Public et de la Science Politique en France et à l'étranger,* 1973, p. 454; *cit.,* por J. Lemasurier, *loc. cit.,* p. 555.

En el mismo sentido del *arrêt Ville Nouvelle Est,* el Consejo de Estado se pronunció en el *arrêt Soc. Civile Sainte-Marie de l'Assomption* de 20 de octubre de 1972[71], al juzgar sobre la utilidad pública del proyecto de la autopista norte de Niza, cuya construcción amenazaba el Hospital Psiquiátrico Sainte-Marie, por lo que no sólo oponía el interés general a los intereses particulares, sino que comportaba un conflicto entre dos intereses públicos: el de la circulación y el de la salud pública. En su *arrêt,* el Consejo de Estado declaró la nulidad del decreto declarativo de utilidad pública, por considerar la inconveniencia de la solución de circulación establecida en el proyecto alrededor de un hospital, que no solo le producía ruido sino que lo privaba de toda posibilidad de expansión futura[72].

En todos estos casos, las decisiones del juez no inciden realmente en el ejercicio de poderes discrecionales, sino en el ejercicio de competencias regladas, que sólo admiten una solución justa: o la obra es o no es de utilidad pública. El balance costo-beneficios que ha efectuado el Consejo de Estado, es precisamente lo que la Administración está obligada a hacer en cada caso, para adoptar la única solución justa que derive de concretizar el concepto jurídico indeterminado de "utilidad pública" en un proyecto de expropiación. El juez del exceso de poder, por tanto, al efectuar jurisdiccionalmente el mismo balance lo que controla no es el ejercicio de poder discrecional alguno, sino la competencia legal que tiene la Administración al hacer la declaratoria de utilidad pública; es decir, "corrige las faltas o las ligerezas, algunas veces fantasiosas", como lo indicó Marcel Waline, de los tecnócratas administrativos[73].

---

71. CE 20 octobre 1972, Rec. 657, concl. Morisot.

72. *Vid.* en Long, Weil y Braibant, *op. cit.*, p. 569.

73. *Vid.* M. Waline, "L'appeciation..." *loc. cit.*, p. 461. El problema se plantea, incluso, en los *cases* de control judicial de la constitucionalidad de las leyes que declaran la utilidad pública a los efectos expropiatorios, como ha sucedido en Argentina. En el caso *Nación Argentina* y *Jorge Ferrario*, 1961, la Corte Suprema de Justicia de la Nación señaló "si los jueces de una causa expropiatoria comprueban que la utilidad pública no existe o ha sido desconocida por la Administración, y...media alguno de los supuestos de gravedad o arbitrariedad extrema... están obligados a desempeñar la primera y más elemental de las funciones que les incumben, esto es, la que consiste en proteger

Como lo destacó indirectamente el Comisario Morisot en sus conclusiones sobre el caso *Sainte-Marie de l'Assomption*:

"La noción de utilidad pública es relativa. No se la puede apreciar y, en consecuencia, controlar sin considerar todos los elementos, lo que conduce a hacer el balance de los aspectos positivos y negativos de la operación. Dado el caso de que la utilidad pública de ésta es la condición de legalidad de la puesta en marcha de un procedimiento de expropiación, la apreciación hecha por el juez de esta utilidad, con todos los elementos que ella comporta, es un control de legalidad"[74].

En esta forma, aún cuando no consideramos que esta jurisprudencia signifique realmente control del ejercicio de poderes discrecionales, como lo continúa razonando la doctrina francesa, hay que saludar los avances que significa para el control de legalidad y la reducción del círculo de la discrecionalidad, pues conforme a la técnica de los conceptos jurídicos indeterminados, contribuyen a identificar lo que es sólo una apariencia de discrecionalidad.

II. LOS LÍMITES AL PODER DISCRECIONAL: LOS PRINCIPIOS GENERALES DEL DERECHO ADMINISTRATIVO

Dejando aparte lo que sólo es apariencia de discrecionalidad que hemos englobado en torno a la aplicación, por la Administración, de los conceptos jurídicos indeterminados, el ejercicio del poder discrecional, es decir, de la potestad atribuida por el Legisla-

---

las garantías constitucionales declarando la invalidez de los actos del Estado que pretendan vulnerarlos" (*Fallos* t. 251, pp. 246 ss.). Agustín Gordillo, sobre este principio, ha comentado lo siguiente: "si la jurisprudencia ha establecido, y con razón, que puede controlar y revisar hasta la calificación de utilidad pública hecha por el Congreso en materia de expropiación (lo que si es probablemente facultad discrecional, y ni siquiera del Poder Ejecutivo sino del Poder Legislativo), no se advierte entonces qué superioridad constitucional tiene el Poder Ejecutivo sobre el Poder Legislativo y el Poder Judicial para que los actos discrecionales del parlamento, esto es las leyes del Congreso de la Nación, puedan ser controladas judicialmente, pero no pueda serlo un acto meramente emanado del Poder Ejecutivo", Agustín Gordillo, *El acto administrativo,* Buenos Aires, 1969, p. 216.

74. *Cit.* Par A. De Laubadère, *loc. cit.* p. 540.

dor a la Administración de apreciar libremente las circunstancias de hecho y adoptar una decisión escogiendo entre varias alternativas, todas igualmente justas y conforme a la legalidad, tiene siempre un límite absoluto: el acto administrativo que se adopte en base al ejercicio de tal poder no puede ser arbitrario, es decir, la libertad de apreciación de los hechos y de la oportunidad de actuar otorgada al funcionario, no significa que pueda actuar arbitrariamente[75].

El problema de los límites al ejercicio del poder discrecional radica, entonces, en el establecimiento de la frontera entre discrecionalidad y arbitrariedad; de manera que el juez contencioso administrativo pueda controlar el ejercicio directo del poder discrecional cuando resulte arbitrario, además de ejercer sus poderes de control sobre los aspectos reglados del acto discrecional[76] y particularmente sobre la comprobación y calificación de los presupuestos de hecho[77], y sobre la adecuación de la decisión a los fines establecidos en la Ley, que ha girado en torno a la noción de desviación de poder, también de creación jurisprudencial francesa.

Las dudas del Juez contencioso-administrativo de controlar efectivamente lo que es ejercicio del poder discrecional por la Administración y establecer el límite entre discrecionalidad y arbitrariedad, han existido en todos los países contemporáneos, donde se sigue formulando el principio de que el Juez no puede juzgar sobre las razones de oportunidad o de conveniencia para la adopción de un acto administrativo porque:

---

75. Allan R. Brewer-Carías, "Los límites...", *loc. cit.,* p. 11.

76. En la sentencia de la antigua Corte Federal (Venezuela) (Caso *Reingruber*) de 6 de noviembre de 1958, por ejemplo, quedó claramente señalado en relación a los actos del ejercicio del poder discrecional, que siempre "puede ser materia de revisión (por el Juez) por lo que se refiere a la incompetencia del funcionario que lo dictó, o defecto de forma del acto, o a su ilegalidad", *Gaceta Forense,* núm. 22, p. 134. *Cf.* Allan R. Brewer-Carías, "Los límites...", *loc. cit.* p. 14.

77. Sobre la "veracidad y la congruencia de los hechos" como lo ha señalado la Corte Suprema de Justicia en Sala Político Administrativa (Venezuela), en sentencia (caso *Depositaria Judicial)* de 2 de noviembre de 1982, *Revista de Derecho Público,* núm. 12, Caracas, 1982, p. 130.

"el juez no puede sustituirse al administrador por motivos obvios de diferenciación y especialización de funciones conectadas con el principio de la separación de poderes"[78].

Sin embargo, tanto en la jurisprudencia como en la legislación de América Latina comienzan a apreciarse esfuerzos significativos por permitir, efectivamente, que el juez contencioso-administrativo penetre en el ámbito de la discrecionalidad y controle la arbitrariedad. En esta materia, de nuevo, los principios generales del derecho han suministrado el arsenal inicial para esta lucha contra la arbitrariedad que si bien ha sido librada tímidamente por los jueces, comienza a tener de aliado al Legislador en la codificación del procedimiento administrativo.

Un punto de partida en este esfuerzo latinoamericano, puede situarse en dos sentencias de la antigua Corte Federal de Venezuela adoptadas en los años cincuenta. En la primera (caso Municipalidad de Maracaibo) de fecha 24-2-56, al declarar la Corte la anulación de un acto administrativo que había revocado un permiso de construcción, el juez consideró que era arbitrario por carecer de fundamento y por ser injusto, afirmando que "la discrecionalidad no implica arbitrariedad ni injusticia puesto que la Administración... no obra en pura conformidad a su elección, sino en virtud y como consecuencia de su capacidad condicionada por su fin"[79].

En la segunda sentencia (caso *Reingruber*) de 6-11-1958, la Corte, a pesar de haber considerado que la potestad dada al Ministerio de Hacienda de poder reducir las multas cuando concurran circunstancias que demuestren falta de intención dañosa del contraventor, era una potestad discrecional, y decidir que "la manera como el funcionario administrativo ejerció la facultad discrecional" que le reconoce la ley no podía ser revisado por la Corte, el Supremo Tribunal reconoció que en los casos de atribución de poder discrecional debe entenderse que la Ley autoriza al funcionario

---

78. *Idem.*
79. *Gaceta Forense,* núm. 11, Caracas, 1956, pp. 27-30, *Vid.* en Allan R. Brewer-Carías, *Jurisprudencia de la Corte Suprema de 1930-1974 y Estudios de Derecho Administrativo,* t. I, Caracas, 1975, pp. 611-612.

"para obrar según su prudente arbitrio, consultando lo más equitativo o racional, en obsequio de la justicia y de la imparcialidad"[80].

Al analizar este considerando, hemos señalado que la Corte sentó las bases para el control jurisdiccional del ejercicio del poder discrecional en Venezuela fundamentándose en principios generales del derecho, como son el principio de la *racionalidad* (la decisión administrativa adoptada en ejercicio de un poder discrecional no puede ser ilógica o irracional); el principio de la *justicia* o de la *equidad* (la decisión producto del ejercicio de poderes discrecionales no pueden ser inicua, inequitativa o injusta); y el principio de la *igualdad* (la decisión administrativa que resulte del ejercicio de poderes discrecionales no puede ser parcializada ni discriminatoria). A estos principios agregamos el principio de la *proporcionalidad* que toda decisión adoptada en ejercicio de un poder discrecional debe respetar, de manera que exista una adecuación entre los supuestos de hecho y la decisión tomada[81], y debe agregarse también

---

80. *Gaceta Forense*, núm. 22, Caracas, 1958, pp. 133-134; *Vid.* en Allan R. Brewer-Carías, Jurisprudencia de... *op. cit.*, t. I, pp. 608-609.

81. *Vid.* en Allan R. Brewer-Carías, "Los límites del poder discrecional de las autoridades administrativas", *loc. cit.*, pp. 27-33. *Vid.* los comentarios a nuestro análisis en Gustavo Urdaneta Troconis, "Notas sobre la distinción entre actos reglados y discrecionales y el control jurisdiccional sobre estos" en *Tendencias de la Jurisprudencia venezolana en materia contencioso administrativa*, Caracas, 1986, pp. 395-399.

En Colombia, al referirse a la necesaria sumisión del ejercicio del poder discrecional a los principios generales del derecho, Consuelo Sarría los resume así: "la Administración tendrá en cuenta la *racionalidad o razonabilidad*: en cuanto su decisión tiene que estar de acuerdo con la razón con la lógica y congruente con la motivación, en cuanto la discrecionalidad no implica arbitrariedad; *la justicia*: el actuar de la Administración, aunque sea discrecional en el sentido de que puede evaluar la oportunidad y conveniencia de sus decisiones, no puede ser injusto, deberá siempre ser equitativo, respetando los intereses de la Administración y de los administrados; *la igualdad*: la autoridad administrativa tendrá que respetar el principio de la igualdad que se aplica a todas las actuaciones del Estado enfrente a los particulares, en cuanto estos serán tratados en igualdad de condiciones, sin que pueda haber favoritismo por parte de las autoridades; *la proporcionalidad*: que debe existir entre los medios utilizados por la

el principio de la *buena fe,* de manera que toda actuación del funcionario que con intención falsee la verdad, también sería ilegal[82].

En la jurisprudencia argentina y uruguaya, estos principios que se configuran como límites a la discrecionalidad, se engloban en la exigencia de la "razonabilidad" en la actuación administrativa[83], en el sentido de que un acto administrativo, aún dictado en ejercicio de facultades discrecionales, puede ser revisado judicialmente si es irrazonable o arbitrario. El principio de la razonabilidad se ha desarrollado particularmente en Argentina como un límite al ejercicio del poder de policía[84], al erigirse en la garantía de seguridad respecto a la forma, modo, manera y oportunidad del *cómo* debe realizarse la función policial. La jurisprudencia argentina, así, ha conformado cuatro principios de lógica jurídica que conforman el carácter razonable de una medida de policía, en la forma siguiente: la limitación debe ser justificada; el medio utilizado, es decir, la cantidad y el modo de la medida, debe ser adecuado al fin deseado; el medio y el fin utilizados deben manifestarse proporcionalmente; y todas las medidas deben ser limitadas[85].

La razonabilidad se ha configurado así, en un *standard* jurídico comprensivo de una serie de valores que deben guiar la actividad administrativa (en lugar de *"bonus pater familiae"* el *"bonus magistratus"*) y que realizan la justicia con todos sus sinónimos: equivalencia, proporción, adecuación, igualdad, paridad, justa distribución, dar a cada uno lo que le corresponde, etc[86]. La actuación ad-

---

Administración y los fines de la medida; *el derecho a la defensa:* en cuanto la Administración antes de tomar una medida, debe oír al administrado", Consuelo Sarria, "Discrecionalidad Administrativa" en J.C. Cassagne y otros, *Acto Administrativo,* Tucumán, 1982, p. 118.

82. *Vid.* sentencia de la Corte Primera de lo Contencioso Administrativo de 21 de marzo de 1984, *Revista de Derecho Público,* núm. 18, Caracas, 1984, p. 172.

83. *Vid.* Juan Francisco Linares, *Poder Discrecional Administrativo,* Buenos Aires, 1958, pp. 155 ss.

84. *Vid.* Ramón F. Vásquez, *Poder de Policía,* Buenos Aires, 1957, pp. 41 ss. y 122 ss.

85. Bartolomé A. Fiorini, *Poder de Policía,* Buenos Aires, 1958, p. 149.

86. *Idem,* p. 158; Juan Francisco Linares, *op. cit.,* p. 164.

ministrativa irrazonable, por tanto, es arbitraria y aún cuando sea producto del ejercicio de un poder discrecional, puede ser controlada judicialmente, tal y como lo ha resuelto la Corte Suprema de Justicia de la Nación (Argentina), en 1959, al señalar:

> "los jueces poseen la potestad de revocar o anular la decisión administrativa sobre hechos controvertidos, si ella fuera suficientemente irrazonable, o se apoyara tan solo en la voluntad arbitraria o en el capricho de los funcionarios"[87].

Lo arbitrario o irrazonable de una actuación administrativa, en todo caso, puede resultar, de la irrazonabilidad en la elección del momento (decisión manifiestamente inoportuna); en la elección de modalidades de actuación (medios desproporcionados, por ejemplo), o en la forma de actuación (desigual o discriminatoria)[88].

En la jurisprudencia contencioso-administrativa del Uruguay se encuentran soluciones basadas en principios similares. Así, el Tribunal de lo Contencioso administrativo en sentencia de 27-9-71 afirmó que "los poderes discrecionales... sólo los podía ejercitar (la Administración) dentro de los límites razonables y conforme a una equilibrada valuación de los factores constitutivos de la falta en juicio"[89].

En España, la reducción progresiva de la arbitrariedad se ha desarrollado por la jurisprudencia del Tribunal Supremo, en igual forma, por la aplicación de los principios generales del derecho. Eduardo García de Enterría y Tomas Ramón Fernández, en esta forma, citan un cúmulo de sentencias en las cuales el control jurisdiccional del ejercicio del poder discrecional se ha efectuado en base a considerar que unas medidas eran injustificadas a todas luces a incluso contrarias a la razón (sentencia 6-2-63). Así, se han condenado jurisdiccionalmente, las actuaciones administrativas contrarias al "respeto debido al principio de la buena fe, en que han de

---

87. Caso *Reyes* de 25 de septiembre de 1959, Fallos t. 244, *cit.* por A. Gordillo, *Tratado de Derecho Administrativo,* t. 3, Buenos Aires, 1979, pp. 9-27.
88. Juan Francisco Linares, *op. cit.,* pp. 164 ss.
89. *Vid.* en J. P. Cajarville, *Dos Estudios de Derecho Administrativo,* Montevideo, 1988, p. 106.

inspirarse los actos de la Administración" (sentencias de 23-12-59, 22-6-60, 27-12-66, 13-5-71, 12-3-75, 6-2-78, 24-2-79 y 5-2-81); o "cuya gravedad no guarda una razonable proporcionalidad con la infracción" (sentencia de 25-3-72). El Tribunal Supremo también ha acudido al principio de la igualdad, para juzgar el ejercicio de poderes discrecionales (sentencias de 24-12-56, 28-5-63 y 3-4-65), garantizando el derecho a igual oportunidad (sentencia 27-1-65); y ha esgrimido el principio *favor libertatis* para obligar a la Administración a acomodar sus intervenciones en la esfera de los administrados al procedimiento menos restrictivo de la libertad[90].

Ahora bien, esta interdicción de la arbitrariedad o la exigencia de la razonabilidad en la actuación de la Administración, como límite al ejercicio del poder discrecional, ha encontrado en América Latina, en muchos casos, consagración legislativa, positivizándose en esta forma los principios generales del derecho.

En tal sentido, la Ley General de la Administración Pública de Costa Rica establece varias normas relativas al ejercicio del poder discrecional y al control judicial del mismo que deben destacarse. El artículo 15.1 de la Ley General, en efecto, comienza por prescribir que el ejercicio del poder discrecional está "sometido en todo caso a los límites que le impone el ordenamiento expresa o implícitamente, para lograr que su ejercicio sea eficiente y razonable", atribuyéndose el juez potestad para controlar la legalidad no sólo sobre los aspectos reglados del acto discrecional, sino "sobre la observancia de sus límites" (art. 15.2).

Ello lo refuerza la propia Ley General al prescribir en su artículo 216 que:

> "La Administración deberá adoptar sus resoluciones dentro del procedimiento con estricto apego al ordenamiento y, en el caso, de las actuaciones discrecionales, a los límites de racionalidad y razonabilidad implícitos en aquél".

El artículo 16.1 es reiterativo, en cuanto a este principio de la razonabilidad, al establecer que "en ningún caso podrán dictarse

---

90. Eduardo García de Enterría y Tomas R. Fernández, *Curso de Derecho Administrativo*, t. I, Madrid, 1983, pp. 449-451.

actos contrarios a reglas unívocas de la ciencia o de la técnica, o a principios elementales de justicia, lógica o conveniencia", atribuyéndose al juez expresamente potestad para "controlar la conformidad con estas reglas no jurídicas de los elementos discrecionales del acto, como si ejerciera el contralor de legalidad" (art. 16.2). Otro límite al ejercicio del poder discrecional en la Ley de Costa Rica, se establece, en relación a "los derechos del particular" (art. 17) frente a la discrecionalidad, que no deben ser vulnerados.

La Ley General, además, consagra expresamente la consecuencia del traspaso de los límites mencionados por la autoridad administrativa al prescribir, en el artículo 158, como una causa de invalidez de los actos administrativos, la infracción a las reglas técnicas y científicas de sentido unívoco y aplicación exacta, en las circunstancias del caso, y agrega en el artículo 160, que:

> "El acto discrecional será inválido, además, cuando viole reglas elementales de lógica, de justicia o de conveniencia, según lo indiquen las circunstancias del caso".

Por último, es de destacar que el artículo 133 de la misma Ley General el cual regula los motivos del acto administrativo, y establece que cuando éste no esté regulado, "deberá ser *proporcionado* al contenido y cuando esté regulado en forma imperiosa deberá ser *razonablemente* conforme con los conceptos indeterminados empleados por el ordenamiento. El principio de la proporcionalidad también lo repite la Ley General en el artículo 132.1 relativa, al objeto del acto administrativo, al prescribir que debe ser "proporcionado al fin legal" del acto.

Es difícil, ciertamente, encontrar otro ejemplo de legislación positiva en el mundo con normas tan precisas y ricas en su contenido, para que los jueces puedan controlar el ejercicio del poder discrecional[91], con precisas referencias a los principios de razonabilidad, racionalidad, justicia, lógica, proporcionalidad y conveniencia.

---

91. *Vid.* los comentarios en Allan R. Brewer-Carías, "Comentarios sobre los Principios Generales de la Ley General de la Administración Pública de Costa Rica", en *Revista del Seminario Internacional de Derecho Administrativo,* San José, 1981, p. 52; Eduardo Ortíz, "Nulidades del Acto Administrativo en la Ley General de Administración

La Ley venezolana de Procedimientos Administrativos de 1982, recogió también el principio de los límites al ejercicio del poder discrecional en una norma (art. 12) que prescribe:

"Aún cuando una disposición legal o reglamentaria deje alguna medida o providencia a juicio de la autoridad competente, dicha medida o providencia deberá mantener la debida proporcionalidad y adecuación con el supuesto de hecho y con los fines de la norma, y cumplir los trámites, requisitos y formalidades necesarios para su validez y eficacia".

Se consagra así, expresamente, no sólo la existencia de elementos reglados del acto discrecional que siempre deben respetarse (adecuación con los presupuestos de hecho, adecuación con la finalidad, competencia legal o reglamentaria, respeto de las formas y procedimiento), sino, que se erige como, límite fundamental al ejercicio del poder discrecional, la obligación del funcionario de "mantener la debida proporcionalidad". Así se establece también en el Código Contencioso Administrativo de Colombia, en su artículo 36:

"En la medida en que el contenido de una decisión, de carácter general o particular, sea discrecional, debe ser adecuada a los fines de la norma que la autoriza, y proporcional a los hechos que le sirven de causa".

La proporcionalidad también se establece en la Ley argentina de Procedimiento Administrativo, al prescribir dentro de los "requisitos esenciales del acto administrativo", la necesidad de que "las medidas que el acto involucre deben ser proporcionalmente adecuadas" a la finalidad que resulta de las normas que otorgan las facultades al órgano administrativo (art. 7.f).

Estas normas incorporan, por tanto, a los límites a la discrecionalidad, el principio de la proporcionalidad[92], conforme al cual las

---

Pública", *idem*, p. 386; Gonzalo Fajardo, "El Estado de Derecho y la Ley General de Administración Pública, *idem*, pp. 523-524.

92. *Vid.* Allan R. Brewer-Carías, *El Derecho administrativo y la Ley Orgánica de Procedimientos Administrativos*, Caracas, 1985, p. 46; Agustín Gordillo, *El acto administrativo*, Buenos Aires, 1969, p. 250. Conforme a lo establecido por la Corte Suprema de la Nación (Argentina) "las medidas utilizadas por la autoridad pública deben ser proporcionadamente adecuadas a los fines perseguidos por el legisla-

medidas adoptadas en los actos administrativos deben ser proporcionales tanto a los fines que prevé la norma que las autoriza, como a los hechos que las motivan. Tal como lo ha precisado la Corte Suprema de Justicia de Venezuela, los actos administrativos estarían viciados de abuso de poder:

> "cuando no existe proporción o adecuación entre los motivos o supuestos de hecho que sirvieron de base al funcionario u órgano autor del acto recurrido para dictar su decisión, y los contemplados en la norma jurídica, en el sentido de que se trata de un vicio que consiste en la actuación excesiva o arbitraria del funcionario, respecto de la justificación de los supuestos que dice haber tornado en cuenta, para dictar el acto"[93].

En el mismo sentido, el Tribunal de lo Contencioso Administrativo de Uruguay, en sentencia de 23-4-76 ha señalado al apreciar la ilegalidad de la imposición de una sanción, que esta "aparece como ciertamente desproporcionada... hubo exceso de parte del jerarca en el ejercicio de sus funciones discrecionales, cayendo en ilicitud... obligando, por ende, al control anulatorio por parte del Tribunal"[94].

Los principios de la razonabilidad y de la proporcionalidad también han tenido aplicación jurisprudencial en Francia, en materia de control jurisdiccional del ejercicio del poder discrecional. En cuanto al principio de la razonabilidad, puede encontrarse aplicado en la jurisprudencia relativa al "error manifiesto de apreciación" el cual según lo afirma Guy Braibant, aparece cuando la Administra-

---

dor". Caso: *Sindicato Argentino de Músicos*, 1960, Fallos t. 248, pp. 800 ss.

93. Sentencia de la Corte Primera de lo Contencioso Administrativo de 21 de marzo de 1984, *Revista de Derecho Público,* núm. 18, Caracas, 1984, p. 172. En igual sentido, la misma Corte Primera en sentencia de 16 de diciembre de 1982, estimó que este vicio de abuso de poder se da en los casos de "desmedido uso de las atribuciones que han sido conferidas lo cual equivale al excesivo celo, a la aplicación desmesurada, esto es, a todo aquello que rebasa los límites del correcto y buen ejercicio de los poderes recibidos de la norma", *Revista de Derecho Público,* núm. 13, Caracas, 1982, p. 119.

94. *Vid.* en J. P. Cajarville, *op. cit.,* p. 106.

ción "ha ido más allá de los límites de lo razonable en el juicio que ella ha realizado sobre los elementos de la oportunidad"[95].

De allí la célebre frase del mismo Guy Braibant en relación al ejercicio del poder discrecional y el principio de la razonabilidad, tal como lo hemos expuesto anteriormente en la jurisprudencia latinoamericana:

"El poder discrecional comporta el derecho de equivocarse pero no el de cometer un error manifiesto, es decir a la vez aparente y grave"[96].

En el caso de control jurisdiccional del error manifiesto en la apreciación de los hechos, indican Long, Weil y Braibant, el juez "no se pronuncia sobre la apreciación como tal, sino sobre el error que ha podido viciar esta apreciación, cuando este error es evidente, al poder ser descubierto por simple sentido común, cuando se trate de un error manifiesto que desnaturalice la interpretación que hace la Administración de la extensión de su poder discrecional"[97].

Ahora bien, si en general se dan ejemplos jurisdiccionales de la aplicación de la técnica del error manifiesto como instrumento de control del ejercicio del poder discrecional por el Consejo de Estado, en la gran mayoría de los casos reseñados, en realidad, se trata de lo que se ha denominado la técnica de los conceptos jurídicos indeterminados[98]. Quizás, supuestos de aplicación del error manifiesto de apreciación, como control del ejercicio del poder discrecional, en estricto sentido, pueden encontrarse en las decisiones del Consejo de Estado sobre error de equivalencia entre empleos públi-

---

95. Conclus, CE, 13 de noviembre de 1970, *Lambert, cit.,* por A. De Laubadère, "Le contrôle juridictionnel du pouvoir discrétionnaire dans la jurisprudence récente du Conseil d'Etat Français", *Mélanges offerts a Marcel Waline,* París, 1974, t. II, p. 540.

96. Conclus, CE, 2 de noviembre de 1973, *Librairê François Maspero,* Rec. 611, Long, Weil y Braibant, *Les grands arrêts de la jurisprudence administrative, cit.,* p. 585.

97. Long, Weil y Braibant, *op. cit.,* p. 580.

98. *Vid.* todas las referencias jurisprudenciales en Long, Weil y Braibant, *op. cit.,* con ocasión de los comentarios al *arrêt Maspero,* pp. 580-585; J. M. Auby y R. Drago, *op. cit.,* t. II, pp. 399-400.

cos (CE 13 nov 1953, *Denizet,* Rec. 489; y CE 15 fév 1961, *Lagrange,* Rec. 121; CE 9 mai 1962, *Commune de Montfermeil,* Rec. 304)[99].

En cuanto al principio de la proporcionalidad como límite al ejercicio del poder discrecional, aun cuando se ha afirmado que no ha sido reconocido plenamente en el sistema francés[100], pensamos que se ha aplicado en muchas decisiones por el Consejo de Estado, comenzando por el *arrêt Benjamin* del 19 de mayo de 1933, en el cual el Consejo de Estado anuló la prohibición de una reunión impuesta por un Alcalde, considerando que "la eventualidad de las perturbaciones... no presentaban un *grado de gravedad* tal que no pudiera, sin prohibir la conferencia, mantener el orden decretando las medidas de policía que le correspondía tomar"[101]. En este caso, como lo observan Long, Weil y Braibant, el juez verifica "no solamente la existencia, bajo las circunstancias del caso, de una amenaza de perturbación del orden público susceptible de justificar una medida de policía, sino también esta medida es apropiada, por su naturaleza y su gravedad a la importancia de la amenaza; él controla así la adecuación de la medida a los hechos que la motivan"[102].

Se trata, sin duda, de la aplicación del principio de la proporcionalidad, es decir, de la adecuación entre las medidas adoptadas y los hechos, lo cual también ha tenido aplicación en Francia en materia disciplinaria a partir del *arrêt Lebon* (CE 9 juin 1978), en el cual el Consejo de Estado, aplicando la técnica del error manifiesto, controló la proporcionalidad de la sanción disciplinaria con la gravedad de la falta[103]. En otra decisión del Consejo de Estado, en el *arrêt Vinolay* (CE 26 juillet 1978), conforme al mismo criterio, anuló una destitución de un funcionario, señalando que "si las faltas a reglas de buena administración... eran de tal índole que legalmente justifi-

99. *Vid.* las referencias en Long, Weil y Braibant, *op. cit.,* p. 581.
100. Guy Braibant, "Le Principe de la proportionalite", *Mélanges offerts a Marcel Waline,* París, 1974 t. II pp. 297 ss.
101. Rec. 541, concl. Michel. *Vid.* en Long, Weil y Braibant, *op. cit.,* pp. 217 ss.
102. *Idem,* p. 221.
103. *Cf.* Long, Weil y Braibant, *op. cit.,* p. 583.

caran una sanción disciplinaria, ellas no podían legalmente fundamentar, sin error manifiesto de apreciación, una medida de revocación que constituye la sanción mas grave dentro de la escala de las penas"[104].

De lo anteriormente expuesto se puede sacar como conclusión, en materia de control jurisdiccional del ejercicio del poder discrecional, que tanto la jurisprudencia y la doctrina como la legislación, ésta última, en particular en América Latina, han venido abandonando la tradicional inmunidad jurisdiccional en esta materia, distinguiendo, incluso, lo que en apariencia es discrecionalidad (como en el caso de la aplicación de la técnica de los conceptos jurídicos indeterminados) y que esta sometida plenamente a control jurisdiccional; de lo que sí es, propiamente, ejercicio del poder discrecional y en relación a lo cual los principios de razonabilidad, lógica, justicia, igualdad y proporcionalidad, comienzan a avanzar en el área de la oportunidad, tradicionalmente excluida de control, para comenzar a ser revisada jurisdiccionalmente.

---

104. *Cit.*, en J. M. Auby y R. Drago, *op. cit.*, t. 11, p. 400; G. Vedel y Pierre Delvolvé, *Droit Administratif*, París, 1984, p. 801.

SEGUNDA PARTE
EL RÉGIMEN DE LOS ACTOS ADMINISTRATIVOS EN LA CODIFICACIÓN DEL PROCEDIMIENTO ADMINISTRATIVO

La codificación del procedimiento administrativo en España y América Latina, como se ha señalado, no sólo ha tenido por objeto regular los solos aspectos procesales de los trámites y actuaciones realizados por la Administración para la producción de sus actos, sino que ha incidido, materialmente, sobre el régimen mismo de los actos administrativos, regulando sus elementos o requisitos, el proceso de su elaboración, su forma o presentación, su eficacia, su ejecución y su impugnación en vía administrativa. Realmente, por tanto, bajo el nombre de leyes de procedimiento administrativo se han dictado leyes reguladoras de la actividad administrativa.

Ahora bien, en general, estas leyes regulan el régimen de los actos administrativos dictados por los órganos de la Administración Pública Nacional, Central o Descentralizada[1]; extendiéndose su aplicación en algunos casos a los órganos nacionales con autonomía funcional, comprendiendo estos últimos órganos de rango constitucional que no están integrados a los órganos clásicos del Estado (Legislativo, Ejecutivo y Judicial) pero que cumplen funciones administrativas: Contralorías Generales, Ministerio Público, Consejo Superior de la Magistratura, etc[2]. En general, las leyes no se aplican

---

1. *Vid.* LGAP Costa Rica, art. 1.21; LPA Argentina, art. 1; D 640, Uruguay, art. 1.
2. *Vid.* LPA Venezuela, art. 1; CCA Colombia, art. 1.

a los actos administrativos de los Municipios o de las entidades políticos territoriales (Estados o Provincias en los Estados Federales), aún cuando en algunos casos tienen aplicación supletoria respecto de las mismas[3].

Por supuesto, tratándose de leyes relativas a los actos administrativos, es evidente que dado su ámbito orgánico de aplicación, en general queda fuera de la regulación de dichas leyes, el régimen de los actos administrativos en sentido material dictados por los órganos del Poder Legislativo y del Poder Judicial en ejercicio de funciones administrativas, así como el de los actos administrativos dictados por entidades privadas pero en ejercicio de prerrogativas del poder público[4]. El Código de Colombia, sin embargo, en este último supuesto, los somete a sus prescripciones, al referirse a los actos administrativos de las entidades privadas cuando cumplan funciones administrativas[5].

En todo caso, el aporte fundamental de esta legislación respecto de la vigencia del principio de la legalidad en relación a los actos administrativos, es el que se expresa en el artículo 11 de la Ley General de la Administración Pública de Costa Rica, en el sentido de que "La Administración Pública actuará sometida al ordenamiento jurídico y solo podrá realizar aquellos actos... que autorice dicho ordenamiento, según la escala jerárquica de sus fuentes". Es esta sumisión a la legalidad la que, sin duda, se afianza con estas leyes reguladoras del procedimiento administrativo.

Ahora bien, dos aspectos interesan destacar en esta segunda parte relativa a este régimen de los actos administrativos regulado en las leyes de procedimiento administrativo de España y América Latina, y que han contribuido significativamente al afianzamiento

---

3. *Vid.* LPA Venezuela, art. 1.
4. *Vid.* sobre estos actos administrativos, por lo que se refiere al derecho francés, Pierre Devolvé, *L'acte administratif,* París, 1983, pp. 40 ss.
5. *Vid.* CCA Colombia, arts. 1 y 82. La impugnación en vía contencioso administrativa, sin embargo, es posible respecto de todos los actos administrativos, tanto los "expedidos en cualquiera de las ramas del poder público" como los emanados de "las entidades privadas cuando cumplan funciones públicas" (art. 128.1).

del principio de la legalidad, y se refieren, por una parte, a la determinación legal de los elementos de los actos administrativos, lo que ha facilitado las vías de recurso jurisdiccional para controlar la actividad administrativa; y por la otra, a la regulación legal de los principios relativos a los efectos de los actos administrativos y su ejecución; aspectos que estudiaremos separadamente.

CAPÍTULO I

LOS ELEMENTOS DEL ACTO ADMINISTRATIVO

El acto administrativo, tal como lo definía el Código colombiano, está configurado por "las conductas y las abstenciones capaces de producir efectos jurídicos y en cuya realización influyen de modo directo e inmediato la voluntad o la inteligencia" (art. 83), lo que lo distingue de los hechos administrativos; y su validez depende de que se conformen sustancialmente con el ordenamiento jurídico, incluso en cuanto al móvil del funcionario público"[6].

En la precisión de esta conformidad con el ordenamiento jurídico, es decir, en su conformidad con la legalidad, por supuesto, juegan un papel fundamental los elementos de los actos administrativos, tanto de fondo (*legalité interne*) como de forma (*legalité externe*), y los cuales se encuentran regulados en las diversas leyes de procedimiento administrativo.

I. LOS ELEMENTOS DE FONDO DE LOS ACTOS ADMINISTRATIVOS

Estos elementos se refieren a la competencia, la manifestación de voluntad, la base legal, la causa o presupuestos de hecho, la finalidad y el objeto de los actos administrativos, respecto de los cuales el derecho positivo ha venido precisando aspectos que anteriormente sólo la jurisprudencia y la doctrina habían definido.

---

6.   Art. 128, LGAP de Costa Rica.

1. Principios relativos a la competencia

El primer requisito o elemento de fondo de los actos administrativos, como lo afirman expresamente la Ley de Procedimientos Administrativos de Argentina y España, es que deben "ser dictados por autoridad competente" (art. 7.a y art. **53.1**, respectivamente). La competencia así, es uno de los elementos esenciales de todo acto administrativo, entendiendo por tal competencia la aptitud legal de los órganos administrativos para dictar un acto administrativo.

Ahora bien, el primer principio relativo a la competencia en materia administrativa, es que la misma no se presume y por el contrario, debe emanar de una norma expresa atributiva de competencia, es decir, como lo afirma la Corte Suprema de Justicia de Venezuela, "debe emerger del texto expreso de una regla de derecho, ya sea la Constitución, la Ley, el reglamento o la Ordenanza" por lo que "a falta de disposición expresa, la autoridad carece de cualidad para efectuar el acto"[7]. El principio lo reafirma la Ley Argentina de Procedimientos Administrativos al indicar que "la competencia de los órganos administrativos será la que resulte, según los casos, de la Constitución Nacional, de las Leyes y de los Reglamentos dictados en su consecuencia" (art. 3).

En este campo "el principio de la legalidad se presenta con toda su rigidez, ordenándole al órgano que haga sólo aquello para lo cual está facultado, bien por norma expresa o bien por un margen de libre de apreciación que ha de acordarle igualmente una disposición expresa"[8]. Aquí podríamos ubicar, por ejemplo, los denominados "poderes implícitos" por la jurisprudencia y doctrina francesa y que se refieren, básicamente, a la potestad reglamentaria atribuida a los Ministros derivada de su carácter de superior jerárquico, obligado a

---

7. Sentencia de 28 de enero de 1968, *Gaceta Oficial*, núm. 27.367 de 13 de febrero de 1964 y sentencia de 11 de agosto de 1965, *Gaceta Oficial*, núm. 27.845 de 22 de septiembre de 1965. *Vid.* también en Allan R. Brewer-Carías, *Jurisprudencia de la Corte Suprema 1930-1974 y Estudios de Derecho Administrativo*, t. III, vol. 1, Caracas, 1976, pp. 197-198.

8. Sentencia de la Corte Primera de lo Contencioso Administrativo (Venezuela) de 16 de diciembre de 1982 en *Revista de Derecho Público*, núm. 13, Caracas, 1982, p. 118.

tomar todas las medidas necesarias para el buen funcionamiento de la Administración[9]. También pueden considerarse como poderes implícitos, los que derivan del principio del "paralelismo de las competencias", establecido en el *arrêt Fourre-Cormeran* del 10 de abril de 1959, en el cual se estableció, que "a falta de disposiciones expresas que determinen la autoridad competente para poner fin a las funciones de un director, ese poder corresponde, de pleno derecho, a la autoridad investida del poder de nominación"[10].

Por supuesto, la exigencia de texto expreso pare ejercer la competencia, y la determinación de sí ello debe estar en la Constitución, en la ley o en el reglamento, deriva del régimen constitucional concreto, por una parte, y de los principios de la reserva legal, por la otra. En los Estados Federales, por ejemplo, como Argentina y Venezuela, los principios relativos a la distribución de competencias entre la República, las Provincias o los Estados miembros de la Federación y los Municipios, necesariamente tienen que estar en la Constitución, de manera que en este nivel, las normas atributivas de las respectivas competencias son de rango constitucional. Cualquier extralimitación en el ejercicio de las competencias respectivas entre los tres niveles de descentralización política, por tanto, constituye usurpación de funciones[11].

Pero además, para la determinación de la norma atributiva de competencia, el otro principio fundamental en la materia es el de la reserva legal, en el sentido de que en todo supuesto en que la regulación de una materia este reservada al Legislador, sólo la ley formal puede atribuir competencia para emanar actos administrativos. Esto sucede, por ejemplo, en los actos que conciernan al ejercicio

---

9. *Vid.* por ejemplo *arrét* CE *Jamart,* 7 de febrero de 1936, Rec. 172. *Vid.* además, en Long, Weil y Braibant, *Les grands arrêts de la jurisprudence administrative,* París, 1978, pp. 238-239.
10. *Recueil Dalloz,* 1959, p. 210.
11. Como lo afirma la Constitución venezolana de 1999: "Toda autoridad usurpada es ineficaz y sus actos son nulos" (art. 18), lo que abarca tanto la usurpación de autoridades por personas desprovistas de investidura, como la usurpación de funciones como incompetencia de orden constitucional. *Vid.* J. M. Auby y R. Drago, *Traité de Contentieux Administratif,* París, 1984, t. II, p. 256.

de competencias tributarias, de competencias sancionadoras o en cuyo ejercicio se limitan, en cualquier forma, los derechos o garantías constitucionales. Sin duda, a ello apunta la Ley General de la Administración Pública de Costa Rica, al establecer que "la competencia será regulada por Ley, siempre que contenga la atribución de potestades de imperio" (art. 59.1), que son las de reserva legal.

La consecuencia fundamental de la atribución de competencia a los órganos administrativos por ley es, como lo puntualiza la Ley Argentina de Procedimientos Administrativos, que "su ejercicio constituye una obligación de la autoridad o del órgano correspondiente" (art. 3), es decir, como lo señala la Ley española de Régimen Jurídico de las Administraciones Públicas y del Procedimiento Administrativo Común, la competencia "es irrenunciable" (art. 12.1). Por tanto, el funcionario, cuando tiene atribuida la competencia para actuar, no es libre de ejercerla o no, sino que está obligado a ello. En particular, la Ley General de Administración Pública de Costa Rica, en cuanto a las potestades de imperio prescribe que su ejercicio es "irrenunciable, intransmisible e imprescriptible" por lo que "sólo por ley podrán establecerse compromisos de no ejercerla" (art. 66).

Pero además, la competencia prevista en la Ley, como la señala la Ley Argentina de Procedimientos Administrativos "es improrrogable, a menos que la delegación o sustitución estuvieren expresamente autorizadas" (art. 3). Es decir, en términos de la ley española la competencia "se ejercerá precisamente por los órganos administrativos que la tengan atribuida como propia, salvo los casos de delegación, sustitución o avocación previstos por las leyes" (art. 12.1). Por tanto, el principio en los casos de competencias legalmente previstas, es que toda desviación de la misma por delegación o avocación debe ser autorizada expresamente por la Ley. En materia de avocación, esta es la doctrina sentada por el Consejo de Estado en el *arrêt Yasri* del 28 de octubre de 1949, en la cual se estableció que la autoridad administrativa superior no puede sustituirse a las autoridades subordinadas en el ejercicio de su poder de decisión. Por tal razón se anuló la decisión del Ministro de la Guerra revocando la designación de un militar comisionado, poder que correspondía al

Jefe del Cuerpo Militar al cual pertenecía[12]. Sin embargo, la Ley Argentina de Procedimientos Administrativos, en materia de avocación establece el principio contrario: "la avocación será procedente a menos que una norma expresa disponga lo contrario" (art. 3).

En realidad, puede considerarse que ni la avocación ni la delegación requieren texto expreso en los casos en los cuales la atribución legal de competencia se asigne, no a un órgano determinado, como a un Ministro, directamente, sino a la organización específica, es decir, al Ministerio como un todo. En estos casos, la competencia se presume atribuida al superior jerárquico (el Ministro)[13] y este normalmente, la distribuye entre los distintos órganos que conforman el Ministerio, por vía de reglamento[14]. En estos supuestos, además de ser el reglamento de organización, fuente de la competencia de los distintos órganos, habiendo sido el Ministro el que distribuye la competencia, se presume que tiene el poder genérico de avocación, en el mismo sentido que tiene el ejercicio de las competencias derivadas de la propia jerarquía administrativa, como revisar las decisiones del inferior; "dirigir las actividades de los órganos jerárquicamente dependientes mediante instrucciones y circulares" (art. 21.1 Ley española 30/1992); y delegar el ejercicio de competencias que se atribuya en los inferiores.

Sin embargo, en los casos de desconcentración de competencias, que se produce cuando es la ley la que directamente atribuye la competencia específica a un órgano inferior de un Ministerio, para que el Ministro pueda avocarse al conocimiento del asunto requiere de texto legal expreso. La Ley General de Administración Pública de Costa Rica, incluso distingue los supuestos de desconcentración mínima, cuando el superior no pueda avocar competencias del inferior, ni revisar o sustituir la conducta del inferior, de oficio a instancia de parte", y de desconcentración máxima, "cuando el inferior

---

12. *Recueil Dalloz*, 1950, p. 303.
13. *Vid.* LGAP de Costa Rica, arts. 62 y 70.
14. Conforme a la LGAP de Costa Rica "La distribución interna de competencia, así como la creación de servicios sin potestades de imperio, se podrá hacer por reglamento autónomo, pero el mismo estará subordinado a cualquier Ley futura sobre la materia" (art. 59.2).

este sustraído además, a órdenes, instrucciones o circulares del superior" (art. 83.2 y 3).

En materia de competencia, particular referencia debe hacerse a la delegación, como posibilidad que tiene el superior jerárquico de desviar el ejercicio de la competencia que le ha sido asignada por ley, en un órgano inferior, para lo cual se requiere texto expreso que la autorice. La Ley General de la Administración Pública de Costa Rica, en esta materia, ha positivizado los principios fundamentales así (art. 89 y 90):

a) La delegación deberá ser publicada en el Diario Oficial;

b) La delegación podrá ser revocada en cualquier momento por el órgano delegante.

c) No podrán delegarse potestades delegadas es decir, no se permite la subdelegación.

d) No podrá hacerse una delegación total ni tampoco de las competencias esenciales del órgano, que le dan nombre o que justifican su existencia.

e) No podrá hacerse delegación sino en órganos o funcionarios que sean inferiores dentro de una misma organización, y entre órganos de la misma clase, por razón de la materia, del territorio y de la naturaleza de la función.

f) El órgano colegiado no puede delegar sus funciones.

Además, debe destacarse el principio de que en los actos administrativos adoptados por delegación, debe hacerse constar expresamente esta circunstancia como lo precisa la Ley española 30/1992 (art. 13.4) y la Ley Orgánica de Procedimientos Administrativos de Venezuela (art. 18.7).

Por último, en materia de competencia como elemento de los actos administrativos debe mencionarse el vicio de incompetencia que resulta de la violación de los anteriores principios de la competencia legalmente prescritos. En vía administrativa, como lo han establecido la Ley española 3/1992 (art. 20) y en la Ley General de Administración Pública de Costa Rica (art. 67), la incompetencia podrá ser declarada de oficio o a instancia de parte, en cualquier momento, por el órgano que dictó el acto o por el superior jerárquico.

En todo caso, en vía judicial, el vicio de incompetencia se considera siempre como un vicio de orden público[15] que, como lo ha señalado la Corte Suprema de Justicia de Venezuela, "puede ser alegada en cualquier estado y grado de la causa, inclusive en alzada y acarrea la posibilidad para el juez de pronunciar la dicha nulidad absoluta, aún de oficio"[16]. La importancia procesal de este vicio alegado en vía contencioso-administrativa, además, radica en que invierte la carga de la prueba que normalmente corresponde al recurrente, por la presunción de legalidad de los actos administrativos. Así lo tiene decidido la jurisprudencia venezolana al sentar el principio de que cuando el recurrente alega la incompetencia del funcionario, se invierte la carga de la prueba y es entonces a la Administración a quien le corresponde probar la competencia[17].

2. *Principios relativos a la manifestación de voluntad*

El acto administrativo, ante todo, es una manifestación de voluntad de la Administración para producir efectos jurídicos, y ello es precisamente lo que lo distingue de los hechos administrativos que conforme a lo que disponía el Código Contencioso Administrativo de Colombia, son "los acontecimientos y las omisiones capaces de producir efectos jurídicos, pero en cuya realización no influyen de modo directo a inmediato la voluntad o la inteligencia" (art. 83).

Por tanto, el segundo elemento del acto administrativo es el que exige que el mismo pueda ser considerado, efectivamente, como

---

15. En este sentido la LPA de Argentina considera que "el acto administrativo es nulo, de nulidad absoluta a insanable... cuando fuere emitido mediando incompetencia en razón de la materia, del territorio, del tiempo o del grado, salvo, en este último supuesto, que la delegación o sustitución estuvieren permitidas" (art. 14.b). La LOPA de Venezuela en cambio sólo califica el vicio de nulidad absoluta cuando se trate de "incompetencia manifiesta" (art. 19.4).

16. *Vid.* Sentencia de la Sala Político Administrativa de 26 de marzo de 1984, ratificada en sentencia de 5 de diciembre de 1985. Además la sentencia de la Corte Primera de lo Contencioso Administrativo de 9 de diciembre de 1985, *Revista de Derecho Público*, núm. 25, Caracas, 1986, pp. 144 y 108.

17. *Vid.* Sentencia de la Corte Primera de lo Contencioso Administrativo (Venezuela) de 9 de diciembre de 1985, *idem,* p. 108.

una manifestación legítima de voluntad de un órgano administrativo, libremente acordada. El principio lo establece la Ley General de la Administración Pública de Costa Rica al prescribir que "el acto deberá aparecer objetivamente como una manifestación de voluntad libre y consciente, dirigida a producir el efecto jurídico deseado para el fin querido por el ordenamiento" (art. 130). La consecuencia, por supuesto, es que los vicios del consentimiento se aplican a la manifestación de voluntad en el acto administrativo, pudiendo este resultar viciado.

La violencia, por ejemplo, o la intimidación, cuando se ejerce sobre el funcionario para forzar la emisión de un acto administrativo, vicia de nulidad absoluta el acto administrativo, por lo que la Constitución Venezolana de 1961 establecía el principio de que "es nula toda decisión acordada por requisición directa o indirecta de la fuerza, o por reunión de individuos en actitud subversiva" (art. 120)[18].

En cuanto al error, como vicio de la manifestación de voluntad, este se produce cuando la voluntad real haya sido radicalmente distinta a la declarada formalmente. Por ejemplo, cuando se nombra a una persona para una función pública, distinta a la que se quiere nombrar, por homonimia, por ejemplo[19]. En este caso no hay error de derecho o de hecho que, como veremos, son vicios en la base legal o los motivos de hecho de los actos administrativos, sino más propiamente error en la manifestación de voluntad de la Administración.

También puede producirse en materia de manifestación de voluntad de la Administración, el vicio de dolo, que surge tanto cuando do el acto es producto de maquinaciones dolosas del administrado en solicitudes que, por ejemplo, imponen al solicitante la carga de la

---

18. Agregaba la Constitución venezolana de 1961 el principio de que "En ningún caso podrán pretender los venezolanos ni los extranjeros que la República, los Estados o los Municipios les indemnicen por daños, perjuicios o expropiaciones que no hayan sido causados por *autoridades legítimas en el ejercicio de su función pública"*, (art. 47).

19. *Vid.* Agustín Gordillo, *Derecho Administrativo,* t. 3, Buenos Aires, 1979, pp. 9-45.

prueba de los presupuestos del acto (suministro de informaciones o documentos falsos); como en actuaciones del funcionario, contrarias a la buena fe, que conllevan además a una desviación de poder, o como cuando tenga por existentes para tomar su decisión, hechos o antecedentes inexistentes o falsos.

Estos vicios de la manifestación de voluntad en los actos administrativos que, en general, acarrean la nulidad absoluta e insanable de los mismos, han sido resumidos por la Ley de Procedimientos Administrativos de Argentina, al establecer que se producen:

"Cuando la voluntad de la Administración resultare excluida por error esencial; dolo, en cuanto se tengan como existentes hechos o antecedentes inexistentes o falsos; violencias física o moral ejercida sobre el agente; o por simulación" (art. 14.1).

3. *Principios relativos a la base legal*

La base legal de los actos administrativos, es su fundamento de derecho, es decir, las normas legales o reglamentarias que autorizan su actuación.

En otras palabras, es el "motivo de derecho" del acto administrativo, que autoriza la decisión concreta que contiene. Esta base o fundamentos legales constituyen, junto con los presupuestos de hecho, uno de los elementos que deben exteriorizarse formalmente en la motivación del acto administrativo[20].

Ahora bien, para que un acto administrativo sea válido y produzca efectos no sólo tiene que tener un fundamento legal, que debe efectivamente existir al momento de dictarse el acto (no antes o después), sino que debe ser el que efectivamente autoriza la actuación, es decir, debe además ser exacto. La existencia y exactitud de la base legal es, así, un requisito o elemento de validez del acto administrativo, de manera que su inexistencia (cuando la base legal no existe, fue derogada o aún no ha sido promulgada) o su inexactitud derivada del hecho de que el funcionario se atribuye una base legal

---

20. LOPA, Venezuela, arts. 9° y 18.5.

que en ningún caso puede fundamentar su acto, son causas de nulidad[21].

Como lo ha precisado la jurisprudencia francesa: en primer lugar, la base legal debe ser exacta, de manera que si la Administración funda su decisión en un texto cuando debió fundarlo en otro distinto, el acto está viciado *(arrêt Roze,* CE 8 mars 1957, Rec. p. 147); en segundo lugar, la base legal debe existir, de manera que si aún no existe, y, por ejemplo, se aplica prematuramente una ley que aún no está vigente (CE 12 juillet 1955, *Bennet,* RDP, 1956, p. 438); o ya no existe, porque por ejemplo, el texto está derogado o cesó en aplicación (CE 20 janvier 1950, *Commune de Tignes,* Rec. p. 46), el acto administrativo está viciado[22].

Debe agregarse a los vicios en la base legal de los actos administrativos, además, los casos de ilegalidad o inconstitucionalidad de la base legal, es decir, por ejemplo, cuando el acto administrativo se fundamenta en un reglamento viciado en sí mismo de ilegalidad, y que es anulado por el órgano jurisdiccional[23]. La Ley Orgánica de la Corte Suprema de Justicia de Venezuela, que regula el proceso contencioso-administrativo, por ejemplo, permite el ejercicio del recurso de anulación contra un acto administrativo de efectos particulares y al mismo tiempo contra el acto general que le sirve de fundamento, alegándose la ilegalidad o inconstitucionalidad de este último (art. 132), lo que configura este supuesto de vicio de la base legal por ilegalidad de la misma.

También forma parte de la base legal o motivos de derecho del acto administrativo, la correcta y adecuada interpretación y alcance que el autor del acto debe darle a su fundamento legal. Por tanto, aún cuando la base legal exista, sea exacta y legal, el acto administrativo puede estar viciado en la misma, por error de derecho, es decir, por el errado alcance o sentido que se da a la norma legal que

---

21. J. M. Auby y R. Drago, *op. cit.,* t. II, p. 383.
22. *Vid.* R. Drago, "Le défaut de base légale dans le recours pour excès de pouvoir", *Etudes et Documents,* Conseil d'Etat, París, 1960, pp. 32 y 36.
23. *Vid. arrêt Bouland,* CE 18 juilliet 1947, Rec. p. 327, *cit.,* por R. Drago, "le défaut de base légale...", *loc. cit.,* p. 37.

autoriza la actuación, o en palabras de la jurisprudencia venezolana, "cuando el órgano que emite el acto interpreta erradamente determinada norma jurídica, es decir, la aplica mal"[24].

Este vicio en la base legal de los actos administrativos, denominado "error de derecho" también lo ha calificado la jurisprudencia venezolana como un vicio "de falso supuesto" el cual "puede referirse indistintamente al error de hecho o al error de derecho de la Administración, es decir, a la falsa, inexacta o incompleta apreciación por parte de la Administración del elemento causa del acto integralmente considerada"[25].

4. Principios relativos a los presupuestos de hecho

Los motivos de los actos administrativos, es decir, la causa de los mismos, están configurados no sólo por la base legal o fundamentos de derecho del acto, sino por los presupuestos de hecho de los actos administrativos. Por ello, establece la Ley Argentina de Procedimientos Administrativos, que constituye un "requisito esencial del acto administrativo" el que se sustente "en los hechos y antecedentes que le sirvan de causa y en el derecho aplicable" (art. 7.b).

Ahora bien, en cuanto a los presupuestos de hecho de los actos administrativos, ante todo, y para que estos se emitan, el funcionario está obligado a determinarlos con precisión; determinación que en esta etapa de la actuación no comporta ningún elemento de apreciación ni juicio, sino de constatación de los hechos que constituyen el presupuesto fáctico del acto.

En esta determinación, la Administración debe siempre, comprobar los hechos de manera de constatar que sean ciertos y no fal-

---

24. Sentencia de la Corte Primera de lo Contencioso Administrativo, de 26 de mayo de 1983, p. 142, *Revista de Derecho Público,* núm. 15, Caracas, 1983, p. 142. Lo que G. Vedel y P. Delvolvé califican de "falsa interpretación de la Ley". *Vid.* G. Vedel et P. Delvolvé, *Droit Administratif,* París, 1984, p. 791.

25. Sentencia de la Corte Primera de lo Contencioso Administrativo, de 12 de abril de 1988, *Revista de Derecho Público,* núm. 34, Caracas, 1988, pp. 92-94.

sos; y debe calificarlos correctamente para adoptar su decisión conforme a la base legal y atribución de competencia que tiene.

Ante todo, los hechos deben existir, ser exactos y estar debidamente comprobados por la Administración. Esto encaja en lo que la jurisprudencia francesa ha calificado como el "control mínimo" que ejerce el juez contencioso administrativo y que se refiere, además de al error de derecho, al error manifiesto de apreciación y a la desviación de poder, al control de la existencia y exactitud material de los hechos[26].

Por tanto, los actos administrativos están viciados cuando se fundan en hechos inexistentes, por ejemplo, si se sanciona a un funcionario por falta no cometida o si se fundan en hechos inexactos, no comprobados por la Administración.

Como lo ha establecido la jurisprudencia venezolana, toda decisión administrativa "se haya determinada por la comprobación previa de las circunstancias de hecho previstas en la norma, claramente estatuida para obligar a la Administración a someter sus actos, en cada caso, al precepto jurídico preexistente, por lo que en un caso concreto, al no existir prueba alguna de los hechos que motivan una decisión, esta resulta "manifiestamente infundada" y por tanto viciada de nulidad "por haberse fundado en hechos no comprobados"[27].

Los hechos que motivan un acto administrativo, por tanto, además de existir realmente y ser exactos[28] deben estar debidamente comprobados; y si bien le corresponde a la Administración, básicamente la carga de dicha prueba, ello no excluye el derecho y a veces

---

26. J. M. Auby y R. Drago, *op. cit.,* t. II, pp. 370 y 393; J. Rivero, *Droit Administratif,* París, 1987, pp. 310-311.

27. Sentencia de la Corte Suprema de Justicia en Sala Político Administrativa, de 22 de mayo de 1963, *Gaceta Forense,* núm. 40, 1963, p. 237. *Vid.* los comentarios a dicha sentencia en Allan R. Brewer-Carías, "Los límites del poder discrecional de las autoridades administrativas", *Revista de la Facultad de Derecho,* Universidad Católica Andrés Bello, núm. 2, 1965-1966, Caracas, 1966, pp. 16 y 17.

28. LGAP Costa Rica, art. 133, donde se exige que el motivo debe "existir tal y como ha sido tomado en cuenta para dictar el acto".

obligación de los administrados a aportar pruebas. La Administración, por tanto, no puede dar por probados los hechos con los solos elementos administrativos, sino que debe tomar en cuenta las pruebas del expediente administrativo en su globalidad, estando obligada a decidir, siempre, "conforme a lo probado en el expediente"[29]. Tal como hemos visto, la jurisprudencia francesa ha controlado el "error manifiesto" de apreciación de los hechos como límite al ejercicio del poder discrecional, refiriéndose a la arbitrariedad en la comprobación de los hechos, mas allí de los límites de la razonabilidad.

Este vicio en la comprobación de los presupuestos de hecho ha sido calificado por la jurisprudencia venezolana, como vicio de "falso supuesto" el cual consiste en la falsedad de los supuestos o motivos en que se basó el funcionario que dictó el acto; considerándose que para que pueda invalidarse una decisión por falso supuesto, "es necesario que resulten totalmente falsos el o los supuestos que sirvieron de fundamento a lo decidido", excluyéndose la anulación sólo cuando algunos de los hechos fueron falsos, pero no así el resto de los que motivaron el acto administrativo[30].

Pero además de que los hechos existan y sean debida y racionalmente comprobados, el autor del acto administrativo debe realizar una segunda operación, y es "adecuarlos al supuesto legal"[31], es decir, lo que en la jurisprudencia francesa se denomina la "calificación jurídica de los hechos" conforme a lo cual el funcionario debe verificar sí los hechos son "de naturaleza tal que justifiquen legal-

---

29. Sentencia de la Corte Suprema de Justicia en Sala Político administrativa, de 8 de junio de 1964 en *Gaceta Forense,* núm. 44, 1964, pp. 119-121. *Vid.* también en Allan R. Brewer-Carías, *Jurisprudencia de la Corte Suprema...,* t. I, Caracas, 1975, pp. 621-622.

30. Sentencia de la Corte Primera de lo Contencioso Administrativo, de 7 de noviembre de 1985, en *Revista de Derecho Público,* núm. 24, Caracas, 1985, p. 125. En igual sentido, sentencia de la Corte Suprema de Justicia en Sala Político Administrativa, de 7 de noviembre de 1988, *Revista de Derecho Público,* núm. 34, Caracas, 1988, p. 94.

31. Sentencia de la Corte Suprema de Justicia, de 3 de julio de 1961, *Gaceta Forense,* núm. 33, 1961, p. 20. *Vid.* los comentarios en Allan R. Brewer-Carías, "Los límites del poder...", *loc. cit.,* p. 18.

mente la decisión"[32], lo cual se considera controlable por el juez administrativo, en lo que se denomina el "control normal"[33]. Este control concierne, como antes lo hemos examinado, a la aplicación de los conceptos jurídicos indeterminados, que no constituyen discrecionalidad, y que se inicia en el *arrêt Gomel* CE 4 de abril de 1914, en el cual el Consejo de Estado decidió que para la toma de la decisión de negar un permiso de construcción, el Prefecto debía apreciar si la construcción proyectada atentaba contra la perspectiva monumental de una plaza, por lo que al considerar el juez que la plaza no tenía tal perspectiva monumental, la decisión fue anulada[34]. Por tanto, en relación a los presupuestos de hecho de los actos administrativos como elementos de validez, estos deben existir, ser exactos, estar debidamente comprobados, pruebas conforme a la cual la Administración debe decidir, calificando los hechos conforme a lo prescrito en el fundamento legal del acto. Consecuencialmente, todo acto administrativo dictado en base a hechos inexactos, falsos, no comprobados o apreciados erradamente, esta viciado de ilegalidad.

En particular, en esta operación de calificación jurídica de los hechos, la antigua Corte Federal de Venezuela, en 1957 consideró como exceso de poder los supuestos en los cuales un funcionario, sin violar precepto legal alguno, hace uso indebido del poder que le es atribuido, porque tergiverse o altere la verdad de los presupuestos de hecho[35]. El vicio también ha sido en este caso calificado de "falso supuesto" y se produce cuando hay "una mala apreciación de los elementos materiales existentes en el procedimiento administrativo, de modo que se haga producir a la decisión, efectos diferentes a los

---

32. *Vid.* J. M. Auby y R. Drago, *op. cit.*, t. II, p. 403; G. Vedel y P. Delvolvé, *op. cit.*, p. 796; Long, Weil y Braibant, *op. cit.*, p. 125.
33. J. M. Auby y R. Drago, *op. cit.*, t. II, p. 403.
34. Long, Weil y Braibant, *op. cit.*, pp. 124-130.
35. Sentencia de 9 de agosto de 1957 en *Gaceta Forense,* núm. 17, 1957, pp. 132-137; y en Allan R. Brewer-Carías, *Jurisprudencia de la Corte Suprema... op. cit.*, t. III, vol. 1, p. 339.

que hubiera producido si dicha apreciación hubiera sido hecha correctamente"[36].

En definitiva, como lo afirma la jurisprudencia venezolana "la correcta apreciación de los hechos que fundamentan las decisiones administrativas constituyen un factor esencial para la legalidad y corrección de las mismas, y consecuentemente, un medio adecuado para poder verificar su control judicial con miras al mantenimiento de tales fines"[37].

5. Principios relativos a la finalidad de la actividad administrativa

La actividad administrativa en el Estado de Derecho está condicionada por la ley, siempre, a la obtención de determinados resultados[38]. Estos fines están siempre determinados en el ordenamiento jurídico, por lo que un acto administrativo será válido, como lo señala la Ley General de la Administración Pública de Costa Rica, sólo cuando "se conforme sustancialmente con el ordenamiento jurídico, incluso en cuanto al móvil del funcionario que lo dicta" (art. 128).

---

36. Sentencia de la Corte Primera de lo Contencioso Administrativa, de 4 de noviembre de 1986, *Revista de Derecho Público,* núm. 28, Caracas, 1986, p. 91.

37. Sentencia de la Corte Suprema de Justicia en Sala Político Administrativa, de 9 de junio de 1988, *Revista de Derecho Público,* núm. 35, Caracas, 1988, p. 97. En esa misma decisión la Corte agregó: "constituye ilegalidad el que los órganos administrativos apliquen las facultades que ejercen, a supuestos distintos de los expresamente previstos por las normas, o que distorsionen la real ocurrencia de los hechos o el debido alcance de las disposiciones legales, para tratar de lograr determinados efectos sobre la base de realidades distintas a las existentes o a las acreditadas en el respectivo expediente administrativo, concreción del procedimiento destinado a la correcta creación del acto", *idem.*

38. El art. 40.1 de la Ley de Procedimientos Administrativos española prescribe que el contenido de los actos administrativos será ajustado a los fines de los mismos; y el art. 131.2 de la LGAP Costa Rica prescribe así que "los fines principales del acto serán fijados por el ordenamiento".

Ahora bien, estos fines de la actividad administrativa pueden ser específicos, teniendo en cuenta la particular actuación de la Administración, o en todo caso, son los fines genéricos "de servicio público o que informan la función administrativa"[39]. O como lo prescribe, en general, el Código Contencioso Administrativo de Colombia: "Los funcionarios tendrán en cuenta que la actuación administrativa tiene por objeto el cumplimiento de los cometidos estatales como lo señalan las leyes, la adecuada prestación de los servicios públicos y la efectividad de los derechos a intereses de los administrados, reconocidos por la Ley"[40].

En consecuencia, aún cuando el ordenamiento jurídico no establezca un fin especifico a la acción administrativa, el funcionario no tiene discrecionalidad respecto de los fines, sino que siempre está sometido a la consecución de los fines genéricos de servicio público que como lo establece expresamente la Ley General de Administración Pública de Costa Rica, "el juez deberá determinarlos con vista de los otros elementos del acto y del resto del ordenamiento"[41].

Por supuesto, la consecuencia de la necesaria obtención de determinados resultados por la Administración, como lo ha indicado la jurisprudencia venezolana, es que "la Administración Pública no puede procurar resultados distintos de los perseguidos por el Legislador, aún cuando aquellos respondan a la más estricta licitud y moralidad pues lo que se busca es el logro de determinado fin, que no puede ser desviado por ningún motivo, así sea plausible este"[42].

En este sentido, la Ley de Procedimientos Administrativos de Argentina, al enumerar los requisitos esenciales de los actos administrativos, indica que estos "habrán de cumplirse con la finalidad que resulte de las normas que otorgan las facultades pertinentes del órgano emisor, sin poder perseguir encubiertamente otros fines,

---

39. Sentencia de la antigua Corte Federal (Venezuela) de 28 de septiembre de 1954, *Gaceta Forense*, núm. 5, 1954, pp. 217-218.
40. Art. 2°.
41. LGAP Costa Rica, art. 131.2.
42. Sentencia de la antigua Corte Federal de 28 de septiembre de 1954, *Gaceta Forense*, núm. 5, 1954, pp. 217-218.

públicos o privados, distintos a los que justifican el acto, su causa y objeto" (art. 7.f).

En consecuencia, como lo establece expresamente la Ley General de Administración Pública de Costa Rica, "la prosecución de un fin distinto del principal, con detrimento de éste, será desviación de poder" (art. 131.3), utilizándose así la terminología acuñada en Francia para identificar el vicio en la finalidad del acto administrativo, y que sanciona de ilegalidad, tanto los casos en los cuales el acto administrativo sea extraño al interés general, como los casos en los cuales aún tomados en interés general, los fines que motivan la actuación no sean los que justifican el otorgamiento de los poderes de actuar al funcionario especifico[43].

A diferencia del sistema francés, sin embargo, donde el vicio es pura creación jurisprudencial, en América Latina se lo ha consagrado legislativamente, e incluso, en algunos casos en las Constituciones como sucede en la Constitución de Venezuela, la cual, al definir el objeto de la jurisdicción contencioso-administrativa indica, entre otros, el de anular los actos administrativos "contrarios a derecho, a incluso por desviación de poder" (art. 206).

En base a ello, la jurisprudencia venezolana se ha ocupado del tema, precisando la existencia de este vicio, así:

"hay desviación de poder cuando el acto aún siendo formal y sustancialmente acorde con la Ley, sin embargo, no lo es desde el punto de vista teleológico por cuanto la Administración, al dictarlo, no persigue con ello el fin a cuyo logro le fue acordada la facultad para hacerlo, sino un fin distinto que es por sí mismo contrario a derecho. A través de este vicio la jurisprudencia que lo concibió y posteriormente la doctrina que delineó sus modalidades y finalmente, la norma expresa que lo consagra, tienden a establecer un control sobre la intención de la Administración, algo que va del simple examen de la apariencia del acto, para permitir que se escrudiñe en los motivos reales y concretos que tuvo su autor. La desviación de poder, para que se tipifique no requiere ni siquiera que el fin distinto perseguido por el proveimiento sea contrario a la ley, basta conque sea contrario al

---

43. *Vid.* el *arrêt Paríset,* CE 26 de noviembre de 1975, Rec. 934 y los comentarios en Long, Weil y Braibant, *op. cit.,* pp. 22 ss.; *Vid.* además, J. M. Auby y R. Drago, *op. cit.,* t. II, pp. 415 ss.

objetivo que con el acto específico que se dicta se trata de conseguir"[44].

Pero no sólo la finalidad del acto administrativo no debe ser desviada, sino que tampoco lo puede ser el procedimiento administrativo específico. Es decir, los procedimientos también son instituidos en vista de la obtención de un resultado concreto, de manera que cualquier desviación del procedimiento vicia el acto producido de desviación del poder. El vicio consiste en la utilización por la Administración, de un procedimiento administrativo con una finalidad distinta respecto de la cual dicho procedimiento se ha instituido. Este vicio, identificado precisamente en la jurisprudencia francesa desde hace más de cuatro décadas[45], resulta del principio de que el funcionario no tiene potestad de elegir entre diversos procedimientos para obtener un resultado dado. Si lo que se busca, por ejemplo, es la transferencia de determinada propiedad privada inmueble al Estado por causa de utilidad pública, la Administración debe acudir al procedimiento de la expropiación, razón por la cual, la utilización con el mismo fin de cualquier otro procedimiento que tenga como resultado la extinción de la propiedad sin pago de una justa indemnización, se configuraría como una desviación del procedimiento[46].

---

44. Sentencia de la Corte Primera de lo Contencioso Administrativo, de 14 de junio de 1982, *Revista de Derecho Público,* núm. 11, Caracas, 1982, p. 134. *Vid.* también sentencia de Corte Suprema de Justicia, de 15 de noviembre de 1982, *Revista de Derecho Público,* núm. 12, Caracas, 1982, pp. 134-135; y sentencia de la Corte Primera de lo Contencioso Administrativo, de 13 de agosto de 1986, *Revista de Derecho Público,* núm. 28, Caracas, 1986, p. 92, donde se anuló un acto administrativo disciplinario, porque el mismo "no fue la limpia aplicación de un procedimiento disciplinario sino que encubrió una venganza de las autoridades, circunstancias éstas constitutivas de desviación de poder, figura que el art. 206 de la Constitución sanciona como un vicio capaz de acarrear la nulidad del acto", *idem.*

45. R. Hostiou, *Procédure et formes de l'acte administratif unilateral en Droit Français,* París, 1975; pp. 315 ss.; J. M. Auby y R. Drago, *op. cit.,* p. 420; G. Vedel y P. Delvolvé, *op. cit.,* p. 810; G. Isaac, *La Procédure administrative non contentieuse,* París, 1968, pp. 59 ss.

46. Un caso de nulidad de un Decreto de Expropiación por desviación del procedimiento puede verse en la sentencia de la Corte Suprema de Justicia (Venezuela) en Sala Político-Administrativa de 8 de enero de

6. *Principios relativos al objeto de los actos administrativos*

Por último, dentro de los elementos del acto administrativo, como de todo acto jurídico, está su objeto o contenido, es decir, el efecto práctico que con el acto administrativo se pretende. Por ejemplo, el nombramiento de un funcionario, el decomiso de un bien, la demolición de un inmueble o el otorgamiento de un permiso.

Este objeto del acto administrativo, como en cualquier acto jurídico, tiene que ser determinado o determinable, debe ser posible y tiene que ser lícito. Por ejemplo, así lo establece la Ley General de la Administración Pública de Costa Rica al prever que el contenido de los actos administrativos "deberá de ser licito, posible, claro y preciso"; y la Ley argentina sobre Procedimientos Administrativos, al establecer como requisito esencial de los actos administrativos, el que "el objeto debe ser cierto, física y jurídicamente posible" (art. 7.c).

1970, *Gaceta Oficial,* núm. 29.122 de 16 de enero de 1970 (caso *Nelson C.A.*) en la cual la Corte consideró la emisión de un nuevo Decreto de Expropiación sobre unos inmuebles como un caso típico de desviación de poder ya "que a través de ellos, se ha tratado de obtener beneficios para la Administración, utilizando procedimientos que no encajan estrictamente dentro de la finalidad estricta de los poderes que se utilizaron". En el caso se trataba de unos inmuebles ya ocupados y construidos por el Estado sobre los cuales se dictó un Decreto de Expropiación. Casi finalizado el procedimiento expropiatorio, la Administración dictó un Decreto desistiendo de la Expropiación y el mismo día dictó otro Decreto, de nuevo, de expropiación de un área mayor. La Corte consideró que "La finalidad perseguida por el Decreto núm. 791 (de desistimiento de la expropiación) no fue la de prescindir del procedimiento, ya que, con la misma fecha, se dictó el Decreto núm. 792 que afecta la misma cosa expropiada, aún cuando en una cabida menor, la verdadera finalidad, como lo expresa el dictamen de la Procuraduría General de la República, fue la de iniciar de nuevo el procedimiento y tener otra oportunidad de establecer un precio más conveniente a los intereses de la Nación y tales procedimientos contribuyen, indudablemente, a desnaturalizar el juicio expropiatorio". *Vid.* el texto de la sentencia, en Allan R. Brewer-Carías, *Jurisprudencia de la Corte Suprema... cit.,* t. III, vol. I, pp. 338-339.

La consecuencia de estas exigencias respecto del objeto, es que un acto administrativo cuyo contenido sea indeterminado, de imposible ejecución, ilegal en sí mismo o de ilegal ejecución, no puede ser válido y estaría viciado de nulidad absoluta. Así lo prescribe la Ley venezolana de Procedimientos Administrativos, al considerar como uno de los casos de nulidad absoluta de los actos administrativos, "cuando su contenido sea de imposible o ilegal ejecución" (art. 19.3)[47]. En el mismo sentido, la Ley española de Procedimiento Administrativo 30/1992 prescribe que son nulos de pleno derecho, aquellos actos de la Administración "que tengan contenido imposible" o sean constitutivos de infracción penal o se dicten como consecuencia de ésta" (art. 62.1.c y d).

II. LOS ELEMENTOS DE FORMA DE LOS ACTOS ADMINISTRATIVOS

Los elementos de forma de los actos administrativos, denominados también, de legalidad externa, están configurados tanto por las formalidades necesarias para la producción de los mismos, como por los elementos formales de la exteriorización de los actos, en particular la forma escrita y la motivación. Distinguimos, por tanto, siguiendo a René Hostiou, las *formalidades* de los actos administrativos, constituidas por las diversas operaciones que condicionan la emisión y la entrada en vigor del acto; de las *formas,* que son las menciones del escrito que traducen las diversas condiciones de regularidad del acto, particularmente, la motivación o la exteriorización de motivos[48].

1. *Las formalidades de los actos administrativos*

Tal como lo expresa la Ley argentina de Procedimientos Administrativos, antes de la emisión del acto administrativo "deben cum-

---

47. Por ejemplo, un decreto de expropiación de unos inmuebles que ya han sido expropiados. *Vid.* sentencia de la Corte Suprema de Justicia (Venezuela), en Sala Político Administrativa, de 8 de enero de 1970 (Caso *Nelson C.A.*), *Gaceta Oficial* núm. 29.122, de 16 de enero de 1970. *Vid.* asimismo en Allan R. Brewer-Carías, *Jurisprudencia de la Corte Suprema..., cit.,* t. III, vol. 1, p. 339.

48. *Vid.* R. Hostiou, *op. cit.*

plirse los procedimientos esenciales y sustanciales previstos y los que resulten implícitos del ordenamiento jurídico" (art. 7.d)[49]. En este sentido, el procedimiento se identifica con las formalidades que deben cumplirse previamente a la adopción del acto.

Ahora bien, las formalidades establecidas legalmente, y que conforman un procedimiento administrativo, tienen siempre dos objetivos generales, tal como lo prescribe la Ley General de la Administración Pública de Costa Rica: en primer lugar, asegurar el mejor cumplimiento posible de los fines de la Administración, y en segundo lugar, el respeto para los derechos subjetivos a intereses legítimos de los administrados (art. 214). Estas formalidades están reguladas, con frecuencia, en forma dispersa, en los diversos textos reguladores de la actividad administrativa, y de ellas resultan las que pueden considerarse sustanciales y cuyo desconocimiento puede afectar el acto administrativo con vicio de nulidad (art. 223.1 LGAP Costa Rica), distintas de las que no pueden considerarse sustanciales y cuya falta no afecta la validez de los actos administrativos.

Ahora bien, siguiendo la orientación de la jurisprudencia francesa[50], puede señalarse que siempre han de considerarse como sustanciales, las formalidades establecidas para garantizar los derechos de los administrados, como por ejemplo, las que prescriben la audiencia de los interesados, como información previa a una decisión, o para asegurar el derecho a la defensa (*audi alteram parte*). La Ley General de la Administración Pública de Costa Rica, por ello, establece que debe considerarse una formalidad esencial aquella cuya omisión "causare indefensión" (art. 223).

Además, también deben considerarse como esenciales las formalidades cuyo incumplimiento podría cambiar el sentido de la decisión. Así, expresamente, la Ley General de la Administración

---

49. En sentido similar el art. 129 de la LGAP Costa Rica establece que el acto administrativo deberá dictarse "previo cumplimiento de todos los trámites sustanciales previstos al efecto".

50. G. Vedel y P. Delvolvé, *op. cit.*, p. 788; G. Berlia, "Vice de forme et contrôle des actes administratifs", *Revue de Droit Public et de la Science Politique en France et à l'etranger*, París, 1940, pp. 377 ss.

Pública de Costa Rica, entiende "como sustancial la formalidad cuya realización correcta hubiera impedido o cambiado la decisión final en aspectos importantes" (art. 223.2).

Con frecuencia, por ejemplo, los textos legales exigen, en el curso del procedimiento, la intervención previa y obligatoria de órganos consultivos, cuya opinión puede ser vinculante o no vinculante para el órgano que dicta el acto. Como lo dispone la Ley española 30/1992 los informes pueden ser perceptivos o facultativos, vinculantes o no vinculantes (art. 82.1).

Ahora bien, salvo disposición legal en contrario, conforme a los artículos 83.1 y 57 de las leyes de sobre procedimientos administrativos de España y Venezuela, los informes que se emitan por los órganos consultivos deben considerarse que no son vinculantes para la autoridad que debe adoptar la decisión.

Se destaca, en este sentido, que la Ley de Procedimientos Administrativos de Argentina, para la emisión de los actos administrativos, considera siempre como "esencial el dictamen proveniente de los servicios permanentes de asesoramiento jurídico cuando el acto pudiere afectar derechos subjetivos e intereses legítimos" (art. 7.d), sin prever, por supuesto, en ese caso, carácter vinculante del dictamen jurídico.

En otros casos, la formalidad sustancial consiste en exigir para la emisión de un acto administrativo por un órgano, la formulación de una propuesta de parte de otro órgano administrativo. Esta proposición puede consistir solamente en dejar la iniciativa de la decisión, al órgano proponente, o puede consistir en una proposición llamada imperativa, de manera que la intervención del órgano proponente tiene por efecto esencial, limitar el poder de decisión del órgano que tome la decisión[51]. Es el caso generalizado de los concursos para la nominación de funcionarios, cuya evaluación y proposición corresponde a un jurado o comisión calificadora que luego propone el nombramiento a la autoridad decisora, sin que ésta pueda variar en forma alguna la propuesta.

---

51. *Vid.* R. Hostiou, *op. cit.,* pp. 37 ss.

En todo caso, y salvo determinación expresa de la ley, el órgano administrativo al cual corresponda tomar una decisión, tiene libertad de consultar a otras autoridades u organismos, como lo señala la Ley de Procedimientos Administrativos de Venezuela, y solicitar los "informes, documentos o antecedentes que estime convenientes para la mejor resolución del asunto" (art. 54). Sin embargo, la omisión de los informes y antecedentes no suspende la tramitación, salvo disposición expresa en contrario, sin perjuicio de la responsabilidad en que incurra el funcionario por la omisión o demora (art. 56).

2. *La forma de los actos administrativos*

El principio sobre la forma de los actos administrativos está resumido en el artículo 8 de la Ley de Procedimientos Administrativos de Argentina, que establece:

"El acto administrativo se manifestará *expresamente* y por *escrito;* indicará el *lugar* y *fecha* en que se lo dicta y contendrá la *firma* de la autoridad que lo emite; sólo por excepción y si las circunstancias lo permitieren podrá utilizarse una forma distinta".

Una formulación similar está en el artículo 134 de la Ley General de la Administración Pública de Costa Rica[52], y en forma más detallada en el artículo 18 de la Ley Orgánica de Procedimientos Administrativos, el cual dispone que:

"Todo acto administrativo deberá contener: 1. Nombre del Ministerio u organismo a que pertenece el órgano que emite el acto; 2. Nombre del órgano que emite el acto; 3. Lugar y fecha donde el acto es dictado; 4. Nombre de la persona u órgano a quien va dirigido; 5. Expresión sucinta de los hechos, de las razones que hubieren sido alegadas y de los fundamentos legales pertinentes; 6. La decisión respectiva, si fuere el caso; 7. Nombre del funcionario o funcionarios que lo suscriben, con indicación de la titularidad con que actúen, e indicación expresa, en caso de actuar por delegación, del número y

---

52. Art. 134. 1. El acto administrativo deberá expresarse por escrito, salvo que su naturaleza o las circunstancias exijan forma diversa. 2. El acto escrito deberá indicar el órgano agente, el derecho aplicable, la disposición, la fecha y la firma, mencionando el cargo del suscriptor.

fecha del acto de delegación que confirió la competencia; 8. Sello de la oficina".

Agrega esta norma que "El original del respectivo instrumento contendrá la firma autógrafa del o de los funcionarios que lo suscriban". Esta exigencia de la firma, por supuesto, se complementa con la necesaria firma en los casos de refrendo (*contresigne*) ministerial, que generalmente es de rango constitucional[53]. Sin embargo, en cuanto a la firma de los actos administrativos, la Ley venezolana precisa que "en el caso de aquellos actos cuya frecuencia lo justifique, se podrá disponer mediante decreto, que la firma de los funcionarios sea estampada por medios mecánicos que ofrezcan garantías de seguridad" (art. 18).

De lo anterior resulta, como principio, que el acto administrativo debe ser *escrito,* pudiendo, sin embargo, ser mecánico o verbal[54], siempre que con la decisión no se afecten derechos o intereses.

Debe destacarse, dentro de las exigencias de forma de los actos administrativos, el requerimiento de la Ley venezolana de que deben contener la expresión sucinta de los fundamentos legales pertinentes (art. 18.5). Es lo que se denomina en el derecho francés, el sistema de "visas" del acto administrativo, que exige, entre otros aspectos, la expresión formal de la base legal del acto, es decir, de las normas legales o reglamentarias que autorizan su emisión[55].

3. *La motivación de los actos administrativos*

La motivación, como requisito de forma de los actos administrativos, consiste en la necesaria expresión formal de los motivos del acto, tanto los que son de derecho y que configuran la base legal, como los motivos de hecho que provocan la actuación administrativa. La motivación, por tanto, es la expresión formal de la causa

---

53. Art. 190, Constitución de Venezuela.
54. Por ejemplo, art. 55.1 Ley 30/1992 España.
55. G. Dupuis, "La présentation de l'acte administratif" en G. Dupuis (ed.), *Sur la forme et la procédure de l'acte administratif,* París, 1979, p. 15; R. Hostiou, *op. cit.,* pp. 159 ss; P. Delvolvé, *L'acte administratif,* París, 1983, p. 181.

de los actos administrativos, es decir, de los fundamentos de hecho y de derecho de los mismos.

Ahora bien, la evolución que se observa en el derecho francés en materia de motivación de los actos administrativos, que comenzó por un régimen de ausencia de obligación de motivar los actos administrativos, hasta la emisión de la Ley 79-587 de 11 de julio de 1979 que impuso la obligación de motivar las decisiones administrativas desfavorables concernientes a los administrados, puede decirse que se ha producido en todos los países con régimen administrativo. La jurisprudencia, por supuesto, en esta evolución jugó un papel fundamental al haber ido exigiendo la motivación en el caso de medidas graves impuestas a un particular; en el caso de que la motivación fuera el único medio para que se pudiera apreciar la regularidad o legalidad del acto administrativo; y en particular, en materia de imposición de sanciones disciplinarias a los funcionarios[56]. La timidez de la jurisprudencia francesa en esta materia, en todo caso, fue superada con la ley 79-587 de julio de 1979, en la cual se impuso la obligación de motivar respecto de las decisiones que restringen el ejercicio de las libertades públicas o, de manera general, las que constituyan una medida de policía; impongan una sanción; subordinen el otorgamiento de una autorización a condiciones restrictivas o impongan sujeciones; retiren o abroguen una decisión creadora de derechos; opongan una prescripción, una privación de un derecho o una caducidad; o rechacen una ventaja cuya atribución constituya un derecho para las personas que reúnen las condiciones legales para su obtención[57].

Una solución similar se ha establecido en la legislación española 30/1992 reguladora del procedimiento administrativo (desde 1958), ha establecido que:

---

56. J. M. Auby y R. Drago, *op. cit.*, t. II, pp. 305-306; R. Hostiou, *op. cit.*, pp. 180 ss.; p. Delvolvé, *op. cit.*, p. 182; G. Isaac, *op. cit.*, pp. 561 ss.
57. Art. 1° *Vid.* sobre la Ley 79/587 de 11 de julio de 1979. Didier Linotte "La motivation obligatoire de certaines décisions administratives", *Revue de Droit Public et de la Science Politique en France et à l'étranger*, 1980, núm. 6, pp. 1699 ss.; J. M. Auby y R. Drago, *op. cit.*, t. II, p. 307.

"Serán motivados, con sucinta referencia de hechos y fundamentos de derecho: a) Los actos que limiten derechos subjetivos o intereses legítimos; b) Los que resuelvan procedimientos de revisión de oficio de disposiciones o actos administrativos, recursos administrativos, reclamaciones previas a la vía judicial y procedimientos de arbitraje; c) Los que se separen del criterio seguido en actuaciones precedentes o del dictamen de órganos consultivos; d) Los acuerdos de suspensión de actos, cualesquiera que sea el motivo de ésta, así como la adopción de medidas provisionales […]; e) Los acuerdos de aplicación de la tramitación de urgencia o de ampliación de plazos; f) Los que se dicten en ejercicio de potestades discrecionales, así como los que deben serlo en virtud de disposición legal o reglamentaria expresa."[58].

Más radical ha sido, en todo caso, la evolución en Argentina y Venezuela, cuyas legislaciones, después del trabajo progresivo de la jurisprudencia que había venido exigiendo la motivación respecto de los actos sancionatorios, los que restringieran los derechos de los particulares y los dictados en base al ejercicio de un poder discrecional[59] han establecido la obligación general de motivación de todos los actos administrativos. Así, el artículo 7.e de la Ley argentina de Procedimientos Administrativos dispone como un requisito esencial de los actos administrativos el que "deberán ser motivados, expresándose en forma concreta las razones que inducen a emitir el acto, consignando, además, los hechos y antecedentes que le sirven de causa y en el derecho vigente". En igual sentido, la Ley venezolana de Procedimientos Administrativos establece que:

"Los actos administrativos de carácter particular deberán ser motivados, excepto los de simple trámite o salvo disposición expresa de la Ley. A tal efecto, deberán hacer referencia a los hechos y a los fundamentos legales del acto" (art. 9).

En consecuencia, la ausencia de motivación de los actos administrativos de efectos particulares sólo puede fundarse en un texto legal expreso que la consagre, lo cual es infrecuente.

---

58. En sentido similar, art. 136 LGAP Costa Rica.
59. *Vid.* Allan R. Brewer-Carías, *El Derecho Administrativo y la Ley Orgánica de Procedimientos Administrativos,* Caracas, 1985, pp. 158 ss.

III. EL RÉGIMEN DE NULIDADES DE LOS ACTOS ADMI-NISTRATIVOS

Una de las consecuencias más importantes del proceso de codificación del derecho administrativo y de la regulación legislativa de los elementos del acto administrativo en España y América Latina, es la regulación expresa del régimen de las nulidades de los actos administrativos, y particularmente, el establecimiento, por ley, de los casos de nulidad absoluta y sus consecuencias.

En efecto, como lo señala la Ley General de la Administración Pública de Costa Rica, "la falta o defecto de algún requisito del acto administrativo, expresa o implícitamente exigido por el ordenamiento jurídico, constituirá un vicio de éste" (art. 158.1). Ahora bien, no todo vicio afecta la validez de los actos administrativos, o en otros términos, no todas las faltas o defectos en los elementos o requisitos de los actos administrativos, producen la nulidad de los mismos. La invalidez, y consecuentemente, la posibilidad de anular los actos administrativos sólo se producen cuando el acto administrativo tenga una inconformidad sustancial con el ordenamiento jurídico[60]. En otros términos, las infracciones insustanciales no invalidan los actos administrativos ni conducen a que se declare su nulidad, sin perjuicio de la responsabilidad disciplinaria del funcionario[61].

Ahora bien, la invalidez del acto administrativo no tiene siempre la misma gravedad de origen ni los mismos efectos, ya que puede manifestarse como resultado de un vicio de nulidad absoluta o de nulidad relativa, según la gravedad de la violación cometida. El problema de la teoría de las nulidades de los actos administrativos radica entonces, precisamente, en determinar cuando el vicio del acto administrativo acarrea la nulidad absoluta del mismo, y cuando ello no ocurre, resultando sólo un vicio de nulidad relativa o anula-

---

60. Art. 158 LGAP Costa Rica.
61. Art. 158.5 LGAP Costa Rica. En este sentido el art. 16 de la LPA Argentina establece que "La invalidez de una cláusula accidental o accesoria de un acto administrativo no importara la nulidad de éste, siempre que fuere separable y no afectara la esencia del acto emitido".

bilidad, pues los efectos de uno a otro vicio en el mundo del derecho, son totalmente distintos.

Dos sistemas de determinación de estos vicios se han seguido en las legislaciones sobre procedimientos administrativos en América Latina. En primer lugar, resalta el sistema adoptado por la Ley General de Administración Pública de Costa Rica que prescribe, en forma general, por una parte, que "habrá nulidad absoluta del acto cuando faltan totalmente uno o varios de sus elementos constitutivos, real o jurídicamente"; y por la otra, que "habrá nulidad relativa del acto cuando sea imperfecto uno de sus elementos constitutivos, salvo que la imperfección impida la realización del fin, en cuyo caso la nulidad será absoluta" (art. 165, 2 y 3)[62]. Este primer sistema, basado en la ausencia de los elementos del acto o en solo su imperfección, sin embargo, deja en la práctica imprecisa la frontera entre los dos tipos de vicios de los actos administrativos, con lo que su determinación continúa siendo casuística.

El segundo sistema general relativo al régimen de las nulidades absolutas, más preciso que el anterior, consiste en el establecimiento expreso, por la legislación, de los casos en los cuales los vicios producen la nulidad absoluta, configurándose estos, en un *numerus clausus*.

Es el caso de la Ley española 30/1992 reguladora del procedimiento administrativo común, que establece expresamente sólo cuatro supuestos de nulidad absoluta de los actos administrativos, los que califica como "nulidades de pleno derecho". Esos casos son: 1. Los que lesionen derechos y libertades susceptibles de amparo constitucional; 2. Los dictados por órgano manifiestamente incompetente por razones de la materia o del territorio; 3. Los que tengan contenido imposible; 4. Los que sean constitutivos de infracción penal o se dicten como consecuencia de ésta; 5. Los dictados prescindiendo total y absolutamente del procedimiento legalmente establecido o de las normas que contienen las reglas esenciales para la

---

62. *Vid.* Eduardo Ortiz Ortiz, "Nulidades del acto administrativo en la Ley General de Administración Pública (Costa Rica)" en *Revista del Seminario Internacional de Derecho Administrativo,* San José, 1981, pp. 381 ss.

formación de la voluntad de los órganos colegiados; 6. Los actos expresos o presuntos contrarios al ordenamiento jurídico por los que se adquieren facultades o derechos cuando se carezca de los requisitos esenciales para su adquisición (art. 62.1). Se trata, en resumen, de vicios graves en la competencia, del vicio en el objeto del acto y de vicios en las formalidades sustanciales[63]. La vieja Ley española de Régimen Jurídico de la Administración del Estado de 1957, además, agregaba a estos vicios de nulidad absoluta, los casos de violación de la reserva legal y de respeto a la jerarquía de los actos[64].

La legislación de Procedimientos Administrativos de Venezuela, además de los antes mencionados casos de incompetencia manifiesta, imposibilidad o ilegalidad del objeto del acto y prescindencia absoluta y total del procedimiento legalmente prescrito (art. 19.3 y 4), agregó como causales de nulidad absoluta de los actos administrativos, en primer lugar, los casos en los cuales la Constitución o la Ley así lo determinen expresamente (art. 19.1), como por ejemplo, cuando la Constitución establece la nulidad respecto de los actos violatorios de los derechos y garantías constitucionales (art. 46); los actos emanados de usurpación de funciones (art. 119); y los que sean producto de la requisición directa o indirecta de la fuerza (art. 120). En segundo lugar, agrega la legislación venezolana como vicio de nulidad absoluta, los casos de actos administrativos revocatorios de actos precedentes irrevocables, es decir, de actos que hayan creado derechos particulares (art. 19.2).

Por su parte, la legislación argentina de Procedimientos Administrativos es aún mucho mas amplia en la precisión de los casos de vicios de nulidad absoluta al establecer que el acto administrativo es nulo, de nulidad absoluta e insanable, en los siguientes casos: En primer lugar, cuando la voluntad de la Administración resultare excluida por error esencial; dolo, en cuanto se tengan como existentes hechos o antecedentes inexistentes o falsos; violencia física o

---

63. *Vid.* Tomas Ramón Fernández Rodríguez, *Nulidad de los actos administrativos,* Caracas, 1987; y *La doctrina de los vicios de orden público,* Madrid, 1970.

64. Arts. 23 a 28 y art. 47.2 Ley de Procedimientos Administrativos de 1958, España.

moral sobre el agente; o por simulación. En segundo lugar, cuando el acto fuere emitido mediando incompetencia en razón de la materia, del territorio, del tiempo o del grado; falta de causa, por no existir o ser falsos los hechos o el derecho invocado; o por violación de la Ley aplicable, de las formas esenciales o de la finalidad que inspiró su dictado (art. 14).

Ahora bien, la consecuencia de la enumeración de los casos de nulidad absoluta, es la indicación residual legislativa, de que cualquier otra infracción del ordenamiento jurídico, es decir, cualquier otro vicio de los actos administrativos que no llegue a producir la nulidad absoluta, o como lo dice la Ley argentina, cualquier irregularidad a omisión que no llegue a impedir la existencia de algunos de los elementos esenciales del acto, solamente los harán anulables, es decir, viciados de nulidad relativa (anulabilidad)[65].

De lo anterior resulta, por tanto, que en general, en las legislaciones de España y América Latina, los vicios en los elementos de fondo de los actos administrativos cuando son graves y manifiestos, como la incompetencia manifiesta; vicios en la manifestación de voluntad; violación de la Constitución o violación grave de las leyes; inexistencia de los presupuestos de hecho; y ausencia absoluta y total del procedimiento legalmente prescrito, producen la nulidad absoluta de los mismos. De lo contrario, conducen a vicios de nulidad relativa o anulabilidad, incluyendo los casos de desviación de poder y de violación a los limites a la discrecionalidad[66].

Es de destacar, sin embargo, en materia de vicios de forma, que si bien la ausencia absoluta y total del procedimiento legalmente prescrito es la que conduce a la nulidad absoluta, la jurisprudencia en algunos países ha admitido que las violaciones de las formalidades sustanciales, como las que están destinadas a proteger los derechos de los administrados, se han asimilado a la nulidad absoluta[67].

---

65. Art. 63 Ley 30/1992 España; art. 2° LOPA Venezuela; art. 15 LPA Argentina.
66. Art. 160 LGAP Costa Rica.
67. Sentencia de la Corte Primera de lo Contencioso Administrativo (Venezuela), de 26 de junio de 1986, *Revista de Derecho Público,* núm. 27, 1986, p. 101.

De resto, los vicios de forma, en principio, conducen a la anulabilidad de los actos administrativos, salvo que no afecten los requisitos formales indispensables para alcanzar el fin del acto, en cuyo caso la irregularidad ni siquiera conduce a la invalidez[68]. Se trata en definitiva, respecto de los vicios de forma, de la distinción elaborada por la jurisprudencia francesa en cuanto a violación de formalidades sustanciales o no sustanciales, considerándose como sustanciales, como se dijo, aquellas establecidas pare proteger a los administrados o cuyo incumplimiento podría modificar la decisión del fondo[69].

Ahora bien, la distinción entre los vicios de nulidad absoluta y vicios de nulidad relativa es esencial en las legislaciones hispano americanas, por las consecuencias y características que se asignan a los casos de nulidad absoluta, y que son las siguientes:

1. El acto administrativo viciado de nulidad absoluta no puede presumirse legítimo ni puede ordenarse su ejecución; en cambio, si el vicio es de nulidad relativa, rige el principio de la presunción de legitimidad del acto mientras no sea declarado lo contrario en vía jurisdiccional. Además, la ejecución de los actos administrativos viciados de nulidad absoluta compromete la responsabilidad de los funcionarios ejecutores[70].

2. La nulidad absoluta es un vicio que afecta la totalidad del acto y no puede ser convalidada; en cambio, la nulidad relativa puede afectar parcialmente un acto administrativo y en todo caso, puede ser convalidada[71].

3. La nulidad absoluta de los actos administrativos puede ser declarada por la Administración, en cualquier momento, es decir, los actos viciados de nulidad absoluta pueden siempre ser revocados

---

68. Art. 63.2 Ley 30/1992 España.

69. G. Berlia, *loc. cit.*, pp. 377 ss.

70. Arts. 169, 170 y 176 LGAP Costa Rica. En Venezuela, por ello, si se alega un vicio de nulidad absoluta en un recurso administrativo la Administración puede suspender la ejecución del acto (art. 87 LOPA).

71. Arts. 172 y 187 LGAP Costa Rica; art. 67.1 Ley 30/1992 España; arts. 21 y 81 LOPA, Venezuela.

por la Administración; en tanto que los actos administrativos creadores de derechos a favor de particulares, así estén viciados de nulidad relativa, son irrevocables por la propia Administración[72]. En el primer supuesto, podría hablarse de la existencia de un recurso administrativo sin plazo alguno de caducidad, para solicitar de la Administración, el reconocimiento de la nulidad absoluta de sus actos[73].

4. La anulación de un acto administrativo viciado de nulidad absoluta, en principio, produce efectos *ex tunc,* es decir, tiene efectos declarativos y retroactivos a la fecha del acto[74]; en cambio, en principio, la anulación de un acto relativamente nulo producirá efectos *ex nunc,* es decir, sólo para el futuro, excepto cuando el efecto retroactivo sea necesario para evitar daños al destinatario del acto administrativo, a terceros o al interés público[75].

5. En ciertos supuestos, la nulidad absoluta de los actos administrativos permite que se pueda solicitar su nulidad, en vía jurisdiccional, en cualquier tiempo, como por ejemplo en los casos de violación de derechos y garantías constitucionales[76], en cuyo caso no habría lapso de caducidad para intentar el recurso de anulación. En cambio, el recurso de nulidad contra los actos administrativos de efectos particulares, cuando se fundamente en vicios de nulidad relativa, debe intentarse en un lapso de tiempo determinado, sin perjuicio de que con posterioridad pueda oponerse siempre la ilegalidad como excepción[77].

6. Por último, tratándose de vicios de nulidad absoluta, los mismos pueden ser apreciados de oficio por el Juez contencioso-administrativo en el curso de un proceso. En cambio, en los casos de vicios de nulidad relativa, tienen que ser alegados por el recu-

---

72. Arts. 173 y 174 LGAP Costa Rica; arts. 17 y 18 LPA Argentina; arts. 19.2 y 81 LOPA, Venezuela.

73. Art. 81 LOPA Venezuela.

74. Art. 171 LGAP Costa Rica.

75. Art. 178 LGAP Costa Rica.

76. Art. 5°, la Ley Orgánica de Amparo sobre Derechos y Garantías Constitucionales (Venezuela).

77. Art. 136, Ley Orgánica de la Corte Suprema de Justicia (Venezuela).

ALLAN R. BREWER-CARÍAS

rrente, para que puedan ser apreciados por el Juez contencioso-administrativo[78].

Debe señalarse, por último, que algunas de las legislaciones analizadas regulan expresamente los supuestos de convalidación, saneamiento y conversión de los actos administrativos cuando adolezcan de algunos de los vicios de nulidad relativa. En tal sentido, por ejemplo, la vieja Ley española de Procedimiento Administrativo de 1958 establecía que si el vicio consistiere en incompetencia, "la convalidación puede realizarse por el órgano competente cuando sea superior jerárquico del que dictó el acto convalidado" (art. 53.2); y en igual sentido se regula en la Ley argentina de Procedimientos Administrativos, calificándose el procedimiento como "ratificación" (art. 19.1). En materia de vicios de forma, el saneamiento se regula en la Ley General de Administración Pública de Costa Rica, al establecerse que:

"Cuando el vicio del acto relativamente nulo consista en la ausencia de una formalidad sustancial, como una autorización obligatoria, una propuesta o requerimiento de otro órgano, o una petición o demanda del administrado, éstos podrán darse después del acto, acompañados por una expresa manifestación de conformidad con todos sus términos" (art. 188.1)[79].

En algunos casos se establece como principio que el acto convalidado producirá efectos desde su fecha[80]; y en otros, que los efectos tanto de la convalidación como del saneamiento de un acto administrativo, se retrotraerán a la fecha de emisión del acto objeto de ratificación o confirmación"[81].

---

78. Art. 87, Ley Orgánica de la Corte Suprema de Justicia (Venezuela). *Vid.* sobre los vicios que el juez contencioso administrativo puede considerar de oficio: G. Vedel y P. Delvolvé, *op. cit.*, p. 817.
79. De acuerdo con la misma Ley de Costa Rica, por supuesto el saneamiento no es posible cuando se trate de omisiones de dictámenes ni en los casos en que las omisiones produzcan nulidad absoluta, por impedir la realización del fin de acto final. Art. 188.2.
80. Art. 67.2 Ley 30/1992 España.
81. Art. 19 LPA Argentina; art. 187.1 y 188.3 LGAP Costa Rica.

249

Las leyes analizadas también prevén la figura de la conversión, que conforme a la Ley argentina se produce si los elementos válidos de un acto administrativo nulo permiten integrar otro que fuere válido, en cuyo caso podrá efectuarse su conversión en este, siempre que lo consienta el administrado y sea declarado expresamente por la Administración. En estos casos, la conversión produce efectos a partir del momento en que se perfeccione el nuevo acto[82].

CAPÍTULO II

PRINCIPIOS RELATIVOS A LOS EFECTOS DE LOS ACTOS ADMINISTRATIVOS

Las leyes de Procedimientos Administrativos de España y América Latina no solo regulan con detalle los elementos de los actos administrativos que condicionan su *validez,* sino que también regulan con precisión los aspectos esenciales relativos a la *eficacia* de los actos administrativos, y entre ellos, la determinación del momento en el cual comienzan a surtir sus efectos; el principio de la no retroactividad de dichos efectos; el principio del respeto a los derechos adquiridos y el régimen de la revocación; el principio de la presunción de legitimidad de los actos administrativos; y los principios relativos a la ejecución de los mismos.

Analizaremos estos aspectos, comparativamente.

I. EL COMIENZO DE LOS EFECTOS: PUBLICACIÓN Y NOTIFICACIÓN

El principio general que orienta la legislación española sobre procedimiento administrativo común es que los actos administrativos no solo son válidos sino que también "producen efectos desde la fecha en que se dicten", salvo que en ellos se disponga otra cosa o que su contenido supedite su eficacia a la comunicación del acto a los interesados (art. 57). La excepción aquí prevista, por supuesto, tratándose de decisiones ejecutorias que producen efectos generales o particulares, indudable que se convierte en la regla, en el sentido de que normalmente el inicio de los efectos de los actos administra-

---

82. Art. 20 LPA Argentina; art. 189 LGAP Costa Rica.

tivos se sitúa en el momento en que se hacen del conocimiento de los interesados. Es, por lo demás, el principio que deriva de las legislaciones latinoamericanas, conforme al cual, los efectos de los actos administrativos comienzan desde el momento en que dichos actos se hacen de conocimiento de los interesados[83]. Es lo que se llama la publicidad de decisiones ejecutorias en el sistema francés, la cual puede ser impersonal mediante la publicación del acto en una compilación oficial, o personal, mediante la notificación del acto directamente al interesado[84]. Así, conforme lo resume la Ley Argentina de Procedimientos Administrativos:

> "Para que el acto administrativo de alcance particular adquiera eficacia debe ser objeto de notificación al interesado, y el de alcance general, de publicación" (art. 11)[85].

Sin embargo, precisa la Ley General de la Administración Pública de Costa Rica, que aún antes de que se hagan del conocimiento de los interesados, si el acto les concede únicamente derechos, producirá sus efectos desde la fecha de su adopción (art. 140). En sentido parecido, en la legislación argentina de Procedimientos Administrativos también se prevé como excepción al principio de la eficacia condicionada a la publicación o notificación, el que los interesados pueden, antes de que ello ocurra, pedir el cumplimiento de los actos administrativos siempre que no resultaren perjuicios para el derecho de terceros (art. 11).

Ahora bien, al hablar de la publicación o notificación para establecer el comienzo de los efectos de los actos administrativos, debemos distinguir el régimen de los actos de efectos generales del de los actos de efectos particulares.

En efecto, en cuanto a los actos que producen efectos generales y que por tanto, sean de contenido reglamentario (normativo) e,

---

83. Como lo establece el art. 40 de la LGAP Costa Rica: "El acto administrativo producirá su efecto después de comunicado al administrado".
84. *Vid.* G. Isaac. *La Procédure administrative non contenciuse,* París, 1968, p. 570 ss. G. Vedel y P. Delvolvé, *Droit Administratif,* París, 1984, p. 265.
85. Art. 240.1 LGAP Costa Rica.

incluso, en cuanto a los actos que no siendo reglamentarios conciernen a un grupo indeterminado de personas (una convocatoria a concurso, por ejemplo)[86] el comienzo de la eficacia se sitúa siempre en el momento de su publicación en un boletín oficial[87]. Excepcionalmente, sin embargo, en algunos casos como en Colombia y en relación a entidades territoriales menores se permite, para marcar el inicio de los efectos de los actos reglamentarios, la publicación "en un periódico de amplia circulación en el territorio donde sea competente quien expide el acto", previéndose incluso que en los municipios en donde no hay órgano oficial de publicidad, se podrán divulgar estos actos mediante la fijación de avisos, la distribución de volantes, la inserción en otros medios, o por bandos (art. 83).

Respecto de los actos administrativos de efectos particulares, en cambio, y particularmente cuando afectan derechos o intereses de los administrados, los mismos para comenzar a surtir efectos deben ser notificados a los interesados[88]. Las legislaciones sobre procedimiento administrativo, en este sentido, regulan la forma y contenido de estas notificaciones, conforme a los siguientes principios:

1. Las notificaciones, en principio, deben ser personales al interesado, a su apoderado o a su representante, y deben realizarse mediante oficio, cartas, telegramas o cualquier otro medio que permita tener constancia de la recepción, de la fecha y de la identificación del acto notificado[89].

2. Las notificaciones deben dirigirse al domicilio o residencia del interesado o al lugar señalado por este para las mismas. Algunas legislaciones exigen la recepción personal de las notificaciones[90]; otras en cambio prevén que en dicho lugar, si no se hallare presente el interesado, su apoderado o su representante, podrá entregarse a

---

86. Art. 72 LOPA Venezuela.
87. Art. 60.1 Ley 30/1992 España; art. 72 LOPA Venezuela; art. 43 CCA Colombia.
88. Art. 58.1 Ley 30/1992 España; art. 73 LOPA Venezuela.
89. Art. 59.1 Ley 30/1992 España; art. 44 CCA Colombia; art. 243 LGAP Costa Rica; art. 73 LOPA Venezuela.
90. Art. 243 LGAP Costa Rica; art. 44 CCA Colombia.

cualquier persona que allí se encuentre haciéndose constar su parentesco o razón de permanencia en el lugar[91].

3. Cuando resulte imposible la notificación personal o se ignore el domicilio o residencia del interesado, algunas legislaciones permiten excepcionalmente suplir la notificación con la publicación del acto administrativo, en el Boletín Oficial[92]. En otros casos, en un diario de mayor circulación en la entidad territorial donde la autoridad que conoce del asunto tenga su sede[93], e incluso, en otros supuestos, con la fijación de un edicto en lugar público del respectivo despacho por un término de días[94]. Salvo estos supuestos, en general rige el principio de que "la publicación no puede normalmente suplir la notificación"[95].

4. En todo caso, en cuanto al contenido de las notificaciones, las legislaciones de España y América Latina exigen, siempre, que las mismas deben contener el texto íntegro del acto administrativo que se notifica con el importante señalamiento de que las notificaciones deben indicar los recursos que proceden contra el acto notificado, el órgano ante el cual deban presentarse y los lapsos para interponerlos[96].

Este último señalamiento es de tal importancia que en algunas legislaciones, como la venezolana, se prevé que si sobre la base de una información errónea contenida en la notificación, el interesado hubiere intentado algún procedimiento improcedente, el tiempo transcurrido no será tomado en cuenta a los efectos de determinar el vencimiento de los plazos que le corresponden para interponer el recurso apropiado[97].

---

91. Art. 59.1 Ley 30/1992 España; art. 75 LOPA Venezuela.
92. Art. 59.5 Ley 30/1992 España; arts. 241 y 242 LGAP Costa Rica.
93. Art. 76 LOPA Venezuela.
94. Art. 45 CCA Colombia.
95. Art. 241.1 LGAP Costa Rica.
96. Art. 58.2 Ley 30/1992 España; arts. 44 y 47 CCA Colombia; art. 73 LOPA Venezuela; art. 245 LGAP Costa Rica.
97. Art. 77 LOPA Venezuela.

Ahora bien, la consecuencia fundamental de la precisión legal de lo que debe contener la notificación de los actos administrativos, es que la notificación que se haga de un acto administrativo sin trascripción del texto íntegro, sin indicación de los recursos, los lapsos para intentarlos, y las autoridades ante los cuales se deben interponer, se considera legalmente como defectuosa y, por tanto, ineficaz[98]. La consecuencia más importante de esta regla, por supuesto, es que en los casos de notificaciones defectuosas, al ser estas ineficaces, no comienzan a correr los lapsos para intentar los recursos contra los actos administrativos[99]. Sin embargo, si el interesado se da voluntariamente por notificado o, por ejemplo, interpone el recurso pertinente contra el acto, se presume como notificado a partir de dicho momento[100].

Debe destacarse, sin embargo, que la legislación costarricense, establece una especie de saneamiento a la ineficacia de las notificaciones defectuosas por omisión de la indicación de los recursos que proceden contra el acto, por el transcurso de un lapso de tiempo, sin que se haga protesta formal[101].

II. EL PRINCIPIO DE LA IRRETROACTIVIDAD DE LOS ACTOS ADMINISTRATIVOS

El segundo principio general relativo a la eficacia de los actos administrativos, es el principio de la irretroactividad de los actos administrativos. En efecto, como se ha señalado, el comienzo de los efectos de los actos administrativos se sitúa en el momento de la publicidad del acto, sea mediante publicación sea mediante notificación. La consecuencia de ello es que de acuerdo al principio constitucional de la irretroactividad de la Ley, no es posible admitir la retroactividad de los efectos de los actos administrativos. Es decir, el principio general en esta materia es que los actos administrativos sólo pueden producir efectos hacia el futuro, siendo tanto inconstitucional como ilegal, la aplicación de un acto administrativo hacia

---

98. Art. 74 LOPA Venezuela; art. 48 CCA Colombia.
99. Art. 141.1 LGAP Costa Rica.
100. Art. 48 CCA Colombia.
101. Art. 247.2 LGAP Costa Rica (10 días).

el pasado; principio que no sólo se aplica a los actos reglamentarios sino también a los actos de efectos particulares.

El principio ha sido establecido por la jurisprudencia del Consejo de Estado (*arrêt Societé du Journal Aurore*, Rec. 289), como un principio general del derecho[102], complementado por las consideraciones doctrinales relativas al *arrêt Le Bigot du* 17 mai 1907 (Rec 460) respecto a la consideración de la atribución de efectos retroactivos a un acto administrativo, como un caso de incompetencia *ratione temporis* en el sentido de que el funcionario no tiene competencia para ejercer un derecho que perteneció a sus predecesores[103].

En España y América Latina, el principio de la irretroactividad de los actos administrativos, aparte de tener, al contrario que en Francia, un fundamento constitucional[104] y haber sido aplicado por la jurisprudencia como principio general[105], también está establecido, respecto de los actos administrativos, en las leyes de procedimientos administrativos, aplicándose tanto a los de carácter reglamentario como a los efectos particulares. Así se establece, por ejemplo, en la Ley General de la Administración Pública de Costa Rica, al prescribir que "El acto administrativo producirá efectos en contra del administrado únicamente para el futuro" (142,1). Indirectamente, además, el principio se establece en la Ley venezolana de Procedimientos Administrativos al regularse la posibilidad, para la Administración, de poder modificar los criterios establecidos por sus órganos, pero agregando que "la nueva interpretación no podrá

---

102. *Recueil Dalloz* 1948, pp. 437-438; Long, Weil y Braibant, *Les grandes arrêts de la jurisprudence administrative,* París, 1978, pp. 312 ss.

103. *Vid.* J. M. Auby, "L'incompetence *ratione temporis.* Recherches sur l'application den actes administratifs dans le temps", *Revue du Droit Public et de la Science Politique en France et à l'etranger,* 1953, pp. 5-60.

104. Por ejemplo, art. 24 Constitución de Venezuela.

105. *Vid.* por ejemplo, la jurisprudencia venezolana en las decisiones de la Corte Suprema de Justicia en Sala Político Administrativa, de 11 de agosto de 1983, *Revista de Derecho Público,* núm. 16, Caracas, 1983, pp. 156-157; y de 9 de abril de 1987, *Revista de Derecho Público,* núm. 30, Caracas, 1987, pp. 110-111.

aplicarse a situaciones anteriores salvo que fueren más favorables a los administrados" (art. 11)[106].

Ahora bien, tanto en la legislación española como en la latinoamericana, en igual forma como se ha establecido en la jurisprudencia francesa[107], el principio de la no retroactividad de los actos administrativos tiene diversas excepciones:

En primer lugar, en general se admite la retroactividad de los actos administrativos cuando produzcan efectos favorables a los interesados[108]. Sin embargo, en estos casos, es indispensable que los supuestos de los motivos del acto tuvieran existencia a la fecha a la cual se retrotraiga la eficacia del acto y que éste no lesione derechos o intereses legítimos de otras personas[109].

En segundo lugar, coincidiendo con soluciones de la jurisprudencia francesa[110], también se establece que tendrán efectos retroactivos y siempre que no lesionen derechos adquiridos, los actos administrativos que se dicten en sustitución de otro acto anulado, sea

---

106. El principio se ha aplicado por la jurisprudencia de la Corte Primera de lo Contencioso Administrativo, sentencia de 19 de marzo de 1987, *Revista de Derecho Público*, núm. 30, Caracas, 1987, pp. 111-112.

107. *Vid.* M. Letourneur, "Le principe de la non-rétroactivité den actes administratifs" *Etudes et Documents*, Conseil d'Etat, París, 1955, pp. 37-48.

108. Art. 57.3 Ley 30/1992 España; art. 13 LPA Argentina. *Vid.* sobre España, J. L. De La Vallina Velarde, *La retroactividad del acto administrativo*, Madrid 1964, *p.* 61. En Francia, el *arrêt* CE 9 juillet 1943, *Office public d'H. B. M. de la Ville de Marseille*, Rec., p. 172. *Vid.* los comentarios, en J. M. Auby, "L'incompetence...", *loc. cit.*, p. 53.

109. Art. 57.1 Ley 30/1992 España; art. 142.2 LGAP Costa Rica.

110. *Vid.* M. Letourneur, *loc. cit.*, pp. 46 ss.; J. M. Auby, "L'incompetence...", *loc. cit.*, pp. 47 ss.; J. M. Auby y R. Drago, *Traité de contentieux administratif*, París, 1984, t. II, p. 348; Long, Weil y Braibant, *op. cit.*, pp. 190 y 316; P. Delvolvé, *L'acte administratif*, París, 1983, pp. 225 ss.

por la Administración o por decisión judicial[111]. Como lo establece la Ley General de Administración Pública de Costa Rica:

"El acto administrativo tendrá efectos retroactivos en contra del administrado cuando se dicte para anular actos absolutamente nulos que favorezcan a éste; o para consolidar, haciéndolos válidos y eficaces, actos que lo desfavorezcan" (art. 143).

III. EL RESPETO A LOS DERECHOS ADQUIRIDOS Y EL RÉGIMEN DE LA REVOCACIÓN DE LOS ACTOS ADMINISTRATIVOS

Ahora bien, una consecuencia del principio de la irretroactividad de los actos administrativos, es el principio general de que los derechos o situaciones jurídicas subjetivas adquiridas o nacidas de actos administrativos individuales, no pueden ser eliminados posteriormente por otros actos administrativos. Es el principio general de la intangibilidad de las situaciones jurídicas nacidas de actos individuales, o de la irrevocabilidad de los actos administrativos de efectos particulares creadores de derechos a favor de los administrados; principio que ha tenido consagración legal expresa en las leyes de procedimiento administrativo de América Latina.

La fórmula de la Ley argentina de Procedimientos Administrativos, coincidente con los principios de la jurisprudencia francesa[112], puede considerarse que resume, en general, la posición del derecho administrativo latinoamericano, al prescribir que:

"El acto administrativo regular, del que hubieren nacido derechos subjetivos a favor de los administrados, no puede ser revocado, modificado o sustituido en sede administrativa una vez notificado" (art. 18).

De esta fórmula derivan varias consecuencias:

En primer lugar, el principio de la intangibilidad de las situaciones jurídicas derivadas de un acto administrativo, sólo se aplica a los actos creadores de derecho a favor de particulares, por lo que los

---

111. Art. 57.3 Ley 30/1992 España; art. 13 LPA Argentina; art. 143 LGAP Costa Rica.

112. *Vid.* P. Delvolvé, *op. cit.,* pp. 252 ss.

actos administrativos que no creen derechos a favor de particulares pueden ser revocados en cualquier momento. Como lo establece la Ley venezolana de Procedimientos Administrativos:

"Los actos administrativos que no originen derechos subjetivos o intereses legítimos, personales y directos para un particular, podrán ser revocados en cualquier momento, en todo o en parte, por la misma autoridad que los dicte, o por el respectivo superior jerárquico" (art. 82).

En segundo lugar, el principio de la irrevocabilidad de los actos administrativos creadores de derecho, por supuesto, sólo se aplica a los actos administrativos válidos y regulares, capaces de dicha creación, por lo que si el acto está viciado de *nulidad absoluta,* no puede crear dichos derechos y es esencialmente revocable[113]. Conforme a la vieja Ley española sobre Régimen Jurídico de la Administración del Estado de 1957, sin embargo, aún frente a infracciones manifiestas a la Ley, el plazo del cual disponía la Administración para revocar estos actos era de cuatro años (art. 37.1). En la Ley 30/1992, se ha eliminado el lapso y la Administración puede en cualquier momento incluso de oficio declarar la nulidad de los actos viciados de pleno derecho (art. 102.1).

En tercer lugar, el principio de la irrevocabilidad de los actos administrativos creadores de derecho a favor de particulares, se considera que tiene complete aplicabilidad a partir del momento en el cual el acto administrativo quede firme, es decir, a partir del momento en que su legalidad no pueda ser cuestionada directamente ante el juez administrativo. En consecuencia, el acto creador de derechos a favor de particulares, conforme a la jurisprudencia del Consejo de Estado sentada en el *arrêt Dame Cachet* del 30 de no-

---

113. Art. 83 LOPA Venezuela. De acuerdo a la jurisprudencia de la Corte Primera de lo Contencioso Administrativo, el acto nulo de nulidad absoluta equivale al acto inexistente, no pudiendo derivarse del mismo derecho alguno. Sentencias de 29 de marzo de 1984, *Revista de Derecho Público,* núm. 18, Caracas, 1984, p. 173 y de 11 de febrero de 1988, *Revista de Derecho Público,* núm. 33, Caracas, 1988, pp. 101-103.

viembre de 1922 (Re. 790)[114], puede ser revocado por razones de legalidad dentro del lapso de caducidad previsto pare la interposición del recurso de anulación[115].

En cuarto lugar, el principio de la irrevocabilidad rige en tanto en cuanto el particular que deriva derechos del acto administrativo, no consienta su revocación, tal como lo regula el Código Contencioso Administrativo de Colombia (art. 73).

Por último, y en cuanto a los principios relativos a la irrevocabilidad de los actos administrativos regulares y firmes creadores de derecho a favor de particulares, debe señalarse que las legislaciones latinoamericanas admiten como excepción, los casos en los cuales la revocación esté acompañada de una indemnización. Así lo establece expresamente la Ley argentina de Procedimientos Administrativos (art. 18) y la Ley General de la Administración Pública de Costa Rica (art. 155), la cual establece que si el acto revocatorio no contiene el reconocimiento y el cálculo de la indemnización completa de los daños y perjuicios causados, el acto revocatorio estaría viciado de nulidad absoluta (art. 155.1). En Venezuela, por ello, frente al establecimiento del principio general de la nulidad absoluta del acto revocatorio de uno precedente creador de derechos a favor de particulares (art. 19.2), hemos señalado que, en realidad, ello sólo se produce si la revocación acordada no esta acompañada de la indemnización correspondiente[116].

---

114. *Vid.* en *Revue de Droit Public et de la Science Politique en France et à l'étranger,* 1922, pp. 552-561; Long, Weil y Braibant, *op. cit.,* p. 176; G. Isaac, *op. cit.* p. 606.

115. *Vid.* por ejemplo, la jurisprudencia de la Corte Suprema de Justicia (Venezuela), en Sala Político Administrativa, de 14 de mayo de 1985 (caso *Freddy M. Rojas), Revista de Derecho Público,* núm. 23, Caracas, 1985, pp. 143-148; y de 9 de marzo de 1987, *Revista de Derecho Público,* núm. 30, Caracas, 1987, pp. 118-119; y de la Corte Primera de lo Contencioso Administrativo de 11 de julio de 1985, *Revista de Derecho Público,* núm. 24, Caracas, 1985, p. 126.

116. *Vid.* Allan R. Brewer-Carías, *El Derecho Administrativo y la Ley Orgánica de Procedimientos Administrativos,* Caracas, 1985, p. 68.

IV. LA PRESUNCIÓN DE LEGALIDAD DE LOS ACTOS ADMINISTRATIVOS Y LOS PRINCIPIOS DE SU EJECUCIÓN

La consecuencia más importante de la eficacia de los actos administrativos es que los mismos adquieren una presunción de legitimidad, veracidad y legalidad. Esto significa que los actos administrativos válidos y eficaces son de obligatorio cumplimiento tanto para la propia Administración como para los particulares, lo que implica que sus efectos se cumplen de inmediato, no suspendiéndose por el hecho de que contra los mismos se intenten recursos administrativos o jurisdiccionales de nulidad.

Por supuesto, esta presunción de legitimidad no surge cuando los actos administrativos están viciados de nulidad absoluta, en cuyo caso no pueden ser ejecutados, tal como lo señala Sala expresamente la Ley General de Administración Pública de Costa Rica (art. 169).

La presunción de legalidad y legitimidad implica, por tanto, por una parte, que los actos administrativos son obligatorios desde el momento en que surten efectos; y por la otra, que los recursos que se ejerzan contra los mismos no tienen efectos suspensivos. Además, tratándose de una presunción *juris tantum*, implica que la carga de la prueba para desvirtuar tal presunción, corresponde en principio, al recurrente interesado.

En la legislación española y latinoamericana sobre procedimientos administrativos, estos principios se han recogido en texto expreso y una muestra de ello es el artículo 12 de la Ley de Procedimientos administrativos de Argentina que establece:

> "El acto administrativo goza de presunción de legitimidad: su fuerza ejecutoria faculta a la Administración a ponerlo en práctica por sus propias medidas, a menos que la Ley o la naturaleza del acto exigieren la intervención judicial, e impide que los recursos que interpongan los administrados suspendan su ejecución y efectos, salvo que unas normas expresa establezca lo contrario".

Ahora bien, en materia de ejecución de los actos administrativos, debe distinguirse el carácter ejecutivo de los mismos, la "ejecutividad" en la terminología de lengua española, de la posibilidad misma de su ejecución por la propia Administración, denominada la "ejecutoriedad" en la terminología de lengua española[117].

En el mundo del derecho hispanoamericano, la ejecutividad de los actos administrativos significa que éstos tienen "carácter ejecutivo", es decir, que son por sí mismos ejecutables y que pueden ser ejecutados de inmediato, sin que para ello el derecho tenga que ser declarado por autoridad judicial alguna. La "ejecutoriedad, en cambio, es la propiedad de los actos administrativos conforme a la cual la Administración misma, por sus propios medios, puede ejecutarlos incluso forzosamente, como lo establece el Código Contencioso Administrativo de Colombia al referirse al "carácter ejecutivo y ejecutorio de los actos administrativos" (art. 64).

1. La ejecutividad de los actos administrativos

En efecto, salvo norma expresa en contrario, los actos que queden firmes al concluir un procedimiento administrativo tienen carácter ejecutivo, es decir, son suficientes, por sí mismos, para que la Administración pueda de inmediato ejecutar los actos necesarios para su cumplimiento[118].

De acuerdo a este principio de la ejecutividad, por tanto, cuando la Administración dicta un acto administrativo, declare por sí misma el derecho mediante esos actos unilaterales, que crean directamente derechos y obligaciones y tienen en sí mismos fuerza de títulos ejecutivos. La ejecutividad de los actos administrativos, en definitiva, significa que estos, al dictarse, son ejecutables porque tienen carácter ejecutivo. Esta característica es la que se ha denominado muy ambiguamente en el derecho francés al hablarse del acto administrativa como *décision exécutoire,* en el sentido de que ocasiona por sí misma una modificación de las situaciones jurídica[119]. Tal

---

117. *Vid.* Allan R. Brewer-Carías, "Aspectos de la ejecutividad y de la ejecutoriedad de los actos administrativos fiscales y la aplicación del principio *"solve et repete",* en *Jurisprudencia de la Corte Suprema de Justicia 1930-1974 y Estudios de Derecho Administrativo,* t. III, vol., I, 1976, pp. 97 ss.

118. Art. 64, CCA Colombia.

119. *Vid.* P. Delvolvé, *op. cit.,* pp. 23-25 y 209.

como lo ha resumido P. Delvolvé, "El carácter ejecutorio de la decisión tiene un doble aspecto: la decisión es ejecutoria, a la vez, en cuanto a que ordena la ejecución obligando a sus destinatarios a conformarse con ella, y en cuanto a que ella comporta en sí misma la ejecución, conllevando ella misma, desde su adopción, el resultado que ella ordena[120].

Este sentido de la expresión *décision exécutoire,* noción referida al carácter ejecutivo de la decisión administrativa y sin hacer en este estadio referencia alguna a los medios y formas de ejecución, es el que se ha precisado en la jurisprudencia francesa más reciente[121], conforme a la cual ella se refiere al carácter obligatorio del acto administrativo, para subrayar que el propósito de la decisión administrativa es el de imponerse inmediatamente a los administrados sea cual fuere su contenido. Es lo que se ha denominado también tradicionalmente el *privilège du préalable* que permite a la autoridad administrativa tomar medidas que se imponen previamente a toda intervención de un juez: como consecuencia, los interesados están obligados a someterse inmediatamente a la misma, de manera que para librarse de ella deben dirigirse posteriormente a un juez[122].

Esta es la fórmula que recoge el artículo 8 de la Ley Orgánica de Procedimientos Administrativos de Venezuela, al prescribir que:

"Los actos administrativos que requieren ser cumplidos mediante actos de ejecución, deberían ser ejecutados por la Administración en el término establecido. A faltas de este término, se ejecutaran de inmediato".

Precisamente, es esta posibilidad de ejecución de inmediato de los actos administrativos, en el sentido de que para ser ejecutados, se bastan a sí mismos y no requieren de la intervención de ninguna otra autoridad, la que configura esta primera característica de la

---

120. *Idem,* p. 25.
121. Es el sentido establecido por el Consejo de Estado en el *arrêet Huglo* du 2 juillet 1982 al considerar que "le caractére exécutoire d'une décision administrative est la régle fondamentale du droit public". *Rec.* p. 258, *cit.*, por P. Delvolvé, *op. cit.*, p. 27.
122. P. Delvolvé *op. cit.*, p. 28.

"ejecutividad" de los actos administrativos, que la legislación española resume al indicar que los actos de las Administraciones Públicas sujetos al Derecho Administrativo serán "inmediatamente ejecutivos"[123]. Como señalamos, esta ejecutividad de los actos administrativos, consecuencia directa de su presunción de legitimidad, implica como principio que los efectos de los mismos no se suspenden por el hecho de que contra los mismos se intenten los recursos contencioso-administrativos.

En vía contencioso administrativa, sin embargo, conforme a la tradición de la jurisprudencia francesa, relativa al denominado *sursis á execution*[124], el juez puede suspender la ejecución de los actos administrativos recurridos, cuando su ejecución pueda causar un gravamen grave e irreparable o de difícil reparación por la sentencia definitiva, en caso de anularse el acto impugnado[125].

En materia de interposición de recursos administrativos, la situación legislativa en España y América Latina, sin embargo, no es totalmente uniforme. El principio puede decirse que también es el de los efectos no suspensivos de los recursos, salvo disposición legal en contrario[126], pudiendo en todo caso, la autoridad administrativa, de oficio o a instancia de parte, suspender la ejecución del acto administrativo cuando dicha ejecución pudiera causar perjuicios de

---

123. Arts. 44 y 101 LPA y arts. 56 y 94 Ley 30/1992 España.
124. CE 12 nov. 1938, *arrêt Chambre syndicale des constructeurs de moteurs d'avions*, Rec 840. *Vid.* en Long, Weil y Braibant, *op. cit.*, pp. 261 ss.
125. *Vid.* por ejemplo, en el derecho español, el art. 122 de la Ley de la Jurisdicción Contencioso Administrativa que dispone: "l. La interposición del recurso contencioso-administrativo no impedirá a la Administración ejecutar el acto o la disposición objeto del mismo, salvo que el Tribunal acordare, a instancia del actor, la suspensión. 2. Procederá la suspensión cuando la ejecución hubiere de ocasionar daños o perjuicios de reparación imposible o difícil". En sentido similar, art. 136 de la Ley Orgánica de la Corte Suprema de Justicia de Venezuela.
126. Art. 111.1 Ley 30/1992 España; art. 87 LOPA Venezuela; art. 148 LGAP Costa Rica.

imposible o difícil reparación, o cuando se fundamente el recurso en vicios de nulidad absoluta[127].

Sin embargo, en otras legislaciones, como el Código Contencioso Administrativo de Colombia, se establece en forma general el principio contrario, en el sentido de que "los recursos se concederán en el efecto suspensivo" (art. 55).

En todo caso, y aún en presencia del principio general, mediante previsión de ley expresa la interposición de un recurso puede significar la suspensión de efectos de los actos administrativos[128], en cuyo caso como lo postula la Ley argentina de Procedimientos Administrativos, la Administración debe abstenerse:

> "de poner en ejecución un acto estando pendiente algún recurso administrativo de los que en virtud de norma expresa impliquen la suspensión de los efectos ejecutorios de aquél o que, habiéndose resuelto, no hubiese sido notificado" (art. 9.b).

2. La ejecutoriedad de los actos administrativos

Ahora bien, la "ejecutividad" de los actos administrativos derivada del carácter ejecutivo de los mismos, se distingue en el derecho administrativo español y latinoamericano, de la "ejecutoriedad" de los actos, refiriéndose esta segunda característica a la posibilidad que tiene la Administración de ejecutar, por sus propios medios, e incluso, en forma forzosa, sus actos administrativos, con facultad, incluso de ser necesario de recurrir a la fuerza pública.

La Ley General de la Administración Pública de Costa Rica, en este sentido establece el principio al prescribir que:

> "La Administración tendrá potestad de ejecutar por sí, sin recurrir a los tribunales, los actos administrativos eficaces, validos o anulables, aún contra la voluntad o resistencia del obligado, sujeta a la responsabilidad que pudiera resultar" (art. 146.1).

---

127. Art. 111.2 Ley 30/1992 España; art. 87 LOPA Venezuela; art. 12 LPA Argentina; art. 148 LGAP Costa Rica.
128. Es el principio general en Venezuela, por ejemplo, en materia tributaria. *Vid.* el Código Orgánico Tributario, art. 178.

Sin embargo, es evidente que en muchos casos la legislación establece expresamente supuestos en los cuales la ejecución del acto administrativo requiere de intervención judicial. Sin embargo, si la ejecución judicial no está expresamente prevista, el principio es el de la posibilidad para la Administración de ejecutar sus propias decisiones.

Así está prescrito, como principio en la Ley Orgánica de Procedimientos Administrativos de Venezuela, al establecer que:

> "la ejecución forzosa de los actos administrativos será realizada de oficio por la Administración, salvo que por expresa disposición legal deba ser encomendada a la autoridad judicial" (art. 79).

El privilegio de ejecución de oficio en España y en América Latina, entonces, no es tan excepcional como resulta en Francia de la doctrina establecida en las conclusiones del Comisario del Gobierno Romieu al *arrêt* del Tribunal de Conflictos del 2 de diciembre de 1902, *Société Inmobilière de Saint-Just*, (Rec. 713)[129], pues, en general, han sido las propias leyes de Procedimiento Administrativo, las que lo han previsto.

Por supuesto, debe advertirse que en todo caso las legislaciones exigen que para que la Administración inicie actuaciones materiales que menoscaben, limiten o perturben el ejercicio de los derechos de los particulares, previamente debe haberse adoptado la decisión que les sirva de fundamento[130]. De allí que se obligue a los órganos que ordenen actos de ejecución material, al comunicar por escrito al interesado, el acto administrativo que autorice la actuación administrativa[131]. De ello deriva el principio de que toda la actuación mate-

---

129. *Vid.* en Long, Weil y Braibant, *op. cit.*, pp. 47 ss.; *Vid.* G. Isaac, quien afirma en general que en el derecho francés, "l'exécution des actes administratifs, comme des lois, est affaire de justice et non affaire administrative, dès qu'elle n'est pas volontaire, dès qu'elle devient contentieuse", *op. cit.*, p. 171.
130. Art. 93.1 Ley 30/1992 España; art. 78 LOPA Venezuela.
131. Art. 93.2 Ley 30/1992 España.

rial que no esté precedida de un acto administrativo válido y eficaz, puede considerarse como una vía de hecho[132].

Ahora bien, algunas leyes hispanoamericanas establecen diversos supuestos de ejecución forzosa de los actos administrativos exigiéndose que, en forma previa, se conmine o intime al interesado (apercibimiento) a la ejecución voluntaria es decir, que hay una puesta en mora con carácter previo[133]. Estos supuestos de ejecución forzosa son los siguientes:

En primer lugar, ejecución por constreñimiento sobre el patrimonio mediante multas. En este sentido, conforme a la Ley Orgánica de Procedimientos Administrativos de Venezuela, si se trata de actos de ejecución personalísima y el obligado se resiste a cumplirlo, la Administración le puede imponer multas sucesivas por los montos legalmente prescritos. Mientras permanezca en rebeldía y, en caso de que persista en el incumplimiento, se le pueden imponer nuevas multas iguales o mayores a las que se le hubieren aplicado, concediéndosele un plazo razonable para que cumpla lo ordenado (art. 80.2)[134]. Es, en definitiva, el sistema de ejecución de los actos administrativos apoyado por sanciones, establecido en el derecho francés[135].

Debe destacarse, por otra parte, que en otras legislaciones como la española, la Ley reguladora del procedimiento administrativos prevé expresamente el principio de la ejecución forzosa de los actos administrativos que impongan a los administrados una obligación personalísima de no hacer o soportar, mediante compulsión directa sobre las personas en los casos en que la Ley expresamente lo autorice, y dentro siempre del respeto debido a la dignidad y a los derechos reconocidos en la Constitución (art. 110.1). En cambio, si la obligación personalísima consistiera en un hacer, y no se realizase la prestación, el obligado debe resarcir los daños y perjuicios, a cu-

---

132. Sobre la *voie de fait* vid. el *arrêt* del Tribunal des Conflits du 8 avr. 1935, *Action Française, Rec.* 1226, en Long, Weil et Braibant, *op. cit.*, pp. 230 ss. *Vid.* art. 9.° LPA Argentina.

133. Art. 95 Ley 30/1992 España; art. 150.1 LGAP Costa Rica.

134. En sentido similar, art. 65 CCA, Colombia y art. 96.1 Ley 30/1992.

135. *Vid.* P. Delvolvé, *op. cit.*, pp. 262 ss.

ya liquidación y cobro se debe proceder en vía administrativa (art. 110.2)[136].

En segundo lugar, cuando se trate de actos que por no ser personalísimos son susceptibles de ejecución indirecta con respecto al obligado, la Ley Orgánica de Procedimientos Administrativos de Venezuela (art. 80.1), la Ley General de la Administración Pública de Costa Rica (art. 149.1.c), y el Código Contencioso Administrativo de Colombia (art. 65), autorizan a la Administración a proceder a la ejecución, bien por sus propios órganos o por la persona que designen, a costa del obligado. Es la denominada "ejecución subsidiaria" en la reguladora del procedimiento administrativo común de España (art. 98).

En tercer lugar, deben destacarse los supuestos de ejecución de obligaciones de dar cantidades de dinero, respecto de los cuales la Ley española reguladora del procedimientos administrativos remite al "procedimiento recaudatorio en vía ejecutiva"(art. 97.1) y la Ley General de la Administración Pública de Costa Rica (art. 149.1.a) prevé la ejecución forzosa en vía administrativa mediante apremio sobre el patrimonio, exigiéndose, sin embargo, la necesaria intervención de un juez para autorizar la entrada en el domicilio de los deudores,[137] y excluyéndose expresamente la posibilidad de interdictos contra las actuaciones de la Administración[138].

V. LA DURACIÓN DE LOS EFECTOS DE LOS ACTOS ADMINISTRATIVOS

Por último, debe señalarse que fuera de los supuestos de suspensión de efectos por decisión administrativa o jurisdiccional, o de cumplimiento de una condición resolutoria, algunas legislaciones prevén expresamente supuestos de pérdida de fuerza ejecutoria de los actos administrativos por el transcurso de un lapso de cinco años de estar firmes, cuando en ese período la Administración no ha realizado los actos que le correspondan para ejecutarlos. Así lo esta-

---

136. En sentido similar, art. 149.1.c LGAP Costa Rica.
137. art. 96. Ley 30/1992 España. *Vid.* Jesús González Pérez, *Comentarios a la Ley de Procedimiento Administrativo,* Madrid, 1977, p. 622.
138. Art. 101 Ley 30/1992 España.

blece el Código Contencioso Administrativo de Colombia (art. 66) y la Ley Orgánica de Procedimientos Administrativos de Venezuela, la cual califica la institución como "prescripción" (art. 70). En el sistema francés, en cambio, el principio es que la decisión se aplica sin límite de duración[139].

---

139. *Vid.* J. Rivero, *op. cit.*, p. 130.

TERCERA PARTE

LOS PRINCIPIOS DEL PROCEDIMIENTO ADMINISTRATIVO Y LAS GARANTÍAS DE LOS ADMINISTRADOS

Hemos señalado que las leyes de Procedimiento Administrativo de España y América Latina, aun conservando muchas de ellas la denominación tradicional comprenden, como lo advertía la Exposición de Motivos de la Ley española de 1958, "además del procedimiento administrativo en sentido estricto, el régimen jurídico de los actos administrativos, así como otros aspectos de la acción administrativa que con él guardan relación"[1]. Por ello al estudiar los principios del procedimiento administrativo en España y América Latina, hemos comenzado por hacer referencia en primer lugar, a la contribución de su codificación al afianzamiento del principio de la legalidad y en segundo lugar, al régimen de los actos administrativos.

Corresponde ahora, además, analizar los aspectos más relevantes del procedimiento administrativo en sentido estricto, tal como está regulado en dichas leyes, para lo cual partimos de la consideración del procedimiento administrativo, como lo ha definido el Tribunal Supremo de España "como una combinación de actos cuyos efectos jurídicos están vinculados entre sí con la finalidad de conseguir una acertada o válida decisión". Esta finalidad "permite sostener, a efectos procedimentales, que los actos o eslabones en que cabe dividir o fragmentar el procedimiento pueden clasificarse en

---

1. *Vid.* en Jesús González Pérez, *Comentarios a la Ley de Procedimientos Administrativos*, Madrid, 1977, pp. 55 y 96.

esenciales o no esenciales; de forma que un acto esencial viciado rompe o puede romper la conexión entre los diferentes actos o eslabones existentes en un procedimiento y quebrar con ello la unidad de efectos jurídicos, que es nota esencial de todo procedimiento"[2].

Ahora bien, es evidente que la regulación del procedimiento administrativo considerado como esa combinación de actos cuyos efectos jurídicos están vinculados casualmente entre sí, tiene un triple motivo y una consecuencia general. La consecuencia es que la regulación del procedimiento administrativo, tanto en la jurisprudencia como legislativamente, ha sido uno de los aspectos que más han contribuido en el mundo contemporáneo al afianzamiento del principio de la legalidad, y al sometimiento al derecho por parte de la Administración. En cuanto a los motivos que han existido para el establecimiento de su régimen jurídico legislativo, como lo ha señalado Guy Isaac[3] están, en primer lugar, la protección del interés general; en segundo lugar, el interés de la propia Administración y por último, el interés de los administrados.

La regulación del procedimiento administrativo, en efecto, en primer lugar busca proteger el interés general cuya consecución condiciona siempre la actuación administrativa, en el sentido de que sus reglas persiguen, en muchos casos, asegurar que las decisiones que se adopten están tomadas en la orientación del interés general. Así, todos los mecanismos procedimentales establecidos para asegurar la participación de los administrados y de las organizaciones privadas representativas de intereses colectivos, por ejemplo, en la configuración de una decisión administrativa; y todos los mecanismos de consultas prescritos antes de la toma de decisiones, tienden a asegurar que éstas estén en la medida de lo posible, acordes con el interés general de la colectividad. Por ello, por ejemplo, la Ley de Procedimientos Administrativos de España de 1958, con carácter general establecía en el "procedimiento para la elaboración de disposiciones de carácter general", que:

---

2. Sentencia de 8 de noviembre de 1974 *cit.* por Jesús González Pérez, *op. cit.*, p. 69.

3. Guy Isaac, *La procédure administrative non contentieuse*, París, 1968, pp. 175 ss.

"siempre que sea posible y la índole de la disposición lo aconseje, se concederá a la organización sindical y demás entidades que por ley ostenten la representación o defensa de intereses de carácter general o corporativo afectados por dicha disposición, la oportunidad de exponer su parecer en razonado informe en un término de diez días, a contar desde la remisión del proyecto" (art. 130.4).

Igualmente, la misma Ley prescribía que cuando "la naturaleza de la disposición lo aconseje, el proyecto de decisión deberá ser sometido a información pública durante el plazo que en cada caso se señale" (art. 130.5).

Pero, en segundo lugar, la regulación del procedimiento administrativo está motivada por el interés de la propia Administración como organización con vista a lograr una mayor eficacia y racionalización de la actividad administrativa. Así, la simplificación, normalización y unificación de la actividad de la Administración en muchos casos, ha sido uno de los motivos fundamentales de la codificación del procedimiento administrativo. En este sentido, por ejemplo, deben destacarse los principios establecidos en la Ley española reguladora del procedimiento administrativo (art. 3) y la Ley Orgánica de Procedimientos Administrativos de Venezuela (art. 32) en cuanto al manejo de los documentos y expedientes administrativos, los cuales deben ser objeto de normalización y uniformización de manera que cada serie o tipo de ellos obedezca a iguales características y formato. Además, agregaba la Ley española de Procedimientos Administrativos de 1958, que "se racionalizarán los trabajos burocráticos y se efectuarán por medio de máquinas adecuadas, con vistas a implantar una progresiva mecanización y automatismo en las oficinas públicas siempre que el volumen de trabajo haga económico el empleo de estos procedimientos" (art. 30.2)[4].

En el mismo orden de ideas, se prevé que en los casos en los cuales la Administración debe resolver una serie numerosa de expedientes homogéneos se debe establecer un procedimiento sumario, de gestión mediante formularios, impresos u otros medios que permitan el rápido despacho de los asuntos, pudiendo incluso utilizar, cuando sean idénticos los motivos y fundamentos de las decisiones,

---

4. En igual sentido, art. 31 LOPA Venezuela.

cualquier medio mecánico de producción en serie de las mismas, siempre que no se lesionen las garantías jurídicas de los interesados[5].

Pero además de la protección del interés general y del interés de la Administración, en tercer lugar, la regulación del procedimiento administrativo se ha establecido, básicamente, en interés de los administrados en sus relaciones con la Administración, o más propiamente, para proteger los derechos e intereses de los particulares frente a las actuaciones administrativas y particularmente frente a los medios de acción unilaterales de la Administración.

Precisamente por la regulación del procedimiento administrativo, entonces, el derecho administrativo, de ser un derecho destinado a regular a la Administración, su organización y funcionamiento, ha pasado a ser un derecho destinado a regular esencialmente las relaciones entre la Administración y los administrados, con particular énfasis en la protección y garantía de los derechos de estos últimos. Como consecuencia de ello, el balance tradicional de nuestra disciplina entre los dos extremos que históricamente la han condicionado: por una parte, prerrogativas de la Administración, y por la otra, derechos e intereses de los administrados, sin duda, comienza a aparecer inclinado a favor de estos últimos, y en ello, sin duda, ha jugado un rol fundamental el procedimiento administrativo, concebido para asegurar a los particulares un *due process of law* por parte de la Administración, cuando entran en relación con ella, lo que sucede cotidianamente.

Nuestro interés, en esta tercera parte de nuestro estudio sobre los principios del procedimiento administrativo en España y en los países de América Latina, es precisamente estudiar este tercer aspecto de la motivación de la codificación del procedimiento administrativo, lo cual haremos analizando, en primer lugar, los principios del procedimiento administrativo en interés de los administrados, y en segundo lugar, el régimen del derecho a la defensa de los administrados frente a la Administración, lo que configura, quizás, el aspecto de mayor importancia en la codificación del procedimiento administrativo.

---

5.   Art. 35 LOPA Venezuela.

CAPÍTULO I

PRINCIPIOS DEL PROCEDIMIENTO ADMINISTRATIVO

La codificación del procedimiento administrativo en España y América Latina, como manifestación del afianzamiento del principio de la legalidad, ha sido elaborada teniendo en cuenta, básicamente, la debida protección de los administrados, en el sentido de que si bien las leyes han prescrito normas y fases procedimentales que deben guiar la actuación de la Administración, ello se ha hecho con miras a establecer garantías jurídicas de los administrados frente a la Administración.

Estas regulaciones han estado condicionadas por una serie de principios,[*] a los cuales queremos referirnos y que inciden en el comienzo del procedimiento; en su instrucción y sustanciación y en la decisión del mismo.

Analizaremos separadamente esos principios.

I. PRINCIPIOS RELATIVOS A LA INICIATIVA Y COMIENZO DEL PROCEDIMIENTO

1. *El derecho de petición*

Conforme a la más clásica tradición en materia de declaración de derechos, la Constitución de Venezuela establece como uno de los derechos individuales, el derecho de petición, al prescribir en su artículo 67 lo siguiente:

> "Todos tienen el derecho de representar o dirigir peticiones ante cualquier entidad o funcionario público sobre los asuntos que sean de la competencia de éstos y a obtener oportuna respuesta".

Un principio similar está prescrito en casi todas las Constituciones modernas, partiendo del principio establecido en la Enmienda núm. 1 de la Constitución de los Estados Unidos de Norteamérica, en 1789.

---

* Véase lo expresado en el nuevo Capítulo II, de la Primera Parte inserto en esta edición.

El procedimiento administrativo legalmente regulado, en consecuencia, tiene por objeto, ante todo, garantizar tanto el derecho de peticionar ante la Administración Pública, como el de obtener de las autoridades administrativas la oportuna respuesta a dichas peticiones. Por ello, incluso la Ley Orgánica de Procedimientos Administrativos de Venezuela reitera la declaración constitucional, precisando el derecho de petición administrativo, así:

"Artículo 2. Toda persona interesada podrá, por sí o por medio de su representante, dirigir instancias o peticiones a cualquier organismo, entidad o autoridad administrativa. Estos deberán resolver las instancias o peticiones que se les dirijan o bien declarar, en su caso, los motivos que tuvieren para no hacerlo".

Este principio lo recogen expresamente la Ley 30/1992 de Régimen Jurídico de la Administración y del Procedimiento Administrativo Común (art. 30) de España y el Código Contencioso Administrativo de Colombia (arts. 5 a 24).

Por supuesto, la regulación del derecho de petición en las leyes de procedimiento administrativo trae variadas consecuencias formales.

En primer lugar, tratándose de peticiones administrativas, las leyes de procedimiento administrativo distinguen las simples peticiones de información o consulta, de las peticiones tendentes, por ejemplo, a lograr una decisión que cree o declare un derecho. En este último caso, las leyes exigen una legitimación concreta para poder introducir peticiones, que corresponde a los "interesados"[6], es decir, a quienes tengan un interés personal, legítimo y directo en el asunto[7].

En segundo lugar, al regularse el derecho de petición, las leyes prescriben la forma de las peticiones en cuanto a los elementos formales que deben contener, referidos a la identificación del peticio-

---

6. *Vid.* art. 67 LPA; art. 48 LOPA Venezuela; art. 284 LGAP Costa Rica.
7. *Vid.* art. 22 LOPA Venezuela.

nante o solicitante, la precisión del objeto de la solicitud y los fundamentos o motivos de la petición[8].

En tercer lugar, tratándose de peticiones o solicitudes de los interesados, las leyes de procedimiento administrativo generalmente establecen regulaciones relativas a la recepción y registro de documentos[9], a los efectos de dejar constancia auténtica, entre otros aspectos, de la fecha de las peticiones. Esto tiene importancia procesal, por la obligación que las leyes imponen a los funcionarios de respetar el orden riguroso de presentación de las peticiones, al momento de decidir sobre las mismas y evitar así favoritismos[10].

En cuarto lugar, las leyes de procedimientos administrativos, al regular las peticiones como derecho de los administrados, también establecen el derecho de éstos de desistir de sus peticiones o de renunciar a su derecho[11]. En el mismo orden de ideas, las leyes regulan la extinción del procedimiento por perención cuando éste se paralice por un lapso de tiempo (2 meses en la Ley venezolana, por ejemplo) por causas imputables a los interesados, contado a partir de la notificación que le haga la Administración[12]. Sin embargo, prescriben las leyes que, no obstante el desistimiento o perención, la Administración puede continuar la tramitación de procedimientos, si razones de interés público lo justifican[13].

En quinto lugar, tratándose de un derecho de petición con garantía de oportuna respuesta, las leyes de procedimiento administrativo reafirman la obligación de la Administración y de sus funcionarios de resolver, rápida y oportunamente, las peticiones[14], prescribiendo además plazos para las decisiones. Así por ejemplo, la Ley de Procedimientos Administrativos de Venezuela establece los lap-

---

8. *Vid.* art. 285 LGAP Costa Rica; art. 49 LOPA Venezuela; art. 5° CCA Colombia; art. 70.1 Ley 30/1992 España
9. Art. 37-38 Ley 30/1992 España; arts. 44-46 LOPA Venezuela.
10. Art. 296 LGAP Costa Rica.
11. Art. 63 LOPA Venezuela.
12. Art. 64 LOPA Venezuela.
13. Art. 66 LOPA Venezuela; art. 8.° CCA Colombia.
14. Art. 31 CCA Colombia

sos según los tipos de procedimiento: Si se trata de procedimientos simples, que no requieren sustanciación, la Administración está obligada a decidir las peticiones en un lapso de 20 días; en cambio, si el procedimiento requiere sustanciación, la Ley establece un lapso de 4 meses para la decisión, con posibilidad de prórroga de 2 meses[15].

Por último, en sexto lugar, la consecuencia de la regulación del derecho de petición y del derecho de obtener oportuna respuesta es la declaración formal en las leyes de procedimiento de la responsabilidad de los funcionarios públicos por el retardo, omisión distorsión o incumplimiento de cualquier procedimiento[16].

2. La iniciación de oficio

Pero, por supuesto, no todos los procedimientos administrativos se inician a instancia de los interesados, con base en el ejercicio del derecho de petición sino que también es frecuente el inicio de los procedimientos, de oficio, por iniciativa de la propia Administración. De allí que en general, todas las leyes de procedimientos administrativos establecen que "El procedimiento podrá iniciarse de oficio o a instancia de parte interesada"[17].

En el supuesto de la iniciación de oficio de los procedimientos, por ejemplo, la Ley española de Procedimiento Administrativo exige una decisión formal del órgano competente, sea por propia iniciativa, sea como consecuencia de orden de un órgano superior, e incluso, por petición razonada de otros órganos o por denuncia (art. 69.1).

3. La iniciativa del comienzo del procedimiento y la tipología de los procedimientos

En todo caso, la iniciativa del comienzo del procedimiento y la determinación de si requiere el ejercicio de un derecho de petición o de si puede iniciarse de oficio, depende de los tipos de procedimien-

---

15. Arts. 3°, 5° y 60 LOPA Venezuela.
16. Arts. 3°, 100 y 101 LOPA Venezuela.
17. Art. 68 Ley 30/1992 España art. 48 LOPA Venezuela; art. 284 LGAP Costa Rica.

tos. Generalmente, las leyes de procedimiento no establecen una tipología de los procedimientos de acuerdo con los efectos del acto administrativo que resulta de su desarrollo; sin embargo, de ella dependerá la precisión de cuándo puede o debe iniciarse el procedimiento a petición de parte interesada y cuándo puede o debe iniciarse de oficio.

En efecto, conforme a la tipología difundida por Massimo Severo Giannini[18] de acuerdo a la naturaleza de los efectos de los actos administrativos que resultan de los procedimientos administrativos, pueden distinguirse cuatro tipos de procedimientos: los declarativos, los "ablatorios", los concesorios y los autorizatorios.

Los procedimientos declarativos son los que tienen por resultado actos que otorgan certeza de hechos jurídicos relevantes, y consisten en declaraciones de ciencia o de conocimiento y en verificaciones. En este sentido, puede decirse que todos los procedimientos que concluyen en actos de registro, por ejemplo, de la propiedad, de patentes o marcas, de vehículos o aeronaves, etc., son procedimientos declarativos. Asimismo, los procedimientos para establecer la identificación de las personas. Estos procedimientos declarativos, en general, requieren para su inicio, instancia de parte interesada, y sólo en casos excepcionales, donde esté interesado el orden público, podrían iniciarse de oficio, como en materia de identificación de las personas.

En segundo lugar, están los procedimientos "ablatorios", denominados así en la doctrina italiana por el uso del vocablo latino "ablatio", que denota la acción de quitar, cortar, eliminar. Estos procedimientos tienen por objeto eliminar o restringir los detalles individuales, por lo que generalmente, se inician de oficio por la Administración. Ejemplos de estos procedimientos son los procedimientos expropiatorios, de requisición o sancionatorios que afecten una cosa (decomiso) o el patrimonio de una persona (multa).

En tercer lugar, están los procedimientos concesorios, los cuales tienen por objeto actos administrativos que amplían la esfera jurídi-

---

18. M. S. Giannini, *Diritto Amministrativo*, Milano, 1970, vol. II, pp. 285 ss.; *Vid.*, los comentarios de Hildegard Rondón de Sansó, *El Procedimiento Administrativo*, Caracas, 1983, pp. 61 ss.

ca subjetiva de los administrados. El otorgamiento de concesiones tradicionalmente se ubica en estos procedimientos concesorios; sin embargo, cada vez más importantes son otros procedimientos, como los relativos a la obtención de subvenciones, o los procedimientos que atribuyen una calificación jurídica a las personas, como la concesión de la nacionalidad. Estos procedimientos concesorios, por supuesto, requieren siempre la instancia de parte y no pueden iniciarse de oficio.

Por último, en cuarto lugar deben mencionarse los procedimientos autorizatorios, que tienen por objeto la emisión de actos administrativos que permiten a un particular ejercer un derecho, por la remoción de un obstáculo jurídico que legalmente existe para su ejercicio pleno. Son los más comunes en las relaciones entre la Administración y los particulares, y dan origen a autorizaciones, permisos y licencias para que los particulares puedan ejercer derechos o realizar actividades. Estos procedimientos, en general, requieren instancia de parte y no pueden iniciarse de oficio.

II. PRINCIPIOS RELATIVOS AL "ITER" PROCEDIMENTAL

Ahora bien, el procedimiento administrativo, en general, está regulado en las leyes de procedimiento administrativo de manera tal que se pueden distinguir tres etapas claras en el mismo; en primer lugar, su comienzo; en segundo lugar, el *iter* procedimental que abarca fundamentalmente las formalidades de instrucción; y en tercer lugar, las formalidades relativas a la decisión.

En cuanto al *iter* procedimental, en el puede identificarse varios principios que lo regulan. Ante todo, el informalismo de las formalidades, de manera que el procedimiento no se convierta en un atentado contra los derechos de los administrados. Además, los principios relativos a la celeridad y economía procesal; al carácter inquisitorio de la instrucción; al carácter contradictorio del procedimiento; a la imparcialidad que debe guiarlo y a la publicidad de la acción administrativa.

1. *El informalismo de las formalidades*

El procedimiento administrativo, hemos dicho, se configura como un conjunto de actos y actuaciones estrechamente vinculados entre sí, con el objeto de obtener un resultado concreto que, generalmente, se materializa en un acto administrativo. Por ello, en definitiva, el procedimiento administrativo se identifica con el conjunto de formalidades establecidas para guiar la acción de la Administración con miras a la obtención de ese resultado y como garantía de los administrados contra las arbitrariedades de los funcionarios.

Sin embargo, es evidente, como lo ha observado Guy Isaac, que si el procedimiento administrativo "se devait transformer en un formalisme pointilleux et étroit conduisant à une Administration tatillonne, la procédure administrative se retournerait en définitive contre les citoyens, au lieu de constituer, à leur profit, une garantie"[19]. De allí el principio del carácter no formalista del procedimiento administrativo o del informalismo de las formalidades en relación a los administrados.

En este sentido, la Ley argentina de Procedimiento Administrativo prescribe que las normas de procedimiento que establece deben ajustarse al requisito del "informalismo", en el sentido de que debe "excusarse la inobservancia por los interesados de exigencias formales no esenciales y que pueden ser cumplidas posteriormente" (art. 1.c).

Más precisamente, el Decreto 640 de Uruguay establece:

"En el procedimiento administrativo se aplicará el principio del informalismo en favor del administración siempre que se trate de la inobservancia de exigencias formales no esenciales y que puedan ser cumplidas posteriormente" (art. 23).

Por ello, además, la Ley General de la Administración Pública de Costa Rica establece que las normas del procedimiento administrativo "deberán interpretarse en forma favorable a la admisión y decisión final de las peticiones de los administrados". Es en definitiva, el principio *in dubio pro actione* o de la interpretación más

---

19. G. Isaac, *La Procédure Administrative non contentieuse*, París, 1968, p. 287.

favorable al ejercicio del derecho de petición para asegurar más allá de las dificultades de índole formal, una decisión sobre el fondo de la cuestión objeto del procedimiento. En materia de procedimiento administrativo, el principio se traduce en que el formalismo debe ser interpretado en favor del administrado, precisando, la legislación argentina, sin embargo, que "el informalismo no podrá servir para subsanar nulidades que sean absolutas" (art. 224).

En aplicación de este principio, las leyes de procedimiento administrativo, por ejemplo, establecen el deber de los funcionarios administrativos que reciban las peticiones, de advertir a los interesados de las omisiones y de las irregularidades que observen en las mismas, pero sin que puedan negarse a recibirlas[20].

Además, si después de presentada la petición, la Administración observare que en la solicitud o escrito faltan cualesquiera de los requisitos exigidos en las leyes, el funcionario está obligado a notificar al interesado comunicándole las omisiones o faltas observadas a fin de que en un plazo determinado (10 días generalmente) proceda a subsanarlos. Incluso se prevé en estos casos, que si la Administración objeta las correcciones, el interesado puede interponer un recurso contra la decisión[21].

2. Los principios de la celeridad, economía y eficacia

Además de la informalidad de las formalidades que como principio se establece en beneficio de los derechos de los administrados, las leyes de procedimiento administrativo, en general, también han previsto como principios que han de guiar el *iter procedimental*, los de la economía, celeridad y eficacia.

La Ley argentina de Procedimiento Administrativo, en este sentido, prescribe como principio general para la aplicación de las normas de procedimiento "la celeridad, economía, sencillez y eficacia en los trámites" (art. 1.b); al igual que la Ley venezolana (art. 30); la Ley de Costa Rica (art. 225) y la ley española (art. 3). El Código Contencioso administrativo de Colombia, sin embargo, va

---

20. Art. 45 LOPA Venezuela; art. 11 CCA Colombia.
21. Art. 50 LOPA Venezuela; art. 71 Ley 30/1992 España art. 12 CCA Colombia; art. 287 LGAP Costa Rica.

más lejos y define (como ahora lo hacen las nuevas leyes de Perú y Bolivia) estos "principios orientadores" en el artículo 3 de la reforma de 2012, así:

11. En virtud del principio de eficacia, las autoridades buscarán que los procedimientos logren su finalidad y, para el efecto, removerán de oficio los obstáculos puramente formales, evitarán decisiones inhibitorias, dilaciones o retardos y sanearán, de acuerdo con este Código las irregularidades procedimentales que se presenten, en procura de la efectividad del derecho material objeto de la actuación administrativa.

12. En virtud del principio de economía, las autoridades deberán proceder con austeridad y eficiencia, optimizar el uso del tiempo y de los demás recursos, procurando el más alto nivel de calidad en sus actuaciones y la protección de los derechos de las personas.

13. En virtud del principio de celeridad, las autoridades impulsarán oficiosamente los procedimientos, e incentivarán el uso de las tecnologías de la información y las comunicaciones, a efectos de que los procedimientos se adelanten con diligencia, dentro de los términos legales y sin dilaciones injustificadas.

De estos principios deriva otro principio fundamental del procedimiento administrativo, que es el carácter inquisitivo de la instrucción.

3. *El principio inquisitivo*

En efecto, el procedimiento administrativo, ante todo, es un asunto de la Administración, razón por la cual, el principio fundamental que lo rige, de acuerdo a lo que declare la Ley argentina de Procedimiento Administrativo, es la "impulsión e instrucción de oficio, sin perjuicio de la participación de los interesados en las actuaciones" (art. 1.a).

Por tanto, el procedimiento administrativo, en principio, se debe "impulsar de oficio en todos sus trámites"[22], estando por tanto la Administración obligada a adelantar la tramitación. Por ello, la Ley española de Procedimiento Administrativo de 1958 establecía que, los funcionarios respectivos eran responsables de adoptar las medi-

---

22. Art. 74.1 Ley 30/1992 España; art. 22 Decreto 640 Uruguay.

das oportunas para que el procedimiento no sufriera retraso, con la obligación de proponer lo conveniente para eliminar toda anormalidad en la tramitación de expedientes y en el despacho con el público (art. 76).

El derivado fundamental del principio inquisitivo, es que la Administración está obligada a probar los hechos, correspondiéndole la carga de la prueba. Por ello, la Ley General de la Administración Pública de Costa Rica prescribe expresamente que:

"En el procedimiento administrativo se deberán verificar los hechos que sirven de motivo al acto final en la forma más fiel y completa posible para lo cual el órgano que lo dirige deberá adoptar todas las medidas probatorias pertinentes o necesarias, aún si no han sido propuestas por las partes, y aún en contra de la voluntad de estas últimas (art. 221).

La consecuencia de esta obligación de impulsar el procedimiento y de la declaración expresa de la responsabilidad de los funcionarios por el retardo, omisión, distorsión o incumplimiento de los trámites y formalidades[23], es el derecho a favor de los administrados, de poder formular un recurso de queja contra el funcionario responsable por ante el superior jerárquico, a los de la aplicación de sanciones. Por supuesto, la interposición del recurso de queja no paraliza el procedimiento ni obstaculiza la posibilidad de que las fallas sean subsanadas[24].

4. *El principio contradictorio y la noción de parte*

Un cuarto principio general del procedimiento administrativo, es el principio de la contradicción que implica la necesidad de la confrontación de criterios entre la Administración y los administrados e incluso, en muchos casos, entre varios administrados, antes de que la Administración decida.

Como lo declara expresamente el Código colombiano Contencioso-Administrativo:

---

23. Art. 3° LOPA Venezuela.
24. Art. 3° LOPA Venezuela.

"En virtud del principio de contradicción, los interesados tendrán oportunidad de conocer y de controvertir las decisiones por los medios legales" (art. 3).

Es cierto, como hemos señalado, que en principio, el procedimiento administrativo es un asunto de la propia Administración para la emisión de sus actos administrativos. Sin embargo, en virtud de que no siempre los intereses de la Administración y de los administrados son coincidentes y con frecuencia, incluso, los intereses de los administrados, entre sí, ante la Administración, son contrapuestos, las garantías jurídicas de aquellos ante ésta exigen su participación efectiva en el procedimiento, para que expongan sus puntos de vista. Además, cuando sus derechos o intereses puedan resultar afectados por el acto administrativo, la contradicción es la garantía, en última instancia, para que ejerzan su derecho a la defensa.

Ahora bien, la consecuencia fundamental del principio contradictorio en materia de procedimiento administrativo es que en el mismo también existe la noción de parte. Así en la relación Administración-administrado o administrados, ambos extremos son parte en el procedimiento, considerándose parte también, todos los otros administrados que puedan resultar afectados por el acto administrativo.

Como lo establece la Ley General de la Administración Pública de Costa Rica:

"Podrá ser parte en el procedimiento administrativo, además de la Administración, todo el que tenga interés legítimo o un derecho subjetivo que pueda resultar directamente afectado, lesionado o satisfecho, en virtud del acto final. El interés de la parte ha de ser actual, propio y legítimo y podrá ser moral, científico, religioso, económico o de cualquier otra índole" (art. 275).

La noción de parte, por tanto, referida a los administrados se asimila a la de interesados (art. 22 LOPA Venezuela), y éstos, en definitiva, como lo precisa la Ley española reguladora del procedimiento administrativo (art. 31), son los siguientes:

En primer lugar, quienes promuevan el procedimiento como titulares de derechos o intereses legítimos; en segundo lugar, los que sin haber iniciado el procedimiento tengan derechos que puedan resultar afectados por la decisión que en el mismo se adopte; y en tercer lugar, aquellos cuyos intereses legítimos, individuales y colectivos, puedan resultar afectados por el acto administrativo y se apersonen en el procedimiento en tanto no haya recaído resolución definitiva[25].

En las leyes de procedimiento administrativo de España y América Latina, la figura del interesado, como parte, es objeto de regulaciones precisas, particularmente en cuanto a la capacidad y representación. En relación a la capacidad, las leyes remiten en general a lo establecido en la legislación civil[26], salvo disposición legal en contrario, es decir, salvo que por Ley especial se establezcan en una determinada relación jurídico-administrativa, causas condicionadoras de la capacidad jurídica, por ejemplo, en base a la nacionalidad, la residencia, el sexo, la edad, e incluso, la condición social.

Respecto de la representación, en algunos casos, las leyes de procedimiento administrativo remiten a los requisitos del derecho común[27]; en otros, establecen principios menos formalistas que los establecidos en materia civil o procesal civil. En Venezuela, por ejemplo, la Ley Orgánica de Procedimientos Administrativos permite que en todos los casos en que no se requiera la comparecencia personal del interesado, los administrados se pueden hacer representar mediante simple designación en la petición o recurso ante la Administración, sin perjuicio de que tal representación se pueda acreditar también mediante documento autenticado (arts. 25 y 26). En sentido parecido, la Ley española reguladora del procedimiento administrativo, exige que para formular solicitudes, entablar recursos, desistir de acciones y renunciar a derechos en nombre de otra persona debe acreditarse la representación por cualquier medio válido en derecho (art. 32.1).

Por último, en relación a la noción de parte en el procedimiento administrativo, en algunas leyes, como la Ley General de la Administración Pública de Costa Rica, se regula la figura del coadyuvante administrativo, referida a aquellos que sólo están indirectamente

---

25. En igual sentido art. 23 LOPA Venezuela.
26. Art. 31 Ley 30/1992 España; art. 282 LGAP Costa Rica; art. 24 LOPA Venezuela.
27. Por ejemplo, art. 282 LGAP Costa Rica.

interesados en el acto final o en su denegación o reforma, aunque su interés sea derivado, o no actual, en relación con el que es propio de la parte a la cual coadyuva (art. 226). En estos casos, el coadyuvante lo puede ser tanto del promotor del expediente como de la Administración o de la contraparte (art. 227), y no podrá pedir nada para sí ni podrá cambiar la pretensión a la que coadyuva. Puede, sin embargo, hacer todas las alegaciones de hecho y de derecho, y usar todos los recursos y medios procedimentales para hacer valer su interés excepto en lo que perjudique al coadyuvado (art. 278).

5. *El principio de la publicidad y el secreto administrativo*

Uno de los grandes retos del Estado de derecho en cuanto a las relaciones entre la Administración y los administrados, es el de la sustitución del principio del secreto administrativo por el principio contrario, el de la publicidad de las actuaciones administrativas. La sustitución, sin embargo, puede decirse que aún no se ha logrado en la práctica y en muchos países continúa vigente el principio del secreto discrecional, conforme al cual la Administración tiene la potestad de mantener en secreto cualquier documento o información mediante su declaración como reservado, con lo cual los particulares no tienen seguridad de recibir la información que necesitan para controlar la actividad administrativa. En esta forma, el secreto de la actuación administrativa y el misterio que la recubre no sólo frente a los particulares (al exterior), sino entre los diversos órganos de la propia Administración (al interior), en efecto, sigue siendo una práctica administrativa en las Administraciones contemporáneas, la mayoría de las veces para encubrir arbitrariedades, irresponsabilidades e incompetencias de los funcionarios. Por ello, secreto y Administración ineficiente constituyen un binomio históricamente inseparable.

El problema del secreto administrativo, en todo caso, se ha venido enfrentando con carácter general, mediante leyes destinadas a asegurar el derecho de todos a la información, y el acceso público a los documentos oficiales. Es el caso de la Ley núm. 78-753 del 17 de julio de 1978 dictada en Francia inspirada en la Ley sobre la Libertad de Información de los Estados Unidos de 1966[28], la cual a pesar de no significar el fin del secreto, como lo observa Guy Braibant, puede considerarse como el comienza del fin[29].

Con excepción de Colombia, donde se ha dictado una importante Ley 57 de 5-7-85 sobre publicidad de los actos y documentos oficiales[30], en general, en los otros países latinoamericanos no se han dictado Leyes de este tipo. Aún en los regímenes democráticos, la práctica continúa siendo el o la reserva[31], quedando además en manos de la Administración el calificar secreto de reservado determinados archivos. En materia específica del procedimiento administrativo, sin embargo, comienza a regularse el principio expreso de la publicidad del procedimiento, específicamente para las partes o interesados, lo que es un gran avance.

La Ley Orgánica de Procedimientos Administrativos de Venezuela, así establece el principio general de que los interesados y sus representantes, tienen el derecho de examinar en cualquier estado o grado del procedimiento el expediente correspondiente, y de leer y copiar cualquier documento contenido en el mismo, así como de pedir certificación de cualquier documento (art. 59)[32].

Se establece, sin embargo, la excepción en el sentido de que se exceptúan de este derecho de acceso, los que sean calificados como confidenciales por el superior jerárquico, los cuales deben entonces ser archivados en cuerpos separados del expediente.

---

28. *Vid.* Donald C. Rowat, "Las nuevas y proyectadas leyes sobre el acceso público a los documentos oficiales", *Revista de Derecho Público,* núm. 9, Caracas, 1982, p. 73.

29. Guy Braibant, "Droit d'accès et droit a l'information", *Service Public et Libertés,* Mélanges offerts au Professeur Robert-Edouard Charlier, París, 1981, p. 709.

30. La cual, además, garantiza el acceso ciudadano a los documentos (arts. 12 y sigts.), pero sin dejar de establecer el principio de la reserva de documentos (art. 21).

31. *Vid.* Allan R. Brewer-Carías, *El Derecho Administrativo y la Ley Orgánica de Procedimientos Administrativos,* Caracas, 1985, p. 116.

32. En igual sentido art. 272 LGAP Costa Rica.

En sentido similar, para en forma más amplia, la Ley General de la Administración Pública de Costa Rica establece que:

"No habrá acceso a las piezas del expedientes cuyo conocimiento pueda comprometer secretos de Estado o información confidencial de la contraparte, o en general, cuando el examen de dichas piezas confiera a la parte un privilegio indebido o una oportunidad para dañar ilegítimamente a la Administración, a la contraparte o a terceros, dentro o fuera del expediente"[33].

Sin embargo, frente a estas normas reguladoras de áreas secretas o reservadas de los expedientes administrativos, tanto la Ley costarricense como la Ley venezolana, exigen que la calificación como confidencial se haga mediante acto motivado, con lo cual el tradicional poder discrecional en la materia, queda limitado. Además el acto que se dicte puede ser objeto de recursos administrativos o contencioso administrativos[34].

6. *El principio de la imparcialidad*

Por último, dentro de los principios generales que rigen el procedimiento administrativo está el principio de la imparcialidad, derivado del principio de igualdad y no discriminación de los administrados, conforme al cual, la Administración, en el curso del procedimiento y al decidirlo, no debe tomar partido, inclinar la balanza o beneficiar ilegítimamente a una parte en perjuicio de otra, sino que debe tomar su decisión únicamente conforme al ordenamiento jurídico y con la finalidad de interés general que lo motiva.

A los efectos de garantizar la imparcialidad de la Administración, y conforme a la orientación de los principios que rigen la ma-

---

33. Art. 273.1. Es de destacar que la Ley costarricense presume que tienen la condición de reservados, salvo prueba en contrario, "los proyectos de resolución, así como los informes para órganos consultivos y los dictámenes de éstos antes de que hayan sido rendidos" (art. 273.2).

34. Art. 274 LGAP Costa Rica; art. 59 LOPA Venezuela. En igual sentido, la Ley 57 de 1985 de Colombia (art. 21).

teria en el procedimiento judicial[35], las leyes de procedimiento administrativo han establecido, por una parte, el deber general de los funcionarios cuya imparcialidad podría quedar comprometida, de abstenerse de intervenir en el procedimiento; y por la otra, en algunos casos, el derecho de los interesados de recusar a los funcionarios en caso de estar incursos en supuestos de parcialidad.

Así, por ejemplo, la Ley Orgánica de Procedimientos Administrativos de Venezuela (art. 36), siguiendo los principios de la Ley española de Régimen Jurídico de las Administraciones Públicas y del Procedimiento Administrativo Común (art. 28), establece la obligación de los funcionarios públicos de inhibirse o abstenerse del conocimiento del asunto cuya competencia les esté legalmente atribuida, en los siguientes casos:

1. Cuando personalmente o bien su cónyuge o algún pariente dentro del cuarto grado de consanguinidad o segundo de afinidad, tuvieren interés en el procedimiento. Es la aplicación concreta, en materia administrativa, del principio *nemo judex in causa sua* conforme al cual el funcionario público no debe intervenir en procedimientos en los cuales tenga interés. La Ley española agrega, en este supuesto de inhibición, cuando el funcionario sea administrador de sociedad o entidad interesada (art. 20.2.a); o tenga parentesco con cualquiera de los administradores de entidades o sociedades interesadas y también con los asesores, representantes legales o mandatarios que intervengan en el procedimiento (art. 20.2.b).

2. Cuando tuvieren amistad íntima o enemistad manifiesta con cualquiera de las personas interesadas que intervengan en el procedimiento. En este contexto, el Código Contencioso Administrativo de Colombia agrega como causal en este supuesto, al haber hecho parte de listas de candidatos a cuerpos colegiados de elección popular inscritas o integradas también por el interesado (art. 30.1).

3. Cuando hubieren intervenido como testigos o peritos en el expediente de cuya resolución se trate, o si como funcionarios hubieren manifestado previamente su opinión en el mismo, de mo-

---

35. Por ejemplo, el art. 6° LPA Argentina, el art. 30 CCA Colombia, y el art. 230 LGAP Costa Rica remiten en la materia, a las regulaciones de los Códigos de Procedimiento Civil o del Poder Judicial.

do que pudieran prejuzgar sobre la resolución del asunto, o tratándose de un recurso administrativo, que hubieren resuelto o intervenido en la decisión del acto que se impugna.

4. Cuando tuvieran relación de servicio o de subordinación cualquiera de los directamente interesados en el asunto. En este campo, el Código Contencioso Administrativo de Colombia agrega el supuesto de que el funcionario haya sido recomendado por el interesado para llegar al cargo que ocupo cuando lo haya designado como referencia con el mismo fin (art. 30.2).

La inhibición, en estos casos, debe plantearse por el funcionario respectivo ante el superior jerárquico o puede éste formularla de oficio[36] y si la inhibición procediere, el superior jerárquico debe indicar el funcionario que ha de conocer el asunto[37].

Las leyes de procedimiento varían en cuanto a regular los efectos de la actuación del funcionario incurso en una causal inhibición: la Ley General de Administración Pública de Costa Rica establece el principio de la invalidez (art. 237.3.b); en cambio, la Ley española prescribe que la actuación de los funcionarios en los que concurran motivos de abstención no implicará necesariamente la invalidez de los actos que hayan intervenido (art. 20.3). Sin embargo, la no abstención en los casos que proceda, da lugar a responsabilidad del funcionario[38].

Las legislaciones de procedimiento administrativo, además de la abstención o inhibición, como deber del funcionario, consagran el derecho de los interesados de recusar a los funcionarios que están incursos en algunas de las causales señaladas, estableciendo un procedimiento sumario que ha de ser resuelto por el superior jerárquico[39]. En algunos casos, sin embargo, no se regula formalmente procedimiento para la recusación como un derecho de los interesados,

---

36. Art. 39 LOPA Venezuela; art. 30 CCA Colombia.
37. Art. 6° LPA Argentina; art. 37 y 38 LOPA Venezuela; art. 237.1 LGAP Costa Rica
38. Art. 28.5 Ley 30/1992 España; art. 237.1 LGAP Costa Rica.
39. Art. 29 Ley 30/1992 España; art. 6° LPA Argentina; art. 236 LGAP Costa Rica.

sino un derecho de instar al superior jerárquico en la entidad donde curse un asunto, para que ordene a los funcionarios incursos en los supuestos de inhibición, se abstengan de toda intervención en el procedimiento[40].

III. PRINCIPIOS RELATIVOS A LA DECISIÓN

El objetivo final de todo procedimiento administrativo es la producción de un acto administrativo, es decir, la adopción de una decisión por parte de la Administración. A tal efecto, iniciado un procedimiento administrativo, particularmente a instancia de parte o cuando en él tenga interés los administrados, la Administración está obligada a decidir, en otras palabras, la Administración no es libre de decidir. Esta obligación, por lo demás, es la contrapartida del derecho de petición que conlleva el derecho a obtener oportuna respuesta.

Esta obligación de decidir y los efectos del silencio administrativo los estudiaremos en primer lugar, reservando para analizar, en segundo lugar, otros principios relativos a las decisiones, en particular, el contenido de las mismas en relación a los asuntos planteados en el curso del procedimiento.

1. *La obligación de decidir y los efectos del silencio administrativo*

Como hemos señalado, sea o no producto del ejercicio de un derecho de petición, iniciado un procedimiento administrativo la Administración está obligada a desarrollarlo de oficio y, en definitiva, a adoptar la decisión correspondiente. Por supuesto, si se trata de un procedimiento iniciado mediante el ejercicio del derecho de petición, éste, por ejemplo en la Constitución de Venezuela, conlleva también el derecho a obtener la oportuna respuesta (art. 51). Por eso la Ley Orgánica de Procedimientos Administrativos, exige de las autoridades administrativas el que "deberán resolver las instancias o peticiones que se les dirijan o bien declarar, en su caso, los motivos que tuvieren para no hacerlo" (art. 2)[41].

---

40. Art. 39 LOPA Venezuela.
41. En igual sentido arts. 98 y 99 D 640 Uruguay.

En definitiva, por tanto, la Administración está obligada a decidir los procedimientos administrativos en que tengan interés los administrados, y ello debe hacerlo, en los lapsos establecidos en las leyes.

Sin embargo, es bien conocida la actitud tradicional de la Administración en muchos casos, de simplemente no decidir determinados asuntos, lo que exigió del legislador, en regulaciones aisladas, por ejemplo en Francia, el establecer un efecto generalmente negativo o de rechazo al silencio de la Administración en un lapso de cuatro meses, configurándose una decisión implícita susceptible de recurso ante el Consejo de Estado[42]. Este principio legislativo llevó a la jurisprudencia constitucional a identificar un principio general del derecho con el objeto de garantizar la situación de los administrados frente a esa inacción administrativa. De allí el principio de que el silencio de la Administración cuando ésta tiene legalmente prescrito un lapso para decidir, sea considerado como equivalente a una decisión implícita de rechazo, a los efectos de permitir al administrado acudir a la vía contencioso-administrativa. Así lo decidió el Consejo Constitucional en decisión del 16 de junio de 1969, al considerar que este "principio general del derecho" derivado de la regla según la cual *qui ne dit not refuse,* sólo podía ser derogado por una decisión legislativa, en el sentido de que en una disposición reglamentaria no podían establecerse supuestos de decisiones implícitas de otorgamiento[43]. Este principio, sin embargo, no ha sido aceptado en esta forma por el Consejo de Estado, el cual ha reconocido la validez de actos reglamentarios que prevén el otorgamiento tácito de un permiso de construir en caso de silencio de la Administración (CE Ass. 27 févr 1970, *Commune de Bosas*)[44].

Ahora bien, uno de los aspectos de mayor interés en la codificación del procedimiento administrativo en España y América Latina

---

42. Pierre Delvolvé, *L'acte administratif,* París, 1983, p. 172.

43. *Vid.* en Louis Favoreu y Loîc Philip, *Les grandes décision du conseil constitutionnel,* París, 1984, p. 213. *Vid.* la referencia en R. Hostiou, *Procédure et formes de l'acte administratif unilateral en Droit Français,* París, 1975, p. 124.

44. *Cit.* par L. Favoreu et L. Philip, *op. cit.,* p. 215 et P. Delvolvé, *op. cit.,* p. 394.

ha sido, precisamente, el establecimiento de reglas generales tendentes a garantizar la situación de los administrados frente al silencio de la Administración, entre las cuales están tanto el principio del silencio negativo como del silencio positivo, y la posibilidad de acudir a la vía contencioso administrativa contra la carencia de la Administración.

A. *La garantía del silencio negativo*

El principio de los efectos negativos del silencio administrativo puede decirse que es el más generalizado y establecido en casi todas las legislaciones sobre procedimiento administrativo de Hispanoamérica. Un ejemplo de su formulación más general está en el artículo 4 de la Ley Orgánica de Procedimientos Administrativos de Venezuela, que prescribe que:

"En los casos en que un órgano de la Administración Pública no resolviere un asunto o recurso dentro de los correspondientes lapsos, se considerara que ha resuelto negativamente y el interesado podrá intentar el recurso inmediato siguiente, salvo disposición expresa en contrario. Esta disposición no releva a los órganos administrativos, ni a sus funcionarios, de las responsabilidades que le sean imputables por la omisión o la demora."

Se trata, por tanto, de la consagración general de un valor negativo al transcurso del tiempo sin que haya decisión de la Administración, presumiéndose que al vencimiento del lapso legalmente prescrito para decidir, se ha producido una decisión tácita denegatoria de lo solicitado o del recurso interpuesto.

De esta norma pueden distinguirse tres supuestos diferentes de casos de silencio tácito denegatorio.

En primer lugar, el silencio respecto de la decisión de solicitudes o peticiones que, conforme al Código Contencioso Administrativo de Colombia, "transcurrido el plazo de dos meses contados a partir de la presentación de una petición sin que se haya notificado decisión que la resuelva, se entenderá que está es negativa" (art. 40). En la Legislación española de procedimientos Administrativos anterior a 1992, al principio antes indicado se agregaba la necesidad de que el interesado pusiera en mora a la Administración y sólo después de tres meses de denunciada la mora es que podía considerar desestimada su petición al efecto de deducir, frente a esta denegación presunta, el correspondiente recurso administrativo o jurisdiccional, según procediera, o esperar la resolución expresa de su petición (art. 94.1). El mismo principio de la puesta en mora a la Administración como condición para que surja decisión presunta derivada del silencio de la Administración, se establece en la Legislación argentina (art. 10).

En segundo lugar, el silencio tácito denegatorio también se produce por el transcurso del tiempo en los procedimientos que se inician de oficio y que por tanto, no resultan del ejercicio del derecho de petición. El transcurso del tiempo permitiría el ejercicio del recurso respectivo siempre que, por supuesto, el acto tácito negativo lesione intereses personales, legítimos y directos. Por ejemplo, si un inmueble amenaza ruina y la Administración no resuelve el procedimiento iniciado de oficio para ordenar o no su demolición, los vecinos interesados podrían intentar los recursos respectivos[45].

El tercer supuesto en el cual se produce el silencio tácito denegatorio, es en materia de ejercicio de recursos administrativos, en el sentido de que si no son resueltos por la Administración en los lapsos prescritos, se presume que la Administración los ha declarado sin lugar, procediendo, entonces, la posibilidad de ejercer, según los casos, el recurso administrativo subsiguiente o el recurso contencioso-administrativo.

En esta materia, el Código Contencioso Administrativo de Colombia precisa que la ocurrencia del silencio administrativo negativo "implica la pérdida de la competencia de la Administración para resolver los recursos" (art. 60); regla que no es necesariamente general en América Latina. En otros países a pesar de haberse producido el acto derogatorio por silencio, e incluso, de haberse recurrido contra el acto tácito derivado del silencio, la Administración no pierde poder para decidir, como sucede en Venezuela[46].

---

45. *Vid.* en Allan R. Brewer-Carías, *El Derecho Administrativo y la Ley Orgánica de Procedimientos Administrativos*, Caracas, 1985, p. 230.

46. *Vid.* Allan R. Brewer-Carías, *Estado de Derecho y Control Judicial*, Madrid, 1985, p. 321.

En todo caso, y salvo el caso de Colombia, lo importante de las regulaciones legislativas relativas al silencio negativo, es que el principio de la decisión tácita se establece en beneficio exclusivo de los administrados, como garantía a sus derechos de protección, por lo cual, el recurrir contra el acto tácito no es una carga impuesta a los interesados, los cuales en todo caso pueden esperar la decisión expresa.

Por otra parte, se destaca también que la regulación de esta garantía no exime al funcionario de su obligación de decidir, quedando comprometida su responsabilidad por la demora en que incurra. Así lo regulan expresamente las legislaciones[47] y en particular lo expresaba con toda claridad la Ley española de Procedimiento Administrativo de 1958, al señalar que "la denegación presunta no excluirá el deber de la Administración de dictar una resolución expresa"; agregando que "Contra el incumplimiento de este deber podrá deducirse reclamación de queja, que servirá de recordatorio previo de responsabilidad personal, si hubiere lugar a ella, de la autoridad o funcionario negligente" (art. 94.3).

B. *La garantía del silencio positivo*

El principio general en materia de consagración del silencio administrativo con efectos positivos, y salvo el caso de la Legislación de Costa Rica, y a partir de 1992, de España, es que debe ser establecido por ley especial, en cada caso. Así lo establece expresamente el Código Contencioso-Administrativo de Colombia (art. 41), y las Leyes de Procedimiento Administrativo de España (art. 95) y Argentina (art. 10). En otros países como Venezuela, aún sin previsión en la Ley de Procedimientos Administrativos, en leyes especiales como la relativa a la ordenación del territorio y a la ordenación urbanística se regula la figura del silencio positivo en materia de autorizaciones, aprobaciones y permisos[48].

---

47. Art. 4° LOPA Venezuela; art. 239 LGAP Costa Rica.
48. *Vid.* Allan R. Brewer-Carías, *Ley Orgánica para la Ordenación del Territorio,* Caracas, 1983, pp. 66-67; Allan R. Brewer-Carías y otros. *Ley Orgánica de Ordenación Urbanística,* Caracas, 1968; pp. 57 ss; Humberto Romero Muci, en *idem,* pp. 144 ss.

En contraste con el régimen del silencio positivo establecido sólo en leyes especiales, la Ley General de la Administración Pública de Costa Rica, en forma excepcional en el derecho comparado, había consagrado con carácter general la figura del silencio administrativo positivo en los casos de procedimientos autorizatorios. El artículo 330 de dicha Ley, en efecto, establece que:

"1.   El silencio de la Administración se entenderá positivo cuando así se establezca expresamente o cuando se trate de autorizaciones o aprobaciones que deban acordarse en el ejercicio de funciones de fiscalización y tutela.

2.   También se entenderá positivo el silencio cuando se trate de solicitudes de permisos, licencias y autorizaciones".

En la norma se establecen, en realidad, dos supuestos de silencio administrativo positivo: en primer lugar, en las relaciones interorgánicas, internas de la Administración, cuando se trate de autorizaciones o aprobaciones que, como lo dice la Legislación española (art. 95), con motivo del ejercicio de funciones de fiscalización y tutela, pongan en relación los órganos superiores con los inferiores dentro de una misma estructura jerárquica o en relación de descentralización funcional. A pesar de que la Ley de Costa Rica no lo precise como lo hace la ley española, entendemos que la figura del silencio positivo no puede darse, por ejemplo, respecto de las funciones de fiscalización y control que órganos constitucionales, como la Contraloría General de la República realizan respecto de los órganos de la Administración Central o descentralizada.

El segundo supuesto del silencio administrativo positivo consagrado en forma general, se refiere a los casos de solicitudes de permisos, licencias y autorizaciones, es decir, en los procedimientos autorizatorios, que es precisamente donde las leyes especiales en otros países generalmente los regulan.

No regula, sin embargo, la Ley de Costa Rica, la forma práctica de eficacia del acto tácito positivo, lo cual sin embargo sí se precisa en el Código Contencioso Administrativo de Colombia, al prescribir que "la persona que se hallare en las condiciones previstas en las disposiciones legales que establecen el beneficio del silencio administrativo positivo, protocolizará la constancia o copia de que trata el artículo 5° (petición) junto con su declaración jurada de no haberle sido notificada una decisión dentro del término previsto". En esta forma, la escritura y sus copias producirán todos los efectos legales de la decisión favorable que se pidió y es deber de todas las personas y autoridades reconocerla así (art. 42).

En todo caso, tratándose de un acto administrativo tácito declarativo de derechos a favor de los interesados, el acto administrativo producto del silencio positivo es un acto irrevocable por la Administración[49].

Se destaca, además, que en la Ley 30/1992 de Régimen Jurídico de las Administraciones Públicas y del Procedimiento Administrativo Común de 1992, se acogió como principio general la figura del silencio positivo, al disponerse que los interesados podrán entender estimadas por silencio administrativo sus solicitudes en todos los casos, salvo que una norma con rango de Ley o norma de Derecho Comunitario Europeo establezca lo contrario (art. 43.2).

C. *La garantía contra la carencia administrativa*

Tanto la ficción jurídica del silencio negativo como del silencio positivo, sin duda, se han establecido en el ordenamiento jurídico como garantía de los derechos de los administrados, para que transcurrido un tiempo de inacción puedan ejercer su derecho a la defensa mediante la interposición de los recursos administrativos o contencioso administrativos correspondientes.

Sin embargo, sobre todo en el caso de silencio administrativo negativo en los casos de solicitudes o peticiones, particularmente en materia de procedimientos autorizatorios, es evidente que en la práctica los administrados no obtienen ninguna garantía a sus derechos con que se considere que el silencio de la Administración produce tácitamente rechazo. Al solicitante de un permiso o autorización para realizar una actividad, lo que le interesa obtener es el permiso y nada gana con presumir que se le niega. En este caso ¿cómo va a impugnar el acto tácito denegatorio por vía de recurso, si no hay motivo ni motivación? ¿Cuáles serían los motivos de impugnación?

---

49. Art. 331.2 LGAP Costa Rica; el art. 41 CCA Colombia, en cambio, establece diversos supuestos de revocación.

En realidad, en los casos de abstención o negativa de la Administración a decidir, la verdadera garantía jurídica del administrado estaría en poder exigir al juez que obligue a la Administración a decidir, mediante el ejercicio de un recurso contencioso administrativo, no contra un acto, que no existe, sino contra la carencia de la Administración. Esta posibilidad nunca se ha aceptado por el sistema contencioso-administrativo francés que requiere la existencia de un acto expreso o tácito para que puedan intentarse los recursos jurisdiccionales. Sin embargo, al inicio de la aplicación del Tratado de la Comunidad Económica del Carbón y del Acero, y con motivo de la competencia de la Corte de Justicia de las Comunidades Europeas, se creyó encontrar en el artículo 35 del Tratado de la CECA un recurso en carencia, precisamente, contra la abstención o negativa de las Altas Autoridades de la Comunidad de adoptar determinadas decisiones, pero ello no prosperó definitivamente, imponiéndose la tradición francesa[50].

En contraste, sin embargo, en el sistema venezolano de las acciones contencioso-administrativas, además del recurso de anulación y de las demandas contra los entes públicos, se establece expresamente el recurso por abstención o negativa contra las conductas omisivas de la Administración, al atribuirse competencia a los tribunales contencioso administrativos, para:

"conocer de la abstención o negativa de los funcionarios nacionales, estatales o municipales a cumplir determinados actos a que estén obligados por las leyes, cuando sea procedente, en conformidad con ellas"[51].

Como lo ha precisado la jurisprudencia contencioso administrativa:

"el recurso de abstención se inscribe dentro del género de las acciones contencioso-administrativas, cuya característica común es la

---

50. *Vid.* Nicola Catalano, *Manual de Derecho de las Comunidades Europeas,* Buenos Aires, 1966, pp. 109-110; J. A. Carrillo Salcedo, *La recepción del Recurso Contencioso-Administrativo en la Comunidad Europea del Carbón y del Acero,* Sevilla, 1958, pp. 43 ss.

51. Arts. 42.23 y 182.1, Ley Orgánica de la Corte Suprema de Justicia (Venezuela).

de permitir el control de la legalidad y la de restablecer los intereses legítimos violados. De modo que es perfectamente posible revisar la legalidad en un procedimiento de un recurso de abstención, cuya finalidad no es la nulidad de actuación alguna, sino la de calificar de legítima o no, una omisión tácita o expresa de la Administración en actuar, para que de resultar ilegal, el Tribunal supla tal abstención o negativa, proveyendo el acto o el trámite omitido o negado... En conclusión, que el recurso de abstención, llamado de carencia, puede intentarse contra una negativa expresa o presunta (inactividad) de la Administración a cumplir un acto. Lo determinante es, pues, que el fin de la pretensión sea la de lograr por la intervención del Tribunal Contencioso-Administrativo el cumplimiento del acto que la Administración ha dicho que no cumple, o que simplemente se abstiene de cumplir, siempre y cuando el recurrente tenga derecho a ello, y exista la norma que contemple el deber de la Administración de actuar"[52].

El recurso contencioso-administrativo en carencia completa, así, el cuadro de las garantías de los administrados ante la negativa expresa o tácita (inacción) de la Administración a decidir un asunto, cuando la sola presunción de decisión tácita denegatoria o positiva, no satisfaga los derechos o intereses de los administrados.

2. *La globalidad de la decisión y los efectos del principio inquisitivo*

Otro principio general relativo a la decisión del procedimiento administrativo se refiere a la obligación que tiene la Administración de decidir todas las cuestiones planteadas en el procedimiento tanto por las partes como de oficio.

En cuanto a las cuestiones planteadas por los interesados, el principio se regula expresamente en la Ley venezolana de Procedimientos Administrativos, al establecer que:

> "El acto administrativo que decida el asunto resolverá todas las cuestiones que hubieren sido planteadas, tanto inicialmente como durante la tramitación" (art. 62) 1.

---

52. Sentencia de la Corte Primera de lo Contencioso Administrativo, de 28 de octubre de 1987, *Revista de Derecho Público,* núm. 32, Caracas, 1987, p. 118. En sentido similar *Vid.* Sentencia de la misma Corte de 12 de febrero de 1987, *Revista de Derecho Público,* núm. 30, Caracas 1987, pp. 158 ss.; y de 19 de febrero de 1987, *Revista de Derecho Público,* núm. 29, Caracas, 1987, pp. 142 ss.

El principio, además se consagra en la legislación argentina, como un derecho de los administrados "a una decisión fundada" como parte del derecho al "debido proceso adjetivo" (art. 1.f.3).

Pero es evidente que en el curso del procedimiento administrativo, sea que se inicie de oficio o a instancia de parte, en virtud del principio inquisitivo la Administración de oficio, puede establecer determinados elementos no invocados por las partes, sobre los cuales también tiene que versar la decisión. Por ello, la Ley española reguladora del procedimiento administrativo establece que la resolución decidirá no sólo todas las cuestiones planteadas por los interesados, sino también "aquellas otras derivadas del expediente" (art. 89.1).

En este aspecto, sin embargo, el principio del debido proceso exige que esos asuntos no formulados o propuestos por los interesados, para que puedan ser considerados en la decisión, deben haberles sido notificados y debe habérseles asegurado audiencia previa. Así lo establece expresamente la Ley argentina de Procedimiento Administrativo (art. 7.c).

CAPÍTULO II

EL DERECHO A LA DEFENSA Y SUS CONSECUENCIAS

Una de las motivaciones centrales del proceso de codificación del procedimiento administrativo en España y América Latina, sin duda, ha sido la búsqueda de garantizar efectivamente el derecho a la defensa, el cual, como lo ha destacado Michael Stassionopoulos, "es tan viejo como el mundo"[53] y, por tanto, es un derecho inherente a la persona humana.

Su formulación jurisprudencial histórica se la sitúa en el famoso *Dr. Bentley's Case* decidido en 1723 por una Corte inglesa, en el cual el Juez Fortescue, al referirse al mismo como un principio de *natural justice,* señaló:

---

53. Michael Stassinopoulos, *Le droit de la défense devant les autorités administratives*, París, 1976, p. 50.

"The objection for want of notice can never be got over. The laws of God and men both give the party an opportunity to make his defence, if he has any. I remember to have heard it observed an occasion, that even God himself did not pass sentence upon Adam before he was called upon to make his defence, "Adam (says God) where are thou? Hast thou not eaten of the tree whereof I commanded thee that thou shuldest not eat? And the same question was put to Eve also"[54].

En dicha decisión se resolvió que el *Chancellor* de la Universidad de Cambridge, Dr. Bentley, no podía haber sido desprovisto de sus títulos o grados académicos sin habérsele informado previamente de los cargos formulados en su contra y sin habérsele dado la oportunidad de responderlo[55]. De ahí surgió la formulación judicial del principio del derecho a la defensa en el derecho inglés como uno de los principios de *natural justice,* tan viejo como el mundo.

En el mundo contemporáneo muchas Constituciones consagran el derecho a la defensa como un derecho constitucional[56], pero, aún en ausencia de tales declaraciones, tradicionalmente se lo ha garantizado no solo en la vía jurisdiccional, sino ante la Administración. Se destaca, así la doctrina jurisprudencial del Consejo de Estado iniciada con el *arrêt Tery,* de 20 de junio de 1913 (Rec. 736) dictado también con motivo de la imposición a un profesor de liceo de

---

54. *Dr. Bentley's case: The King v. The Chancellor, Ec., of Cambridge* (1723), Stra. 557. *Vid.* las referencias en *Cooper v. The Board of Works for Wandsworth District* (1863), 14.C.B. (n.s.) 180, en S. H. Bailey, C. A. Cross y J. F. Garner, *Cases and materials in Administrative Law,* London, 1977, pp. 348-351.

55. *Vid.* E.C.S. Wade y G. Godfrey Philips, *Constitutional and Administrative Law,* London, 1981, p. 599.

56. El art. 68 de la Constitución de Venezuela establece que "La defensa es un derecho inviolable en todo estado y grado del proceso". De acuerdo a la jurisprudencia de la Corte Suprema de Justicia en Sala Político Administrativa, este derecho de defensa "constituye una garantía inherente a la persona humana, y es, en consecuencia, aplicable en cualquier clase de procedimientos que puedan derivar en una condena". Sentencia de 23 de octubre de 1986, *Revista de Derecho Público,* núm. 28, Caracas, 1986, pp. 88-89. *Cf.* Sentencia de la Corte Suprema de Justicia en Sala Político Administrativa, de 11 de agosto de 1983, *Revista de Derecho Público,* núm. 16, Caracas, 1983, p. 150.

medidas disciplinarias, sin habérsele asegurado su derecho a ser oído[57].

Ahora bien, en materia de procedimiento administrativo, el derecho a la defensa ha tenido múltiples desarrollos, de manera que, incluso, se habla de "los derechos de la defensa"[58] cuyos principios han sido objeto de una amplia regulación legislativa en las leyes de procedimiento administrativo de España y América Latina. Analizaremos esos principios en primer lugar, y luego estudiaremos la regulación adjetiva más acabada en materia de derecho a la defensa en vía administrativa, a través de los recursos administrativos.

I. ASPECTOS DEL DERECHO A LA DEFENSA

En materia administrativa, con razón, el derecho a la defensa se ha considerado no sólo como una exigencia del principio de justicia, sino también del principio de eficacia, "porque asegura un mejor conocimiento de los hechos, contribuye a mejorar la Administración y garantiza una decisión más justa"[59]. Por supuesto, el aspecto que nos interesa destacar más, es el de las garantías adjetivas establecidas en el ordenamiento jurídico para hacer efectivo dicho derecho a la defensa, debiéndose considerar bajo esta perspectiva, como lo ha expresado la Corte Suprema de Justicia de Venezuela, que:

"el derecho a la defensa debe ser considerado no sólo como la oportunidad para el ciudadano encausado o presunto infractor de hacer oír sus alegatos, sino como el derecho de exigir del Estado el cumplimiento previo a la imposición de toda sanción de un conjunto de actos o procedimientos destinados a permitirle conocer con precisión los hechos que se le imputan y las disposiciones legales aplicables a los mismos, hacer oportunamente alegatos en su descargo y promover y evacuar pruebas que obren en su favor. Esta perspectiva

---

57. M. Long, P. Weil y G. Braibant, *Les grandes arrêts de la jurisprudence adminis-trative*, París, 1978, pp. 119-120.

58. *Vid.* por ejemplo, R. Odent, *"Les droits de la défense"* Etudes et Documents. Conseil d'Etat, París, 1953, pp. 50 ss.

59. Sentencia de la Corte Primera de lo Contencioso Administrativo (Venezuela), de 15 de mayo de 1986, *Revista de Derecho Público*, núm. 26, Caracas, 1986, p. 110.

del derecho a la defensa es equiparable a lo que en otros Estados de Derecho ha sido llamado como el principio del "debido proceso"[60].

Desde este punto de vista del *due process of law*, el derecho a la defensa en el procedimiento administrativo se desdobla, en las legislaciones positivas de España y América Latina, en los siguientes derechos: derecho a ser notificado, derecho a hacerse parte, derecho a tener acceso al expediente, derecho a ser oído derecho a presentar pruebas y alegatos y derecho a ser informado de los medios de defensa frente a la Administración. Veamos separadamente estas manifestaciones concretas del derecho a la defensa.

1. El derecho a ser notificado

"Todo acto de procedimiento que afecte derechos o intereses de las partes o de un tercero, deberá ser debidamente comunicado al afectado"[61]; Así lo establece expresamente la Ley General de Administración Pública de Costa Rica, y el principio no sólo es válido respecto de la publicación y notificación de los actos administrativos producto del procedimiento, sino de los actos de procedimiento que la Administración adopte en el transcurso del mismo.

La primera manifestación de este derecho a ser notificado se establece en las leyes de procedimiento, como primer paso al iniciarse el mismo. En particular, se consagra el derecho a ser notificado cuando el procedimiento se inicia de oficio, en cuyo caso la autoridad administrativa competente deba notificar a los administrados cuyos derechos subjetivos o intereses legítimos personales o directos pudieran resultar afectados[62], de la existencia de la actuación y el objeto de la misma[63]. Hemos considerado, sin embargo, que el derecho a ser notificado también tiene aplicación en los procedimientos que se inician a instancia de parte, en los cuales puedan

---

60. Sentencia de 17 de noviembre de 1983, Sala Politico Administrativa, *Revista de Derecho Público* núm. 16, Caracas, 1983, p. 151.
61. Art. 239 LGAP Costa Rica.
62. Art. 48 LOPA Venezuela.
63. Art. 28 CCA Colombia.

resultar afectados otros administrados[64]. Así lo prevé expresamente el Decreto núm. 640 de Uruguay, al establecer que:

"si de la petición resulta que la decisión puede afectar derechos o intereses de otras personas, se les notificará lo actuado a efecto de que intervengan en el procedimiento, declarando lo que les corresponda. En caso de comparecer, deberán hacerlo en la misma forma que el peticionario y tendrán los mismos derechos que éste (art. 10).

Asimismo, el Código Contencioso Administrativo de Colombia exige que:

"cuando de una petición o de los registros que lleve una autoridad, resulte que hay terceros determinados que pueden estar directamente interesados en las resultas de la decisión, se les citará para que puedan hacerse parte y hacer valer sus derechos... En el acto de citación se dará a conocer claramente el nombre del peticionario y el objeto de la petición (art. 14)".

En cuanto al acto administrativo que resulte del procedimiento, por supuesto, debe ser también notificado a los interesados como condición de eficacia, como ya lo hemos analizado.

2. El derecho a hacerse parte

Además del derecho a ser notificado, el derecho a la defensa en el procedimiento administrativo implica el derecho de todo interesado a hacerse parte en el procedimiento, es decir, cuando éste no se haya iniciado a instancia suya, sino de oficio o a instancia de otra persona, si su interés personal, legítimo y directo o su derecho subjetivo puede resultar lesionado, afectado o satisfecho en el procedimiento[65].

Este derecho a hacerse parte implica el derecho a apersonarse en el procedimiento, en cualquier estado en que se encuentre la tramitación y siempre que en el mismo no hubiese recaído resolución definitiva.

---

64. *Vid.* en Allan R. Brewer-Carías, *El Derecho Administrativo y la Ley Orgánica de Procedimientos Administrativos*, Caracas, 1985, p. 301.

65. Art. 275 LGAP Costa Rica.

3. *El derecho de acceso al expediente administrativo*

La tercera de las manifestaciones del derecho a la defensa es el derecho de los interesados a tener acceso al expediente[66]. Este derecho tiene varias manifestaciones en la legislación sobre procedimientos administrativos.

En primer lugar, como lo establecía la Ley española de Procedimiento Administrativo de 1958, los interesados en un procedimiento administrativo tienen derecho a conocer, en cualquier momento, el estado de la tramitación del expediente, recabando la oportuna información de las oficinas correspondientes (art. 62).

En segundo lugar, el derecho a tener acceso al expediente administrativo exige, como garantía, el derecho a la unidad del expediente administrativo, en el sentido de que éste físicamente debe ser uno solo. Por ello el principio establecido en el artículo 31 de la Ley Orgánica de Procedimientos Administrativos de Venezuela, en cuanto a la obligación impuesta a la Administración de que:

"de cada asunto se formará expediente y se mantendrá la unidad de éste y de la decisión respectiva, aunque deba intervenir en el procedimiento oficinas de distintos Ministerios o Institutos Autónomos (art. 31).

Agrega dicha Ley que:

"iniciado el procedimiento se procederá a abrir expediente en el cual se recogerá toda la tramitación a que dé lugar el asunto. De las comunicaciones entre las distintas autoridades, así como de las publicaciones y notificaciones que se realicen, se anexará copia al expediente".

En tercer lugar, como lo establece la Ley Orgánica de Procedimientos Administrativos de Venezuela, los interesados y sus representantes tienen el derecho de examinar en cualquier estado o grado del procedimiento el expediente administrativo en su totalidad (art. 59). Se exceptúa sin embargo, el supuesto ya comentado de los documentos calificados como confidenciales por el superior jerárqui-

---

66. Art. 216 LGAP Costa Rica.

co, los cuales, en consecuencia, pueden ser archivados en cuerpos separados del expediente[67].

En cuarto lugar, el derecho de tener acceso al expediente implica también el derecho de los interesados de leer y copiar cualquier documento contenido en el expediente. Así como de pedir copia certificada del mismo[68].

4. El derecho a ser oído (audiencia del interesado)

Además del derecho a ser notificado, a hacerse parte y a tener acceso al expediente administrativo, la manifestación más importante del derecho a la defensa es el derecho a ser oído, a cuyo efecto la Administración antes de decidir un asunto que pueda afectar derechos o intereses de un administrado, debe darle audiencia. Es el principio conocido como *audi alteram partem*, que en materia administrativa significa la obligación para la Administración de oír previamente a los interesados[69].

El principio general en la materia lo enuncia la Ley argentina de Procedimientos Administrativos al regular el derecho de los interesados al debido proceso adjetivo y establecer, como parte del mismo, la posibilidad "de exponer las razones de sus pretensiones y defensas antes de la emisión de actos que se refieran a sus derechos subjetivos o intereses legítimos" (art. 1.f.l)[70]. Ahora bien, algunas legislaciones regulan la oportunidad para que se verifique esta audiencia al interesado. En el caso de la Ley española de Procedimiento Administrativo se prescribe que el acto de audiencia debe tener lugar una vez instruidos los expedientes e inmediatamente antes de redactarse la propuesta de resolución. A tal efecto, deben ponerse de manifiesto los expedientes a los interesados para que, en

---

67. Art. 273 LGAP Costa Rica; art. 59 LOPA Venezuela; art. 41 Decreto 640 Uruguay; art. 19 Ley 57, 1985, Colombia.
68. Art. 59 LOPA Venezuela; art. 272 LGAP Costa Rica; art. 42 Decreto 640 Uruguay.
69. *Vid.* M. Stassinopoulos, *op. cit.,* p. 159.
70. El art. 35 CCA Colombia exige que la decisión se adopte sólo "habiéndose dado oportunidad a los interesados para expresar sus opiniones".

un plazo no inferior a diez días ni superior a quince, aleguen y presenten los documentos y justificaciones que estimen pertinentes (art. 84.1).

En el caso de la Ley Orgánica de Procedimientos Administrativos de Venezuela, en cambio, la audiencia del interesado debe realizarse al inicio del procedimiento, inmediatamente después de su apertura, lo cual evidentemente es inconveniente, pues el expediente aún no ha sido instruido. En realidad, la audiencia de los interesados, para que tenga sentido el ejercicio de su derecho a ser oído, debe producirse una vez que la instrucción del asunto ha terminado y todos los documentos relativos al mismo están en el expediente. Sin embargo, dicha Ley establece que ordenada la apertura del procedimiento, se debe notificar a los particulares cuyos derechos subjetivos o intereses legítimos, personales y directos puedan resultar afectados, concediéndoles un plazo de 10 días para que expongan sus pruebas y aleguen sus razones (art. 48) .

Ahora bien, dado el principio del informalismo del procedimiento, el hecho de que el interesado no concurra al llamado a audiencia en el lapso indicado no le impide apersonarse en cualquier estado del procedimiento y formular los alegatos correspondientes. Es decir, los lapsos prescritos no tienen carácter preclusivo para los administrados, y su derecho a hacerse oír pueden ejercerlo en cualquier momento, por supuesto antes de que se adopte la decisión.

Por otra parte, hemos señalado que conforme a lo establecido en la Ley argentina de Procedimientos Administrativos, la Administración debe decidir todos los asuntos que surjan en el expediente, por lo que si algunos de esos asuntos no alegados por las partes son considerados de oficio por la Administración, deben ser decididos previa audiencia del interesado (art. 7.c). El mismo principio podría señalarse en el caso de las legislaciones que prevén la audiencia del interesado al inicio del procedimiento: si en el curso de la instrucción del expediente, surgen otros elementos no alegados por el interesado pero que afecten sus derechos o intereses, la Administración debe comunicárselos antes de decidir, para asegurarle su derecho a la defensa.

La audiencia del interesado puede ser un acto oral y privado como lo establece la Ley General de la Administración Pública de

Costa Rica (arts. 218 y 309), en cuyo caso, el derecho a la defensa se debe ejercer por el administrado en forma razonable, pudiendo la Administración limitar la intervención del interesado a lo "prudentemente necesario" (art. 220).

En todo caso, la audiencia del interesado debe materializarse en una defensa en forma escrita, a los efectos de que se incorpore al expediente. El acto de la audiencia al interesado, por supuesto, debe realizarse en presencia de la autoridad que debe decidir el asunto, y el interesado, puede estar asistido de abogado, como manifestación del derecho de todo interesado de escoger los medios de su defensa[71]. La Ley argentina de Procedimientos Administrativos, además, en caso de representación del interesado por quienes no sean abogado, exige la asistencia obligatoria de un abogado en los casos en que se planteen o debatan cuestiones jurídicas (art. 1.f.1).

Ahora bien, es evidente que la audiencia del interesado no es una exigencia que deba cumplirse formalmente en todo tipo de procedimiento. En la tipología de procedimientos que hemos mencionado, que distingue entre procedimientos declarativos, ablatorios, concesorios y autorizatorios, por supuesto, la audiencia formal de los interesados se impone en los procedimientos ablatorios cuya consecuencia es la eliminación o restricción de los derechos de los afectados. En tal sentido, la jurisprudencia contencioso administrativa en Venezuela ha formulado el siguiente criterio respecto de un tipo de los procedimientos ablatorios, es decir, los sancionatorios:

"La audiencia del interesado, como actuación procedimental, es necesaria y esencial en los procedimientos denominados sancionatorios, por cuanto en estos casos la Administración impone, mediante la audiencia del interesado, formalmente al administrado de la existencia de un procedimiento en su contra que tiene como causa una presunta actuación ilícita de éste y de que de establecer su veracidad le acarrearía una sanción. Ahora bien, en los procedimientos autorizatorios por el contrario, el impulso procesal lo tiene el administrado; la Administración va a resolver una petición, una exigencia del particular, por lo cual, no se hace necesario la audiencia del interesado. En estos procedimientos no se afecta con su omisión el derecho a la defensa, por cuanto el procedimiento ordinariamente se inicia a instan-

_____

71. Art. 220 LGAP Costa Rica.

cia del interesado, y el pronunciamiento tendrá en caso de ser favorable, un contenido beneficioso para el administrado"[72].

Sin embargo, como se ha señalado, aún en los supuestos de procedimientos autorizatorios, si por ejemplo, en el curso de los mismos surge alguna oposición de parte de otros interesados, en esos supuestos, la Administración debe asegurar el derecho a la defensa, dándole audiencia al interesado solicitante.

Así se regula expresamente en el art. 34 del Decreto N° 640 de Uruguay al disponerse que:

"Terminada la instrucción o vencido el término de la misma, cuando de los antecedentes resulte que pueda recaer una decisión contraria a la petición formulada, o se hubiere deducido oposición, deberá darse vista por el término de diez días a la persona o personas a quienes el procedimiento se refiera".

En todo caso, es en los procedimientos sancionatorios en los cuales el trámite de audiencia al interesado es más riguroso. Se destaca, así, la exigencia que establecía la derogada Ley española de Procedimiento Administrativo de que en dichos procedimientos debía formularse un *"pliego de cargos"* en el que se debían exponer los hechos imputados, el cual debía ser notificado a los interesados para que en un plazo de 8 días pudieran contestarlos (art. 136). Con posterioridad, contestado el pliego de cargos o transcurrido el plazo para hacerlo, el funcionario instructor debía formular una propuesta de resolución que debía notificarse a los interesados, para que éstos en un plazo de 8 días, pudieran alegar cuanto considerasen conveniente a su defensa (art. 137).

El mismo principio lo regula expresamente el Decreto N° 640 de Uruguay en los procedimientos administrativos seguidos de oficio, "con motivo de la aplicación de sanciones o de la imposición de un perjuicio a determinado administrado" en cuyo caso no debe dictarse resolución sin previa audiencia al interesado para que pueda articular su defensa (art. 40).

---

72. Sentencia de la Corte Primera de lo Contencioso Administrativo (Venezuela), de 7 de julio de 1988, *Revista de Derecho Público* núm. 35, Caracas, 1988, p. 91.

5. El derecho de formular alegaciones y de probar

La consecuencia fundamental del derecho a ser oído, como manifestación del derecho a la defensa, es el derecho de los interesados a formular alegatos y defensas, y a presentar pruebas, lo que, por supuesto, no solo puede ocurrir en el acto de la audiencia al interesado, sino en cualquier momento en el curso del procedimiento[73].

La Ley española de Procedimiento Administrativo era absolutamente precisa en formular este derecho a presentar alegaciones al establecer que:

"los interesados podrán en cualquier momento del procedimiento y siempre con anterioridad al trámite de audiencia, aducir alegaciones que serán tenidas en cuenta por el órgano competente al redactar la correspondiente propuesta de resolución" (art. 83).

En consecuencia, en cualquier estado del procedimiento, y por supuesto en el acto de la audiencia del interesado, éste puede presentar para que sean agregados al expediente, todos los escritos y alegatos que estime convenientes para la aclaración del asunto y ejercer su defensa[74].

Además, en el procedimiento administrativo, el interesado tiene el derecho de presentar pruebas, como lo dice el Código Contencioso Administrativo de Colombia, "sin requisitos ni términos especiales" (art. 34), admitiéndose en general, todos los medios de prueba establecidos en el derecho privado y procesal civil y criminal[75]. Algunas legislaciones, como la española, sin embargo, prescriben un período de pruebas que debe ser abierto por el funcionario competente, durante el cual deben practicarse las que se juzguen pertinentes; imponiéndose a la Administración la obligación de notificar a los interesados, con antelación suficiente, del inicio de las operaciones necesarias para la realización de las pruebas que hubiesen sido admitidas (arts. 80 y 81).

---

73. Art. 217 LGAP Costa Rica.
74. Art. 32 LOPA Venezuela.
75. Art. 80 Ley 30/1992 España; art. 58 LOPA Venezuela; art. 1° f.2 LPA Argentina; art. 298 LGAP Costa Rica.

Hemos señalado además, que conforme al principio inquisitivo, la prueba en el procedimiento administrativo, básicamente es una carga para la propia Administración debiendo ésta verificar y probar de oficio, los hechos. Sin embargo, en estos casos, las pruebas que formule la Administración deben ser informadas a los interesados, quienes como lo establece expresamente la Ley argentina de Procedimientos Administrativos, "podrán presentar alegatos y descargos una vez concluido el período probatorio". (art. 1.f.1)

Por último, debe señalarse que en relación a las pruebas solicitadas por los interesados, si su realización implica gastos que no deba soportar la Administración, éstos deben ser costeados por los interesados pudiendo la Administración, incluso, exigir un pago anticipado de los mismos a reserva de la liquidación definitiva una vez practicada la prueba[76].

6. *El derecho de recurrir*

El último aspecto del derecho a la defensa, es el derecho a impugnar o atacar los actos administrativos como resultado del procedimiento, lo que implica otros derechos del interesado.

En primer lugar, el derecho a la defensa mediante el ejercicio de recursos, implica el derecho a que la decisión sea debidamente fundada, en el sentido de que debe haber expresa consideración de los argumentos y cuestiones propuestas en el procedimiento administrativo[77]; y además, por supuesto, que la decisión sea motivada. El derecho a la defensa, por tanto, está íntimamente vinculado al derecho a la motivación de los actos administrativos, condición indispensable para que pueda tener efectividad. Como lo ha señalado la jurisprudencia contencioso-administrativa venezolana:

> "El derecho a la defensa en el procedimiento administrativo está íntimamente vinculado al derecho a la motivación, porque el conocimiento oportuno de los motivos de la acción administrativa es lo que puede determinar la eficacia y acierto de las decisiones que se dicten, su correcta adecuación al derecho objetivo y el debido equilibrio entre los intereses públicos y particulares involucrados en la decisión a

---

76. Art. 81.3 Ley 30/1992 España; art. 299 LGAP Costa Rica.
77. Art. 1° f.3 LPA Argentina; art. 18.5 LOPA Venezuela.

iniciativa de los interesados. Basta, por lo tanto, con que el acto administrativo no éste debidamente motivado, para que se considere que tácitamente ha existido indefensión de los particulares que han podido oponerse a la decisión, antes de que ésta llegue a afectar sus intereses legítimos, personales y directos, y de allí la necesidad de hacer referencia también a las razones que han sido alegadas entre los requisitos de la motivación".[78]

Sin motivación de los actos administrativos, por tanto, no habría posibilidad real de ejercer el derecho de la defensa mediante el ejercicio de recursos contra los mismos, es decir, el derecho a recurrir sería nugatorio.

En segundo lugar, el derecho a recurrir implica el derecho a ser informado de los recursos que proceden contra el acto administrativo y sus lapsos. Como lo indica el Código Contencioso Administrativo de Colombia, en el texto de la notificación o publicación del acto administrativo, "se indicarán los recursos que legalmente proceden contra las decisiones de que se trate, las autoridades antes quienes deben interponerse y los plazos para hacerlo"[79].

Por último, por supuesto, el derecho a recurrir como medio de defensa contra los actos administrativos, exige la previsión formal de medios de recursos administrativos, es decir, que puedan formularse ante la propia Administración. Ello nos conduce a estudiar el régimen de los recursos administrativos, como procedimiento de impugnación de los actos administrativos.

II. EL RÉGIMEN DE LOS RECURSOS ADMINISTRATIVOS

1. *El procedimiento de revisión de los actos administrativos*

El procedimiento administrativo, en general, se desarrolla en dos fases, en primer lugar, el procedimiento constitutivo de los actos administrativos, tendiente a la formación y emisión de los mis-

---

78. Sentencia de la Corte Primera de lo Contencioso Administrativo (Venezuela), de 14 de marzo de 1988, *Revista de Derecho Público* núm. 34, Caracas, 1988, p. 86.

79. Art. 47 CCA Colombia; art. 73 y 74, LOPA Venezuela.

mos; y en segundo lugar, el procedimiento de revisión de los actos administrativos que se desarrolla una vez que estos se dictan, y que tiene por objeto ratificarlos, corregirlos, reformarlos o modificarlos, revocarlos o anularlos.

Este procedimiento de revisión puede iniciarse de oficio o a instancia de parte, en este último caso mediante el ejercicio, por los interesados, de los recursos administrativos de reconsideración, jerárquico o de revisión.

En cuanto a la revisión de oficio de los actos administrativos y antes de analizar los principios relativos a los recursos administrativos en España y América Latina, debemos destacar las regulaciones más importantes establecidas en las leyes de procedimiento administrativo, pues si bien la Administración puede iniciarlos *motu propio*, puede haber también requerimientos de los interesados, es decir, instancia de parte.

El primer supuesto de revisión de oficio de los actos administrativos se refiere a la posibilidad que tiene la Administración siempre, de modificar los actos administrativos de efectos generales, es decir, los actos normativos o reglamentarios. Estos, por tanto, pueden ser reformados o derogados, dadas las características de generalidad e impersonalidad de las situaciones jurídicas que regulan. Por supuesto, estas modificaciones pueden también ser solicitadas por los interesados, en virtud "del derecho de petición en interés general" como lo califica el Código Contencioso Administrativo de Colombia (arts. 5 a 8).

En segundo lugar, las leyes de procedimientos administrativos prevén la posibilidad para la Administración en cualquier momento, de corregir o rectificar los errores materiales, de hecho, de cálculo, o los aritméticos en que se hubiere incurrido en la configuración de los actos administrativos[80]. Los interesados, por supuesto, también pueden solicitar esta revisión de los actos administrativos.

En tercer lugar, como ya hemos señalado los actos administrativos que no originen derechos subjetivos o intereses legítimos, per-

---

80. Art. 105.2 Ley 30/1992 España; art. 157 LGAP Costa Rica; art. 84 LOPA Venezuela.

sonales o directos a favor de particulares, pueden ser revocados en cualquier momento por la Administración, sea por la misma autoridad que los dictó o por el superior jerárquico[81]. Esta decisión también puede adoptarse de oficio o a petición de parte.

Por último, en cuarto lugar, la Administración puede "de oficio o a instancia de parte", reconocer o declarar la nulidad absoluta de los actos administrativos, en los casos enumerados en las leyes de procedimiento administrativo. Así se establece expresamente, por ejemplo, en las legislaciones española (art. 102.1), venezolana (art. 83), argentina (art. 17) y de Costa Rica (art. 174).

Es de destacar que en este último caso, el hecho de que las leyes mencionadas permitan expresamente iniciar a instancia de parte este procedimiento de revisión de los actos administrativos en los casos de vicios de nulidad absoluta, pone de manifiesto la existencia efectiva de un "recurso administrativo" específico, cuyo objetivo es el pedir la declaración de nulidad absoluta de un acto administrativo conforme a los casos taxativamente enumerados en las leyes, pero con la especialísima característica de que la petición puede formularse en cualquier momento, sin que exista lapso de caducidad alguno. Esto conlleva consecuencias importantes, en cuanto a la posterior recurribilidad de los actos administrativos nulos, de nulidad absoluta, en vía judicial.

En efecto, si en cualquier momento se puede requerir de la Administración que reconozca y declare la nulidad absoluta de los actos administrativos, aún cuando estos estén firmes, ello significa que la instancia del interesado abre siempre la posibilidad de emisión de un nuevo acto administrativo que declare o no la nulidad absoluta, contra el cual puede, en definitiva, ejercerse los recursos jurisdiccionales contencioso-administrativos que procedan. Por ello, en consecuencia, ante actos administrativos viciados de nulidad absoluta, siempre será posible obtener una revisión judicial de los mismos.

---

81. Art. 82 LOPA Venezuela; art. 18 LPA Argentina.

2. Los diversos recursos administrativos

Ahora bien, aparte de estos medios de revisión de oficio de los actos administrativos, que también admiten instancia de parte interesada, las leyes de procedimiento administrativo han regulado específicamente los recursos administrativos como vías formales de petición puestas a disposición de los interesados para la revisión de los actos administrativos en sede administrativa. En general, estos recursos administrativos, aún cuando con denominaciones variadas, son tres: el recurso de reconsideración, el recurso jerárquico y el recurso de revisión. Los dos primeros se consideran recursos ordinarios y el último extraordinario[82].

A. El recurso de reconsideración

El recurso de reconsideración[83], de reposición[84], de revocatoria[85] o de revocación[86], denominado además, en el derecho francés, como "recurso gracioso"[87], es la vía formal de petición puesta a disposición de los administrados para solicitar de la misma autoridad que adoptó una decisión, que la reconsidere, revise, modifique o revoque.

Se trata del recurso administrativo más común y generalizado, cuyo fundamento está en los poderes de auto-tutela de la Administración. Por ello, este recurso procede siempre, cualquiera que sea la jerarquía del funcionario que adoptó la decisión.

B. El recurso jerárquico

El recurso jerárquico[88], de apelación[89] o de alzada[90], es el medio formal de impugnación de los actos administrativos tendiente a ob-

---

82. Art. 343 LGAP Costa Rica.
83. Art. 94 LOPA Venezuela; art. 84 Reglamento LNPA Argentina.
84. Art. 50.1 CCA Colombia; art. 116 Ley 30/1992 España.
85. Art. 345 LGAP Costa Rica.
86. Art. 120 D 640 Uruguay.
87. G. Isaac, La Procédure Administrative non contentieuse, París, 1968, p. 622.
88. Art. 94 LOPA Venezuela; art. 89 Reglamento LNPA Argentina.
89. Art. 50.2 CCA Colombia.

tener la revisión de los mismos, por el superior jerárquico de la organización a la cual pertenece el autor del acto atacado. Con este recurso se ponen en marcha los poderes de dirección y control del superior jerárquico y las propias relaciones de jerarquía entre los órganos administrativos.

El recurso jerárquico, por tanto, en principio no procede en relaciones interorgánicas de tutela, como las que vinculan la Administración Descentralizada con los órganos de la Administración Central, salvo en casos anormales en los cuales el denominado "recurso de tutela" en el derecho francés[91] se lo ha asimilado impropiamente al recurso jerárquico como ha sucedido en Venezuela.[92].

Normalmente, el recurso jerárquico intentado ante el superior jerárquico de la organización tiene como resultado poner fin a la vía administrativa y en consecuencia, queda abierta la vía contencioso-administrativa.[93]

C. *El recurso de revisión*

Además de los recursos de reconsideración y jerárquico que son los ordinarios en el procedimiento administrativo, las legislaciones de España y América Latina establecen un tercer tipo de recurso, de carácter extraordinario, denominado de revisión. Se intenta también ante el superior jerárquico pero se distingue del recurso jerárquico no sólo por los motivos de impugnación, sino porque procede contra los actos firmes precisamente por no haber sido impugnados oportunamente mediante los recursos ordinarios.

De acuerdo a lo establecido en la Ley española reguladora del procedimiento administrativo (art. 118) y en la Ley General de Administración Pública de Costa Rica (art. 353), este recurso de revisión contra actos administrativos firmes se puede intentar ante el Ministro, cuando concurran las siguientes circunstancias:

---

90. Art. 114 Ley 30/1992 España; art. 350 LGAP Costa Rica.

91. G. Isaac, *op. cit.*, p. 624.

92. Art. 96 LOPA Venezuela

93. Art. 93 LOPA Venezuela; art. 114.2 Ley 30/1992 España.

1. Que al dictarlo se hubiere incurrido en manifiesto error de hecho, que resulta de los propios documentos incorporados al expediente.

2. Que aparezcan documentos de valor esencial para la resolución del asunto, ignorados al dictarse la resolución o de imposible aportación entonces al expediente.

3. Que en la resolución hayan influido esencialmente documentos o testimonios declarados falsos por sentencia judicial firme anterior o posterior a aquella resolución, siempre que en el primer caso, el interesado desconociere la declaración de falsedad.

4. Que la resolución se hubiese dictado como consecuencia de provocación, cohecho, violencia u otra maquinación fraudulenta y se haya declarado así en virtud de sentencia firme judicial.

En el primer supuesto, conforme a la legislación española, el recurso de revisión debe interponerse dentro de los 4 años siguientes a la fecha de la notificación del acto administrativo impugnado; en los demás casos, el plazo es de 3 meses a contar del descubrimiento de los documentos o desde que quedó firme la sentencia judicial (art. 118).[94]

En Venezuela[95] y Argentina[96] se prevén regulaciones similares respecto del recurso de revisión también, como recurso extraordinario.

3. *Principios del procedimiento respecto de los recursos administrativos*

En relación a los recursos administrativos, particularmente respecto de los recursos ordinarios, las leyes de procedimiento administrativos de España y América Latina han consagrado una serie de principios generales que se refieren a las condiciones de admisibilidad, al objeto de los recursos, al motivo de los mismos, a sus aspectos procedimentales, y a la decisión de los recursos.

---

94. En la LGAP Costa Rica, los lapsos son de 1 año y 3 meses respectivamente, art. 354.

95. Arts. 97 y 98 LOPA Venezuela.

96. Art. 22 LPA Argentina.

A. *Condiciones de admisibilidad*

Como medios formales de impugnación de los actos administrativos, los recursos administrativos están sometidos a una serie de condiciones de admisibilidad concernientes a la legitimación, a las formalidades, al lapso de interposición y al cumplimiento de algunas actuaciones previas.

En cuanto a la legitimación, contrariamente al principio del derecho Francés, donde la admisibilidad de los recursos administrativos no está directamente sometido a condición de capacidad ni de interés alguno[97], invariablemente las leyes de procedimientos administrativos conceden estos recursos a los interesados, cuando el acto lesione sus derechos subjetivos o intereses legítimos personales y directos[98].

Las leyes de procedimiento administrativo también regulan condiciones de forma para la admisibilidad de los recursos, contrariamente al principio en el derecho francés[99], exigiendo que se intenten por escrito con las mismas indicaciones requeridas para las solicitudes o peticiones,[100] al punto que en algunas legislaciones, como la venezolana y la colombiana, se establece que los recursos que no llenen los requisitos exigidos, no serán admitidos, mediante resolución motivada notificada al interesado.[101] Sin embargo, en cuanto a las formalidades, el principio del informalismo es el que está consagrado en general, de manera que basta para la correcta formulación que del texto del escrito se infiera claramente la petición,[102] no siendo obstáculo para la tramitación del recurso, el error en su calificación[103].

---

97. *Vid.* G. Isaac, *op. cit.*, p. 626.
98. Art. 85 LOPA Venezuela; art. 107 Ley 30/1992 España art. 52 CCA Colombia, art. 127 D 640 Uruguay.
99. *Vid.* G. Isaac, *op. cit.*, p. 626.
100. Art. 86 LOPA Venezuela; art. 107 Ley 30/1992 España; art. 52.1 CCA Colombia.
101. Art. 86 LOPA Venezuela: art. 53 CCA Colombia
102. Art. 347 LGAP Costa Rica
103. Art. 110.2 Ley 30/1992 España

Los recursos administrativos ordinarios, por otra parte, al contrario de la situación en Francia[104], en las legislaciones de España y América Latina están sometidos a lapsos de caducidad precisos, contados en días, en general, de hasta 15 días[105]. El vencimiento del lapso para la interposición de los recursos administrativos, produce la firmeza del acto y por tanto, su inimpugnabilidad.

Por último, en cuanto a las condiciones de admisibilidad de los recursos, en algunos casos las legislaciones exigen que para intentarse el recurso jerárquico necesariamente debe interponerse, previamente el recurso de reconsideración, como sucede en Venezuela[106], aún cuando ello es excepcional[107]. En algunos casos también se establece el principio *solve et repete* como condición de admisibilidad, aún cuando regulado en leyes especiales. El Código Contencioso-Administrativo de Colombia, sin embargo, dentro de los requisitos de los recursos administrativos dispone, entre ellos, que el recurrente debe:

"acreditar el pago o el cumplimiento de lo que el recurrente reconoce deber" (art. 52.5).

B. *Objeto de los recursos*

En general, los recursos administrativos ordinarios sólo pueden interponerse contra los actos de efectos particulares[108] que sean definitivos y que no sean firmes por no haberse vencido los lapsos previstos para su interposición. La exigencia de que el acto administrativo recurrido sea un acto definitivo es general en la legislación

---

104. G. Isaac, *op. cit.,* pp. 626-635
105. Art. 114.2 Ley 30/1992 España; art. 51 CCA Colombia; arts. 94 y 95 LOPA Venezuela; art. 346 LGAP Costa Rica.
106. Art. 95 LOPA Venezuela.
107. Art. 89 Reglamento LPA Argentina.
108. Expresamente el Código Contencioso Administrativo de Colombia prescribe que "no habrá recurso contra los actos de carácter general" (art. 49). En sentido similar art. 107.3 Ley 30/1992 España.

española y latinoamericana[109], quedando definido el acto definitivo en el Código Contencioso Administrativo de Colombia como los "que ponen fin a una actuación administrativa, los que deciden directa o indirectamente el fondo del asunto" (art. 50).

En consecuencia, el acto administrativa de trámite, en principio, no puede ser objeto de un recurso administrativo[110] salvo que determinen la imposibilidad de continuar el procedimiento, cause indefensión o prejuzgue como definitiva[111], en cuyo caso si puede ser impugnado en vía administrativa.

Por otra parte, en particular respecto de los recursos jerárquicos, éstos obviamente no proceden contra los actos administrativos que agoten la vía administrativa; y en algunos casos, como en la Legislación de Venezuela, el objeto de un recurso jerárquico sólo puede ser un acto administrativa que resuelva un recurso de reconsideración[112].

Por último, debe mencionarse que en general, las leyes de procedimiento administrativos de España y América Latina, admiten el ejercicio de los recursos administrativos contra los actos tácitos denegatorios que resulten del silencio administrativo, con excepción del Código de Colombia que establece que "contra los actos presuntos, provenientes del silencio administrativo, no procederá ningún recurso por la vía gubernativa".[113]

C. Motivos de los recursos

Dejando a salvo el recurso de revisión que está condicionado a determinados motivos expresamente establecidos, en general, los

---

109. Art. 114 Ley 30/1992 España; art. 85 LOPA Venezuela; arts. 84 y 89 Reglamento LPA Argentina; art. 50 CCA Colombia; art. 342 LGAP Costa Rica.
110. El art. 342 LGAP Costa Rica, al contrario prevé los recursos en general "contra las resoluciones de mero trámite o incidentales o finales".
111. Art. 107 Ley 30/1992 España; art 49 y 50 CCA Colombia; art. 85 LOPA Venezuela: art. 345 LGAP Costa Rica.
112. Art. 95 LOPA Venezuela.
113. Art. 40 CCA Colombia.

recursos administrativos pueden fundamentarse en motivos de ilegalidad, como lo dice la Ley española reguladora del procedimiento administrativo, "en cualquiera de los motivos de nulidad o anulabilidad" previstos en la Ley (Arts. 62 y 63), o como lo decía la derogada Ley de Procedimientos Administrativos de 1958, "incluso la desviación de poder" (art. 115.1); y además, en motivos de mérito, es decir, de oportunidad y conveniencia[114]. De allí la diferencia entre los recursos administrativos y los contencioso-administrativos que sólo proceden fundados en motivos de ilegalidad.[115]

D. *Aspectos procedimentales*

Desde el punto de vista procedimental, diversos aspectos son características del trámite de los recursos administrativos, conforme al cual, tal como lo establece la Ley española de Procedimiento Administrativo, su interposición "no suspenderá la ejecución del acto impugnado" (art. 116). Igual principio se establece en la legislación venezolana[116]. Al contrario, el principio de los efectos suspensivos se establece expresamente en la legislación de Colombia.[117]

En todo caso, aún, en los casos en los cuales se establece el efecto no suspensivo de los recursos, la legislación siempre atribuye a la autoridad administrativa la potestad de suspender los efectos del acto recurrido, de oficio o a instancia de parte, cuando la ejecución del acto recurrido pueda causar "perjuicios de imposible o difícil reparación" o "perjuicio grave o irreparable en caso de revocarse ulteriormente el acto atacado"[118], y cuando para impugnar el acto, se aleguen motivos de nulidad absoluta[119].

---

114. Razones de "inconformidad" conforme al art. 59 CCA Colombia, *Vid.* Allan R. Brewer-Carías, *op. cit.* p. 336.

115. *Vid.* G. Isaac, *op. cit.* 627.

116. Art. 87 LOPA Venezuela.

117. Art. 55 CCA Colombia.

118. Art. 104 Ley 30/1992 España; art. 87 LOPA Venezuela; art. 125 D 640 Uruguay.

119. Así lo disponía el Art. 116 de la Ley española de Procedimientos Administrativos de 1958. Igualmente, art. 87 LOPA Venezuela.

Por otra parte, siendo los recursos administrativos vías formales para impugnar los actos administrativos como garantía para el ejercicio del derecho de defensa frente a los mismos, es evidente que en el procedimiento administrativo que se desarrolla para su resolución, la Administración debe asegurar el derecho de defensa de los interesados. Por ello, la legislación del Uruguay, por ejemplo, establecen expresamente que interpuesto un recurso contra un acto administrativo que reconociere un derecho, debe asegurarse la intervención en el procedimiento a los interesados en que el acto se mantenga, a cuyo efecto debe notificárseles a fin de que aleguen y presenten los documentos y justificaciones que estimen pertinentes[120].

En materia procedimental se destaca, además, el carácter preclusivo que algunas legislaciones asignan a los recursos administrativos, en el sentido de que, como lo establece la Ley venezolana de Procedimientos Administrativos:

"Interpuesto el recurso de reconsideración o el jerárquico, el interesado no podrá acudir ante la jurisdicción de lo contencioso administrativo, mientras no se produzca la decisión respectiva o no se venza el plazo que tenga la Administración para decidir" (art. 92).

Transcurrido este lapso, la Administración puede decidir, pero conforme al Código Contencioso Administrativo de Colombia, ello no puede suceder pues "el silencio negativo implica pérdida de la competencia de la Administración para resolver los recursos" (art. 59).

Por último, en cuanto a los aspectos procedimentales, las leyes de procedimiento administrativos de España y América Latina en general establecen lapsos para que la Administración decida los recursos administrativos, consagrando el principio del silencio administrativo negativo en el sentido de que transcurrido el lapso de

---

120. Art. 128 D 640 Uruguay.

decisión se entenderá como rechazado el recurso[121] sin que ello exima a la autoridad administrativa de su obligación de decidir[122].

E. La decisión del recurso

Aparte de los supuestos de decisión tácita denegatoria producto del silencio administrativo negativo, la decisión de los recursos debe ser expresa, y en ello la Administración está obligada a "resolver todos los asuntos que se sometan a su consideración dentro del ámbito de su competencia o que surjan con motivo del recurso aunque no hayan sido alegados por los interesados". Así lo establecen expresamente las leyes de España y Venezuela[123].

La decisión, por tanto, debe resolver todas las cuestiones de legalidad o conveniencia[124] aducidas por el recurrente y los interesados o que surgen en el curso del procedimiento, y como resultado de ello, el órgano competente para decidir, como lo establece la Ley venezolana de Procedimientos Administrativos, siguiendo la legislación española de 1958 (art. 124), podrá

> "confirmar, modificar o revocar el acto impugnado, así como ordenar la reposición en caso de vicios en el procedimiento sin perjuicio de la facultad de la Administración para convalidar los actos anulables" (art. 90)[125].

Ahora bien, el carácter inquisitivo y contradictorio del procedimiento administrativo, y por tanto, la obligación que tiene la Administración de decidir todas las cuestiones que surjan en el procedimiento, sea de oficio o formuladas por quienes en él intervengan, y no sólo lo planteado en el recurso, plantea el problema de determinar si la *reformatio in pejus* es o no admisible en la decisión de los recursos administrativos.

---

121. Art. 115.2 Ley 30/1992 España; art. 60 CCA Colombia; art. 352 LGAP Costa Rica; art. 91, 94 y 95 LOPA Venezuela; art. 121 D 640 Uruguay; art. 87 Reglamento LPA Argentina.
122. Art. 122 D 640 Uruguay.
123. Art. 119.2 Ley 30/1992 España; art. 89 LOPA Venezuela.
124. Art. 89 LOPA Venezuela.
125. En sentido similar, art. 351.3 LGAP Costa Rica.

En efecto, en el campo procesal, puede decirse que rige el principio de la prohibición de la *reformatio in pejus*, lo que significa que el Tribunal *ad quem*, al decidir, no puede modificar el fallo del inferior en perjuicio del propio apelante si la contraparte, a su vez, no apeló la sentencia del *a quo*[126].

Ese principio, por supuesto, es una consecuencia del carácter dispositivo del proceso civil, que no se da en los mismos términos en el procedimiento administrativo, dado su carácter inquisitivo.

Por tanto, en general se puede señalar ante todo, que la prohibición de la *reformatio in pejus* no se plantea como principio, en los casos en los cuales el recurso administrativo se funda en motivos de legalidad o en los casos en los cuales con motivo del ejercicio de un recurso por razones de mérito surgen, de oficio, cuestiones de ilegalidad. La Ley General de Administración Pública de Costa Rica, por ello, prescribe que "el recurso podrá ser resuelto aún en perjuicio del recurrente cuanto se trate de nulidad absoluta" (art. 351.2).

En realidad, sea cual sea la naturaleza del vicio, la competencia de la autoridad revisora del acto administrativo, cuando están en juego cuestiones de ilegalidad, es de ejercicio obligatorio, de manera que incluso puede revocar el acto administrativo basándose en otras razones de ilegalidad distintas a las alegadas por el interesado[127].

En el mismo sentido, la decisión, basada en cuestiones de legalidad puede incluso conducir a la Administración a modificar el acto recurrido para adaptarlo a la legalidad. En tal modificación, la situación del recurrente podría resultar agravada si, por ejemplo, la Administración encuentra que la multa impuesta debió ser superior a la contenida en el acto recurrido, dadas las circunstancias agravantes precisadas con motivo del recurso[128]. Como lo resolvió el Consejo de Estado en el *arrêt Societé Grand Café de Chalous*, del 24 de

---

126. *Vid.* en general J. C. Hitters, "Imposibilidad de empeorar la situación del recurrente. Prohibición de la "reformatio in peius"", *El Derecho*, t. III, núm. 6.141, Buenos Aires, 26 de diciembre de 1984, pp. 1-3.

127. *Vid.* Allan R. Brewer-Carías, *op. cit.*, pp. 336-337.

128. En sentido contrario *Vid.* sentencia de la Corte Suprema de Justicia (Venezuela) en materia hacendaria, de 17 de abril de 1980, *Revista de Derecho Público* núm. 2, Caracas, 1980, p. 113.

junio de 1949, "sean cuales fueren las circunstancias en las cuales la autoridad superior deba examinar la decisión de la autoridad subordinada, ella tiene la facultad de reformar o de anular dicha decisión incluso en sentido contrario a las pretensiones del autor del recurso"[129]. Sin embargo, en los casos en los cuales surjan nuevos elementos de ilegalidad distintos a los alegados por las partes, el principio del respeto al derecho a la defensa exige que el funcionario notifique a los interesados de tal circunstancia, para que expongan sus alegatos, con anterioridad a la adopción de la decisión, tal como lo garantizaba la Ley española de Procedimiento Administrativo de 1958 (art. 119)[130].

Cuando las cuestiones debatidas en el recurso administrativo sean cuestiones de mérito o conveniencia, el tema de la *reformatio in pejus* se plantea con más interés. En general se estima en la jurisprudencia francesa, que en esos supuestos, la revocación del acto administrativo sólo puede ocurrir con el acuerdo del recurrente, y su modificación no puede hacerse sino a favor del mismo[131]. Sin embargo, en presencia de normas legales como la de la Ley Orgánica de Procedimientos Administrativos de Venezuela, conforme a la cual, el órgano administrativo "debe resolver todos los asuntos que se sometan a su consideración dentro del ámbito de su competencia o que surjan con motivo del recurso, aunque no hayan sido alegadas por los interesados" (art. 89), es decir, que surjan de oficio, debe admitirse procedente la *reformatio in pejus*, siempre que se respete

---

129. *Cit.*, por G. Isaac, *op. cit.*, p. 638.
130. En la jurisprudencia de la Corte Suprema de Justicia (Venezuela), sin embargo, en virtud de no estar prevista expresamente esta audiencia previa al interesado como lo consagra la Ley española, se ha considerado que la autoridad administrativa no está obligada a notificar a los interesados, lo que encontramos altamente inconveniente. *Vid.* sentencia de la Sala Politico-Administrativa de 9 de febrero de 1989, *Revista de Derecho Público* núm. 37, Caracas, 1989, p. 83. *Vid.* además de la misma Corte, sentencia de 16 de octubre de 1986, *Revista de Derecho Público* núm. 28, Caracas, 1986, p. 97; y de la Corte Primera de lo Contencioso Administrativo de 18 de abril de 1985, *Revista de Derecho Público* núm. 22, Caracas, 1985, p. 164.
131. *Vid.* lo indicado en G. Isaac, *op. cit.*, p. 638.

el derecho a la defensa y se notifiquen al interesado, previamente a la decisión, las nuevas cuestiones surgidas, para que formule sus alegatos.

4. *Los recursos administrativos y la vía contencioso administrativa*

Por último, en relación a los recursos administrativos, contrariamente a la solución del derecho francés, donde no es necesario ejercer recurso administrativo alguno previo al contencioso-administrativo[132], en España y América Latina, en general, se exige como condición de admisibilidad de los recursos contencioso-administrativos, el agotamiento de la vía administrativa, lo que en muchos casos exige, precisamente, el ejercicio previo de recursos administrativos.

En efecto, por ejemplo, la Ley Orgánica de la Corte Suprema de Justicia de Venezuela, que regula la jurisdicción contencioso-administrativa, establece como condición de admisibilidad del recurso el que el acto administrativo recurrido "agote la vía administrativa", es decir, que dicho acto sea la última palabra de la Administración en cuanto que emane del superior jerárquico[133]. Se trata de un privilegio de la Administración de poder revisar sus actos administrativos, antes de que se sometan a control judicial.

Ahora bien, el agotamiento de la vía administrativa puede ocurrir sin que se exija intentar recurso administrativo alguno, lo que ocurre en los casos de actos dictados por el superior jerárquico, un Ministro por ejemplo, o por órganos desconcentrados cuyas decisiones agoten la vía administrativa y no sean susceptibles de recurso jerárquico[134]. De resto, si se trata de un acto administrativo dictado por un funcionario de inferior jerarquía en una organización administrativa, el interesado, antes de acudir a la vía contencioso-administrativa debe agotar los recursos administrativos, es decir,

---

132. J. M. Auby y R. Drago, *Traité de Contentieux Administratif*, París, 1984, t. 1, p. 68, t. 2, p. 234; G. Isaac, *op. cit.*, pp. 664 ss.

133. Arts. 84.5 y 124.2. *Vid.* en Allan R. Brewer-Carías, *Estado de Derecho y Control Judicial*, Madrid, 1987, p. 298 ss.

134. Allan R. Brewer-Carías, *El Derecho Administrativo y la Ley Orgánica...*, *cit.*, p. 367.

debe interponer el recurso de reconsideración y luego, el jerárquico[135].

La Ley Orgánica de Procedimientos Administrativos, en estos casos, establece que

"la vía administrativa quedará abierta cuando interpuestos los recursos que ponen fin a la vía administrativa, éstos hayan sido decididos en sentido distinto al solicitado, o no se haya producido decisión en los plazos correspondientes" (art. 93).

El principio del agotamiento de la vía administrativa, como paso previo para acudir a la vía contencioso administrativa puede decirse que es general en América Latina, y consagrado expresamente en las legislaciones de Costa Rica, Colombia y Argentina[136], las cuales si bien prevén el sistema de recursos administrativos, en muchos casos admiten la impugnación contencioso-administrativa de actos administrativos que *per se* agoten la vía jerárquica, sin que sea necesario intentar un recurso administrativo previo.

Distinta era la situación de España, donde la Ley Reguladora de la Jurisdicción Contencioso Administrativa prescribía, como principio, la obligación de que, come requisito previo a la interposición del recurso contencioso-administrativo debía formularse el recurso de reposición. Se exceptuaban del cumplimiento de tal requisito, sin embargo, entre otros, la impugnación de los actos administrativos que implicasen resolución de un recurso administrativo, y los actos presuntos en virtud del silencio administrativo[137]. La Ley 30/1992 de Régimen Jurídico de las Administraciones Públicas y del Procedimiento Administrativo Común estableció en cambio que el recurso de reposición siempre es potestativo, aún cuando previendo que una vez intentado no se puede interponer el recuso contencioso administrativo hasta que no se haya producido resolución expresa del recurso (art. 116.2).

---

135. *Idem*, p. 368.
136. Art. 356 LGAP Costa Rica; arts. 63 y 135 CCA Colombia; art. 23 LPA Argentina.
137. Art. 53 Ley Reguladora de la Jurisdicción Contencioso-Administrativa, España.

ÍNDICE GENERAL

INTRODUCCIÓN

www.ingramcontent.com/pod-product-compliance
Lightning Source LLC
Chambersburg PA
CBHW030639270326
41929CB00007B/134